促进创新所得税优惠
法律制度研究

RESEARCH ON LEGAL
SYSTEM OF INCOME TAX INCENTIVES
UNDER PROMOTION
OF INNOVATION

焦嫣然

著

 中国政法大学出版社

2025·北京

图书在版编目（CIP）数据

促进创新所得税优惠法律制度研究 / 焦嫣然著.
北京 ： 中国政法大学出版社，2025. 8. -- ISBN 978-7
-5764-2245-0

Ⅰ. D922.222.4

中国国家版本馆 CIP 数据核字第 2025YX3823 号

出 版 者　　中国政法大学出版社

地　　址　　北京市海淀区西土城路 25 号

邮寄地址　　北京 100088 信箱 8034 分箱　邮编 100088

网　　址　　http://www.cuplpress.com (网络实名：中国政法大学出版社)

电　　话　　010-58908437(编辑部) 58908334(邮购部)

承　　印　　保定市中画美凯印刷有限公司

开　　本　　880mm×1230mm　1/32

印　　张　　10

字　　数　　230 千字

版　　次　　2025 年 8 月第 1 版

印　　次　　2025 年 8 月第 1 次印刷

定　　价　　45.00 元

　　前三次工业革命，在发源地产生了颠覆性的影响和改变，提升了发源地整体社会福利，同时新技术、新生产力逐渐向世界其他国家扩散和渗透，引领了全球性的科技发展、经济和福利的增长。当下以信息技术、人工智能、航空航天等战略性科技为代表的第四次工业革命进一步颠覆和重塑全球的经济、政治和军事格局，调整全球产业链的分工布局，深刻影响国家竞争力。历经几次工业革命，经济学者逐步将创新纳入经济学的研究范畴中，论证了以科技创新为核心的创新是发达国家和发展中国家的重要生产力，可打破原有的经济平衡形成颠覆性、系统性且高效的新发展，并向其他国家扩散，形成世界性的深远影响。

　　发展中国家通过追赶和趋同实现创新发展，但创新的不确定性和外部性导致市场失灵，需要国家和政府围绕影响创新的因素如制度、大学、企业、科研人才、市场机会等制定积极的干预政策，以求激励促进创新。经过实证研究论证，与财政补贴相比，税收优惠可更有效地激励创新。税收优惠可有效分担创新主体的风险和成本，解决创新产生的正外部性问题，调整产业结构，引导资金流入创新领域，激励市场主体的创新行为，进而促进经济发展。而众多税收优惠政策中，所得税优惠对创新的促进效果最为显著和有效。所得税优惠可围绕不同发展阶段以及不同类型和规模的创新主体，通过采用加计扣除、税率优惠、税额优惠等多种优惠促进方式，制定具有确定性、普惠性且促进创新效果明显的所得税优惠措施。

面对第四次颠覆性的科技变革趋势，以美国为代表的发达国家均围绕人工智能、量子信息技术等尖端前沿科学制定了以所得税优惠为主的多角度、多层次的促进激励政策。我国制定的《国家创新驱动发展战略纲要》则紧扣国内现状，回应了时代的需求。纲要提出以社会主义市场经济规律为原则，同时坚持科技创新规律和激励创新原则以实现国家的创新驱动发展；建立国家创新体系，围绕信息网络技术、绿色制造技术、现代农业能源和环保技术、空间适用技术、智慧城市和数字社会技术等颠覆性技术，制定普惠性的财政税收政策分担企业、科研人员、高校等创新主体在创新中承担的成本和风险。

在创新引导发展的背景下，我国出台大量的所得税优惠措施以引导、鼓励、促进纳税人创新。但各类促进创新的所得税优惠政策普遍存在着适用门槛较高、管理主体多元、立法层级较低等一系列问题，导致促进创新所得税优惠整体上呈现出促进创新意图不明确、缺乏公平性和普惠性、缺乏确定性和权威性、缺乏体系性等问题。因此，应在创新理论、最优所得税制和所得税法建制原则的基础之上，构建促进创新所得税优惠法律制度，引入税收中性原则和比例原则，并结合现行促进创新所得税优惠中的不足，围绕促进创新通过民主立法程序解决促进创新所得税优惠公平性、普惠性、确定性和权威性欠缺的问题。同时结合当下我国正在建立的现代财税体系，依据《中华人民共和国宪法》和《中华人民共和国立法法》，贯彻推行以所得税为典型的全税种的税收法定主义。党的十八届三中全会通过的《中共中央关于全面深化改革若干重大问题的决定》中指出建立现代税收制度，以稳定税负为前提提高直接税比重。《国务院关于深化预算管理制度改革的决定》指出加强对税收优惠的管理和评价，清理规范各类优惠政策。党的二十大提出优化税制结构。党的二十届三中全会进一步明确，全面落实税收法定原则，规范税收优惠政策，健全直接税体系，实行劳动性所得统一征税，深化税收征管改革，完善税收对重点领域和关键环节支持机制。

创新驱动发展的提出和实践、税制的现代化改革、所得税法的有序完善以及税收优惠的规范化需求，为构建促进创新所得税优惠法律制度提供了理论基础和实践依据。所得税作为一国税制中的主要且重要的税种，其优惠可显著引导、激励纳税人创新。所得税法律制度在保障纳税人财产权和其他私权利的同时，也赋予征税机关依据法律法规强制征收所得税以取得财政收入的权力。促进创新所得税优惠则将打破所得税法律制度的基准税制状态，通过减少税收收入的方式赋予从事创新活动的纳税人享受优惠的权利。因此，促进创新所得税优惠偏离最优所得税制、背离量能课税原则的既有状态，必须在促进创新和创新发展的语境下，引入税收中性原则和比例原则等价值考量，以平衡所得税组织财政收入、公平分配与促进创新之间的关系。虽然所得税优惠具有显著促进创新的作用，但由此产生的纳税人规避税负以及征税机关权力扩张的固有缺陷也不容忽视，须通过反避税制度和税式支出制度进行法律规制。

所得税优惠要想有效促进创新且确保公平地组织适当的税收收入，在创新驱动发展和全面依法治国的双重语境下，首先，应将《中华人民共和国宪法》和《中华人民共和国立法法》作为促进创新所得税优惠法律制度的顶层架构，在基本法中确立税收法定原则、量能课税原则和稽征经济原则；其次，应在法律、行政法规中明确规定以最优所得税制为财政经济学基础的所得税各项基准税收构成要件，并将促进创新所得税优惠的原则和各项具体措施规定其中；最后，由规范性文件对各项促进创新所得税优惠措施作出细化的、可执行的规定。

本书共分为六个部分：导论，第一章促进创新所得税优惠制度的理论基础，第二章美国、加拿大促进创新所得税优惠政策的比较与借鉴，第三章我国促进创新所得税优惠制度的现状分析，第四章促进创新所得税优惠制度的改革设计，第五章促进创新所得税优惠的配套制度建设。

导论通过梳理国内、国外已有理论和实践研究，结合《国家创新驱动发展战略纲要》，从创新的定义和特征入手，分析国家制度、产业、企业和科研人员等创新因素的重要作用，并依据现有的研究和结论，阐述了所得税优惠有效促进创新的路径。

第一章通过对最优所得税制和所得税法建制基础的论述，构建所得税基准税收构成要件，并结合创新特征和影响创新的关键要素，论证并确定所得税优惠促进创新的具体要素，包括税收主体、税收客体、税收客体的归属、税基、税率等。后发国家通过创新的扩散、趋同实现创新发展，其间须以税收主体、税基、税率等要素为着力点，制定税基式优惠、税率式优惠和税额式优惠，以引导、鼓励纳税人创新。同时促进创新所得税优惠须以促进创新原则、税收中性原则和比例原则作为其正当性的检验标准。

第二章深入分析了美国、加拿大所得税法中的促进创新所得税优惠制度，两国均以法律规定的方式，通过扣除、抵免等措施，成功有效地引导鼓励所得税纳税人创新行为，符合税收法定原则、税收中性原则和比例原则的限制和要求。

第三章梳理分析促进创新所得税优惠的立法现状和制度现

状，对主要的促进创新所得税优惠措施，如减征免征、加计扣除、加速折旧、投资额抵扣、减计收入、税率优惠、税额抵免等，从税收法定原则、促进创新原则、税收中性原则和比例原则四个方面展开梳理、分析和反思，并归纳总结现有制度的问题和不足。

第四章以税收法定原则、促进创新原则、税收中性原则和比例原则为检视角度，提出促进创新企业所得税优惠制度和个人所得税优惠制度的改革路径，从提升立法位阶、增强促进创新功能、实现税收中性和比例原则四个维度，全面构建和完善促进创新所得税优惠法律制度。

第五章则从反避税制度和税式支出制度的视角，进一步思考和完善促进创新所得税优惠法律制度的改革路径，规范促进创新所得税优惠法律制度中纳税人权利和相关国家机关权力的行使，避免促进创新所得税优惠制度的低效或无效运行。

本书以财政经济学中的最优所得税制理论和所得税法建制原则为逻辑起点，引入创新理论和《国家创新驱动发展战略纲要》，梳理、分析并检视促进创新所得税优惠的现状和不足，进而提出构建促进创新所得税优惠法律制度的改革建议和路径。文章运用了创新的研究视角，从财政经济学和税法学相结合的角度，对促进创新所得税优惠法律制度进行系统和深入的研究。而已有研究则大多停留于单方面的经济学分析或法理分析层面，欠缺对促进创新与最优所得税制、所得税法律制度之间关系的深入认识，对财政经济学与法学之间的互动关系很少涉及。同时文章引入创新理论和《国家创新驱动发展战略纲要》，结合现行的促进创新所得税优惠制度，从创新理论、财政学、税法学等不同角度，深入剖析促进创新与所得税优惠法律制度之间的关系，提出在创新驱动发展的新形势下所得税优惠法律制度如何有效促进创新，更优化地契合和服务于创新。本书着重分析法学和财政经济学的交叉融合部分，文章的整体思路、研究框架和主要内容充分体现了税法学与财政经济学的深度融合，研究过程中将侧重运用创新理论、税收优惠促进创新的基本原理和方法进行分析，确保研究成果的科学性和准确性。本书还兼顾中国实际和国外经验，在国际社会纷纷展开所得税制改革以促进创新经济发展的大趋势下，我国为实现创新驱动发展战略目标，有必要参考和借鉴域外的成功经验，并结合我国政治、社会和经济的具体情况，在立足我国现实国情的基础上进行制度设计。同时注重综合运用国内外最新资料，包括政策法规、研究报告、法学和财政经济学研究成果等，使最终成果能够客观反映该领域的动态发展。

导　论

一、选题背景与价值

（一）选题背景

从三次工业革命对人类社会和世界格局的影响，不难得出创新尤其是科技创新具有全球性、颠覆性的影响力的结论。创新的过程是不断试错、积累经验、发展新知识和新经验的长期过程，具有耗时和不确定的特性。因此，对创新演变历史进行研究，并对这段历史展开结构性分析意义重大。创新的演变大致可分为三个关键时期：第一次工业革命、第二次工业革命和第三次工业革命。第一次工业革命集中于欧洲，其间的创新大致涵盖三方面：科技创新、组织创新和制度变革。在创新的推动下，欧洲经济增长转变为集约增长模式，生产率持续上升，人均实际产出不断提高。科技创新的典型是蒸汽动力的出现和应用、纺织行业涌现大量专利、农业生产中专业化设备的研发和应用等。组织创新是指对生产流程的优化管理和绩效监管，并对劳动力资源进行整合和专业化分工。制度变革可归纳为公司的形成、金融组织的诞生、产权制度的出现和完善。此时，大学、专门的科研机构及国家在创新发展中并未扮演重要角色。第二次工业革命以电力技术为核心，对科学知识提出更严格的要求，科学研究中的基础研究成为研发活动的指引，而非生产实践中工匠式的发明创造，因此创新人员需对科学知识进行严谨系统的专业化学习和培训。而此时德国率先将大学打造为研究型大学，核心是培养先进人才。同时，企业层面出现垂直整合的趋势，并设立企业内部的研发机构，以适应企业自身的创新需求。企业管理从家族传承转变为职业经理人管理，并加强管理层与内部研发机构的沟通与反馈，在设立内部研发机构的同时，关注外部科学技术的研发趋势。第三次工业革命的典型创新是计算机和信息技术的出现和应用，以及生物医药行业的科技创新。与前两次相比，第三次工业革命的实践中更加突出国家在创新系统中的重要作用，公共研发资金的大量投入以及政府对研发基础研究的政策性支持，极大地助推了创新进程。在此期间，作为世界经济和科技发展领跑者的美国，其国内的中小型创新企业成为美国创新经济的重要主体，同时美国政府给予国防科技的扶持对创新系统产生了深远的影响。从三次工业革命的发展来看，科学技术创新、组织创新、制度创新和国家支持都是创新发展和经济持续增长的重要因素。

而当下的第四次工业革命，围绕着人工智能、虚拟技术、量子技术等尖端科技，将产生大范围的颠覆性效果，推进科技、产业、军事的加速升级和演进，重新调整全球产业分工和布局，重塑世界竞争格局。面对此次颠覆性的科技变革趋势，结合我国发展现状，必须依靠创新驱动新型发展模式，培养新经济增长点，进一步提升我国经济增长质量和效率，实现经济的持续高效增长。我国应紧抓科技创新和体制机制创新的历史机遇，建立国家创新系统，凭借已有优势补足创新中的短板，优化、提升长板，实现经济社会发展根本动力的实质转变。《国家创新驱动发展战略纲要》回应了时代的需求，其从尖端科技发展、基础理论研究、科研人员、国家政策、研发组织等方面围绕创新发展展开布局，并在国家层面确立了多层级、多方面的税收激励政策以促进科技创新，实现经济的持续稳定增长。而当下我国正在大力推进财税法治，明确提出将遵循税收法定原则重塑我国的税法体系。创新驱动发展的提出、税制的法治化改革和所得税法的不断修订，为围绕促进创新构建所得税优惠法律制度提供了理论基础和实践依据。

（二）研究价值

历次工业革命的发展经验证明，制度创新和科技创新是推动经济、社会持续健康发展的动力。创新的特征和重要性决定了应采取积极措施，调整或变革现有制度，引导促进创新。具有确定性且适应科技创新的制度构建，将激发科技创新的活力。作为国家制度中至关重要的一环，税收法律制度深刻影响着一国科技、经济、社会的发展，税收优惠是促进创新的重要方式。所得税作为主要税种之一，其优惠措施是引导和促进创新的重要内容。而创新的丰富内涵暗示着，所得税制和所得税优惠制度需要不断完善以适应社会和经济的变革，更好地促进科技创新。

1. 理论价值

本书通过研究以促进创新为宗旨的所得税优惠法律制度，可提供如下理论价值。

首先，为围绕特定社会公共目的而形成的所得税优惠法律制度的形成和运行提供理论基础。我国促进创新所得税优惠法律制度主要由规范性文件规定，虽可灵活调整但缺乏确定性和权威性。本书从实质正义、形式正义和程序正义的角度论证，构建促进创新所得税优惠法律制度应遵循的基本原则、正当程序，以及制定具体优惠措施应遵循的特别原则。力求将现有促进创新所得税优惠法律制度塑造为以基本法为顶层设计，法律、行政法规为主要法律渊源，规范性文件仅为细化规则的制度体系。试图将众多杂乱无章的所得税优惠规范性文件以及现有的法律和法规条理化、清晰化地展示，并试图将其规范化、制度化，避免内在的矛盾冲突，以及外在的不合理、混乱和实践无意义。

其次，为分析检视具体的促进创新所得税优惠措施的正当性和合法性提供理论依据。在财政经济学中的最优所得税制和税法学中的量能课税原则的双重限制下，促进创新是制定所得税优惠措施的社会目标和宗旨。但促进创新的同时不得任意违背税收中性原则，比例原则则为分析具体措施的正当性和合法性提供了可操作的具体方法。促进创新所得税优惠措施在具备实质正义的同时必须通过税收法定原则和稽征经济原则保障正义的实现。

2. 实践价值

伴随着科技创新重要性的凸显和我国创新驱动发展战略的确立，一系列与促进创新有关的所得税优惠措施陆续出台，但存在着立法层级低、内容冲突、违背上位法规定、越权立法等问题。本书首先为制定促进创新所得税优惠措施和构建促进创新所得税优惠法律制度提供了理论基础和立法路径；其次提出分析论证优惠措施的正当性、合法性的检视维度；最后结合我国国情并借鉴美国、加拿大促进创新所得税优惠政策，建议我国应进一步加强所得税优惠促进创新的功能和作用。

二、文献综述

(一) 关于创新的研究

1. 创新的概念

创新由约瑟夫·熊彼特率先赋予经济学含义，指出创新就是建立新的生产函数，引入从未有过的生产要素和生产条件的新组合，或者已有要素重新组合后引入生产体系。[1]创新分为五类：新产品、新工艺（生产方法）、新供应源、新市场、企业

---

[1] Joseph A. Schumpeter, *The Theory of Economic Development: An Inquiry into Profits, Capital, Credit, Interest, and the Business Cycle*, Transaction Publishers, 2012.

新的组织方式，其中科技创新是核心，单指技术创新。新产品包括新发明创造的产品或者已有产品新特性的适用；新工艺指新生产方法的适用，即制造部门中尚未经验化的方法，此种方法无需建立在科学新发现的基础上，且有可能已存在于商业活动处理某一产品的新方式中；新供应源是指原材料或半制成品的新供应来源，无论此种来源是否已存在；新市场是指有关制造部门未曾进入的已存在或新出现的市场；新的工业组织，包括新的垄断的形成或垄断的打破。在约瑟夫·熊彼特之后，有些学者强调创新的新颖性，认为创新是一系列新颖构思成功转化为现实应用的连续事件，如科学探索与发现、实验研究、模仿活动、产品研究和开发，以及新产品的采用、新工艺和新组织结构的适用等。[1]索罗对创新的定义被认为是创新概念界定的里程碑，他指出创新的成立需符合两个条件：新思想的产生和新思想的实践发展。[2]根据经济合作与发展组织（OECD）的定义，现代创新包括：具有新颖性的商品或服务、显著改进的流程或工序、新的商业实践方法、新的组织管理模式以及科学技术的创新等。[3]

我国学者对创新活动的具体研究，可明确界定创新活动的内涵与外延、创新活动的不同环节及每个环节的特点，为精准设计创新政策、实现激励和规范创新活动、评估创新政策绩效奠定扎实的基础。[4]创新包括以下环节：科学研究环节；研发

---

〔1〕　徐则荣：《创新理论大师熊彼特经济思想研究》，首都经济贸易大学出版社 2006 年版，第 21—22 页。

〔2〕　[美]索罗：《资本化过程中的创新：对熊彼特理论的评论》，载《经济学季刊》1951 年。

〔3〕　OECD：The Innovation Imperative：Contribution to Productivity，Growth and Well-Being，2015.

〔4〕　尹苗苗、蔡莉：《创业能力研究现状探析与未来展望》，载《外国经济与管理》2012 第 12 期。

环节，新技术机会或新市场机会促进创新创业者投入创新活动，开发新产品或新服务，进而开启创新活动；生产环节，研发阶段产出研发成果，创业创新者进入研发成果的样品生产和批量生产环节；市场环节，产品投入消费流通领域。在整个创新过程中，后一环节的信息不断反馈给前一环节，并修正前面环节的偏差，确保创新的成功。不同行业的创新过程特点不一，如高新技术领域，创新企业在创新过程中，技术研发环节的回报并不明显，但后期可能出现投资回报的井喷式增长；而制造业和服务业的创新活动也呈现出不同的发展模式。[1]

学者们认为技术创新是一系列行为的集合，包括下列几种行为：新发明的选择、资本投入、组织建立并制定计划、雇佣人工、开辟市场等。例如，弗里曼认为技术创新是指首次被商业化的新产品、新程序、新系统和新服务。[2]曼斯菲尔德则在技术创新的界定中，首次引入了新产品和新过程中所涵盖的技术、设计、生产、财务、管理和市场化过程等。[3]克莱认为，应从时间顺序的角度界定技术创新，他强调技术创新应始于对新技术商业化潜能的认识，终于其转化为商业化商品并投入市场的整个过程。[4]厄特巴克则认为，创新区别于发明和技术样品，是新技术的实际采用或首次采用。[5]迈耶斯和马奎斯认为，创新是技术变革过程的集合概念，萌芽于新思想和新概念，通

〔1〕 张萌萌等：《高技术企业公司创业影响因素探析及模型构建》，载《科研管理》2016 第 7 期。

〔2〕 Chris Freeman, *The Economics of Industrial Innovation*, Routledge, 1997.

〔3〕 Edwin Mansfield, *Industrial Research and Technological Innovation*: *An Econometric Analysis*, Norton, 1968.

〔4〕 Stephen J. Kline, Nathan Rosenberg, "An Overview of Innovation", in Ralph Landau, Nathan Rosenberg ed., *The Positive Sum Strategy*: *Harnessing Technology for Economic Growth*, National Academy Press, 1986.

〔5〕 厄特巴克：《产业创新与技术扩散》，清华大学出版社 1999 年版，第 8—11 页。

过一系列复杂过程，最终转化为具有经济价值和社会价值的新产品，并得到成功应用。随后，新熊彼特主义经济学派认为，随着社会复杂程度的深化，界定创新需考量的因素随之增加，可以从三个方面界定真正的创新：一是创新可引发经济不同层面和领域的整体质变，二是经济平衡被打破后再次恢复平衡，三是不完全稳定变动后的结构重组。[1]

综合各位学者对创新的定义，可知创新比发明的含义更广。创新包括商业应用的新科技、新材料、新的方式或工艺。创新主要涉及现有技术的适用过程、复制或模仿其他产品的过程、新的管理模式或组织模式的适用、新的商业模式，主要包括新技术和颠覆性的新商业模式。[2]而创新具有以下共同点：一是创新是不确定的。创新初期无法对创新的所有过程和细节做预测，无法掌握创新过程中的全面信息，存在未知的技术难题或其他困难，创新初期无法预测创新的结果。二是创新是科学知识的积累和应用。创新建立在知识的积累上，此类知识包括公共制度、企业经验和其他形式的知识。三是创新是一系列活动的集合。创新研发活动的复杂性使得专门的研发机构，如企业研究开发实验室、政府实验室、大学的研发机构等，成为研发活动的主力军，尤其在综合性制造企业中，企业内部研发部门通过研发、生产、商品化、投入市场一系列过程使创新得以实现。

2. 创新的特征

创新具有新颖性和颠覆性。创新的核心因素是新颖，不具有新颖性则无创新。创新是对已有模式的新发展，或改造已有

---

〔1〕　Horst Hanusch, Andreas Pyka, "Principles of Neo-Schumpeterian Economics", *Cambridge Journal of Economics*, Vol. 31, 2（2007）.

〔2〕　Xavier Cirena, William F. Maloney, *The Innovation Paradox*, World Bank Group, 2017.

路径形成新路径。创新是在现有的科学知识和技术以及其他已发现的知识积累的基础上发展形成的，但创新的结果是新科技、新产品、新工艺等，是对已有认识、模式或路径的颠覆。从历次工业革命中涌现的成功创新实践可知，创新的推广应用将改变经济社会中已有的生产模式、生产效率，改变经济社会的发展模式，改变人类认知和世界格局。

创新具有不确定性和外部性。创新成果无法预知，这样的不确定性使创新主体需要承担高风险。创新的外部性则意味着创新主体无法完全实现或取得其基于创新所产生的全部利益。市场主体厌恶高风险，即使高风险可能会获取高回报。不确定性和外部性导致的高风险和高成本，使得科技创新虽具备无限潜力却成为市场主体规避的对象，导致市场失灵，影响并限制创新的发展，因此需要法律和政策的积极干预。从创新发展的时间顺序分析，成功的创新大致可分为四个阶段：科学研究阶段、技术研发阶段、新科技转化为商品的阶段、新产品回应并影响市场需求的阶段。但创新并无统一的路径，从以往创新实践中可以观察到纷繁复杂的创新过程，这是由创新所处的不同经济部门、知识领域、创新类型、时空差异造成的。此外，创新主体——企业，差别化的规模和类型、企业战略和企业积累的创新经验也将不同程度地偶然化创新过程。这些因素均可产生不同程度的不确定性。在创新对经济持续发展的重要性与创新的不确定性和外部性的背景下，需要国家和政府通过积极的推动政策，实现以创新驱动经济颠覆性或持续性增长。

创新具有系统性和高效性。创新包含多个环节，技术创新是其中的关键环节，同时创新过程与社会经济变革深度融合，已无法从单学科的角度得出完整的阐释，须从多学科的视角综合展开分析，因此法律和政策对创新的促进也需要从制度的整体视角展开。创新从单纯的科学技术的创新环节，扩展至技术的应用和开发环节、商业化环节甚至交付或客户服务提供等后续环节。各个环节具体表现为：构思或想法、研发、技术转化、生产和部署、市场开发。这一系列的改变将直接促进企业和个人的自我调整，以求适应创新趋势。升级换代的过程就是经济持续发展和上升的过程。创新受到已有规则的惯性抵制，已有规则是经过反复实践而为各方社会经济主体所默认的，创新意味着打破旧规则和已有默契进而建立新系统，这一过程中旧规则的惯性必然阻止甚至扼杀创新。高效性是创新突破已有制度障碍的保证。为了应对创新过程中的各种问题，创新组织需具备相当的开放性、灵活性，并选用具有多元特征的创新者，才能在已有的基础上进一步整合思想、知识、技能、人力资源，并吸收结合新知识和新资源，进而实现创新。在创新系统中，丰富的创新因素和多元的创新组织，可以成就复杂而高级的创新成果。为保证创新的高效性，制度本身也应保持开放，及时调整不合时宜的旧规则。

创新具有扩散的特征。创新的扩散特征也是不同创新主体之间追赶和趋同的桥梁。发明、发明的产品化和市场化（实践）以及扩散是将新产品、新工序和新的实践活动引入社会生产的环节，而其中扩散环节最具操作性和可被观测性。扩散是创新对社会、经济产生影响的途径和过程，也是产生颠覆性效果的途径，是创新周期的一个固有环节。扩散具体是指社会经济主体，通常是企业或个人，对新技术的采用并逐步使其取代旧技术的过程，在新技术的学习、模仿、反馈中进一步改善最初创新。创新扩散的最终结果是提升现有的社会经济发展水平，对扩散环节的把握对于处于技术赶超阶段的发展中国家意义重大。经济史学家罗森博格通过研究总结了扩散的两个特点：扩散速度缓慢且不同发明的扩散速度不同。[1]罗森博格于1982年进一步分析得出，创新扩散与最初创新之间存在交互影响的效果，不同环境中的创新扩散将反馈至最初创新，并从不同角度、用不同方式改善最初创新。影响创新扩散的因素包括：新技术的收益、网络效应、采用新技术的成本、信息和不确定性、市场规模、产业环境和市场结构。此外，文化和社会因素也将影响创新的扩散。除鼓励支持发明创造活动外，依据创新扩散的特征和途径，设计有针对性的创新政策，同样将对创新驱动经济发展起到事半功倍的作用。

（二）创新与经济发展

创新概念被熊彼特赋予经济学意义后，通过观察研究经济发展与实践，美国诺贝尔经济学奖得主罗伯特·默顿·索洛（Robert Merton Solow）提出，基础设施、人力资本和创新是美国经济发展的基本要素，而其中创新是最重要的生产力。[2]同样的结论被爱德华·丹尼森、[3]罗伯特·巴罗等经济学家证明在发展中国家也适用。[4]经过观察，经济学家发现：技术创新是一个完整链条或过程以及系统性的发展与变化，是解释经济周期变化和经济增长的关键，经济实体内部发展培育的技术创新是其经济持续增长的决定因素。技术创新是经济转型跨越发展的基本动力，当新技术通过各经济部门和产业链条在国民经济乃至国际经济中渗透并扩散时，将打破原有经济平衡，形成

〔1〕［挪］詹·法格博格、［美］戴维·莫利、［美］理查德·纳尔逊主编：《牛津创新手册》，柳卸林等译，知识产权出版社2009年版，第119—125页。

〔2〕Robert M. Solow, "A Contribution to the Theory of Economic Growth", *The Quarterly Journal of Economics*, Vol. 70, 1 (1956), pp. 65-94.

〔3〕Edward F. Denison, *Trends in American Economic Growth, 1929-1982*, Brookings Institution Press, 1985.

〔4〕Robert Barros, "The Left and Democracy: Recent Debates in Latin America", *Telos*, Vol. 68, 1986, pp. 49-70.

经济的颠覆性新发展并不断动态调整。而社会制度与技术创新的关系，取决于社会制度的具体形态以及技术创新的发展阶段。技术创新是经济发展的第一生产力，在经济政策的制定和分析中，必须将技术创新划入其中并作为关键因素予以考虑。社会制度与技术创新都将深刻影响一个实体的经济发展趋势。参考历史经验，"二战"之后的美国依靠科学技术的发展优势，成为强大的政治、经济、军事实体，可见技术创新对一国竞争力而言举足轻重。此后，美国多方面多渠道地支持科技创新，取得良好效果并被各国效仿，在世界范围内形成发展科学技术创新的大趋势。

经过多年研究，经济学家普遍认为决定创新成功与否的因素很多，大体可分为宏观和微观两类，宏观要素包括政府、制度、经济机会、市场结构、市场集中度、技术机会等；微观要素包括企业、研发机构、科研人员等。而影响创新的因素如制度、市场结构和集中度、市场机会、企业、科研能力等则与当今经济发展的关键因素高度一致。[1]

1. 制度的影响

20 世纪 70 年代，道格拉斯·诺斯提出技术创新与制度创新之间的关系，[2]他认为制度创新深刻影响技术创新，良好的制度对技术创新起到促进作用，同时制度创新可提高整体效率，进而促进经济增长。[3]此后，制度创新经济学家从社会制度、文化背景和国家形态等角度深入分析各因素在科技创新中的作用，并提出制度创新经济理论，受到各国的重视。卡尔·尼尔森和

---

〔1〕　［挪］詹·法格博格、［美］戴维·莫利、［美］理查德·纳尔逊主编：《牛津创新手册》，柳卸林等译，知识产权出版社 2009 年版，第 213—217 页。

〔2〕　徐则荣：《创新理论大师熊彼特经济思想研究》，首都经济贸易大学出版社 2006 年版，第 278 页。

〔3〕　道格拉斯·C. 诺斯：《制度、制度变迁与经济绩效》，刘守英译，上海三联书店 1994 年版，第 8—10 页。

约翰森认为创新与其依赖的组织密不可分，创新与组织相互作用、相互联系。[1]纳尔逊将技术创新与制度变革之间的关系发展划分为三个阶段：第一阶段是私有产权制度和市场经济制度的确立，为技术创新提供了制度优势；第二阶段是公司制度的确立和企业技术创新内部化的形成，为技术创新提供了组织优势；第三阶段是政府干预创新行为的阶段，各国政府激励技术创新，制定有利于技术创新的经济政策、财税政策等。[2]具体而言，结合创新的高风险性和不确定性，[3]实现促进创新需尽量降低创新主体在创新过程中承担的不确定性和风险，这其中可能涉及简化创新过程中的不必要的行政程序、降低制度成本、提供有利成果转化的市场环境等。但由于市场的失灵和有限性，必须由国家通过行政权力为创新提供有利氛围。国家需分担创新主体承担的不确定性和高风险，减少其创新成本；同时将不确定性和风险视为创新不可分割的一部分，给予创新主体最大的激励，由国家为科技创新提供制度支持。

由此可知，创新可引发经济变革，实现经济总量和社会福利的持续、稳定增长，还可引发制度的变革。但经济和制度又可促进或限制创新的出现和发展，创新与经济和制度三者之间有深刻的互动影响关系。

（1）国家创新

国家创新系统将创新涉及的所有要素归为两类：制度和组

---

[1] K. Nielsen and B. Johnson, *Institutions and Economic Change*: *New Perspectives on Market, Firms and Technology*, Edward Elgar Publishing, 1998.

[2] 徐则荣：《创新理论大师熊彼特经济思想研究》，首都经济贸易大学出版社 2006 年版，第 258 页。

[3] 风险是对不可接受后果的概率性计算，至少可以算出获得可接受的最低投资回报的概率，同时可以测算失败的概率，并在决策中使用。而不确定性可以理解为回报与风险发生的可能性未知。

织。制度是协调、规范组织内部及组织之间行为的法律法规、惯常做法、习惯等；组织是指企业、大学、风险投资机构以及制定或执行创新政策的公共机构，组织中企业是最重要的创新主体。创新系统中对创新而言重要的活动包括：研究开发活动；合格劳动力的教育培养；创造新市场；对新产品的需求反馈；为适应创新而变革组织结构；创新组织之间的互动交流；创新组织与市场之间的互动；创新制度的变革，尤其是国家的税制和产权保护制度；孵化活动，提供创新环境和基础设施等活动；对创新的资助和提供咨询等活动。制度和组织作为国家创新系统的两大要素，对创新和创新的运作具有重大意义。二者之间和各自内部的相互作用和影响的方式和路径是通过一系列的创新活动体现的，如竞争、交易、网络化、产权保护申请等。创新组织处于一整套的创新制度和规则中，同时制度也深入影响并规范组织内部及其活动，如企业内部的财务制度、企业设立内部或外部的研发机构等。

制度和组织的创新变革须以政策来协调和传递。国家在制定创新政策时，会涉及政策范围划定问题，也就是政策所引导的创新的范围。传统的创新边界可从以下三个角度划分：空间或地理因素、行业或部门、创新活动类别。已确定范围的创新政策会为企业，尤其是跨国企业带来巨大的实益。从创新政策的具体措施来看，国家多采用资助或税收减免的方式。国家或政府的补助是从收入的角度提供资金，而税收减免则多从支出的角度给予激励。

（2）大学教育

大学是创新知识的源头，是发展创新经济的重要推动者，是推动一国科学技术发展的主要动力。大学负责技术创新的基础研究，各国通过设立多种中介组织或提供中介性服务，为大学和创新企业之间搭建合作桥梁，促进科研成果的商业化转化。归纳起来，大学为国家创新系统提供以下几类重要资源：①更有效率和前景的科学和技术信息，引导技术创新路径；②成熟的设备和实验仪器；③培养科学家、工程师和技术性劳动力等创新人才；④有助于创新知识扩散的科学和技术网络；⑤新产品和新工艺的原型等。[1]应进一步加强大学在创新中的作用，加强大学与产业之间的互动与合作，为围绕大学建立区域经济集群和衍生企业的形成提供激励政策，同时制定激励大学及其科研人员的专利申请和许可活动的政策等。

（3）区域创新

知识产权的概念和范围在不断发展扩大，最为典型和常见的类型有：发明专利、商业秘密、版权、商标和外观设计，以及新出现的新品种权和数据库权等。对知识产权的确认和保护，规范并激励知识产权的转让、许可等传播方式，尤其是对专利权的规范，对于创新投资、创新激励、知识和信息的传播具有重大意义，是国家创新系统的核心内容之一。但知识分为隐性知识和显性知识，随着对创新经济的深入研究，学者们指出，相较于已被编码化的显性知识，未普及的隐性知识在创新中的作用越来越重要。[2]由于隐性知识不易清晰化和编码，这类知识难以开展远距离交换，与其所处的社会和制度环境形成高度依赖，此特征决定了隐性知识的空间特点。隐性知识的扩散传播以及对创新的推动促进作用的发挥，依赖于企业、研究组织、公共部门等主体之间的互动和知识流动。隐性知识的空间特性

---

〔1〕［挪］詹·法格博格、［美］戴维·莫利、［美］理查德·纳尔逊主编：《牛津创新手册》，柳卸林等译，知识产权出版社2009年版，第78—86页。

〔2〕参见［挪］詹·法格博格、［美］戴维·莫利、［美］理查德·纳尔逊主编：《牛津创新手册》，柳卸林等译，知识产权出版社2009年版，第145—158页。

和一定范围内的传播扩散路径，突显出区域在创新中的优势，区域创新系统随之盛行。区域独特的制度禀赋有利于知识的创造和传播，并构成该区域及区域内各组织的核心竞争力。区域创新系统更有利于聚集优良的劳动力资源，并提供完善的劳动力市场；组织覆盖面较广泛的劳资谈判；组织教育、培训；提供良好的创新基础设施；提供充足的资本和优化的资本市场结构；设立高度发达的专业化行业协会；提供有利于技术转让的公共机构或专门机构；等等。因此，区域创新系统强调各类经济组织，如企业、雇员、协会、组织和公共机构的地理空间分布特征对创新经济的重要作用。但相比国家创新系统，促进区域创新容易导致发展失衡、不平等和不公正。

2. 企业和产业的作用

企业是经济持续稳定发展的最小单位，也是创新的关键主体。创新对经济发展的颠覆性作用，主要通过企业层层推进和扩散。一项创新从单纯的科学技术研究转化为市场化的科技产品，企业的研发转化是关键一环。

部分经济学者认为，具有垄断地位的大企业更有利于创新，并提高企业从事高风险创新活动的概率，使得成本高昂的创新活动成为可能。[1]创新活动往往伴随着大量的资金消耗，并且费用会不断增长，大公司资金实力雄厚，所以其对创新活动的资金投入可确保创新的成功。同时，大公司通常拥有更高效的人力资源，尤其是研发人员。而且，大公司在产品潜能挖掘方面更具有优势。[2]弗里曼也指出，企业的研发能力、基础研究或相

---

[1]　如加尔布雷·奈特，此外，谢勒、弗里曼、理查德·纳尔逊（Richard Nelson）、卡曼和施瓦茨等学者也赞同大企业更有利创新的结论。

[2]　徐则荣：《创新理论大师熊彼特经济思想研究》，首都经济贸易大学出版社 2006 年版，第 240 页。

近研究的能力、专利保护能力、议价能力等都与其创新能力相关，例如，大企业的资金充足、抗风险能力强、研发周期短、能够较早确定潜在市场并培养用户，这些因素都能有效促进创新。[1]

也有一些学者与熊彼特持一致意见，认为小企业更有利于创新。例如有学者收集了十个行业的研究资料，分析表明：小企业决策层更易形成统一目标，在研发中比大企业更具优势。[2]大企业的规模使其具有行政特质，程序烦琐复杂，更倾向于保守观念，导致对创新的压制；而小企业可有效避免此类问题。同时小企业管理层目标一致、应变灵活，可为科研人员提供较优质的发展空间和科研环境。施穆克勒通过对公司创新专利的平均成本进行研究得出，创新效率与公司规模成反比。[3]还有学者通过对公司内部人员调查研究发现，相同或类似产品的研发成本，大公司花费的成本是小公司的五至十倍，单纯从成本角度分析创新活动，小公司更具效率。

与前述两派学者不同，曼斯菲尔德等学者认为单纯分析企业规模与创新的关系无法反映现实全景。曼斯菲尔德根据行业分类，分析企业规模与创新的关系。他依据美国商务部的统计资料分析得出，煤炭、石油、医药行业的创新活动主要由大企业承担，而钢铁行业小企业的创新活动更为活跃。[4]有学者依据企业获得的专利数量衡量企业创新能力，对电力、机械、化

---

〔1〕 徐则荣：《创新理论大师熊彼特经济思想研究》，首都经济贸易大学出版社2006年版，第233页。

〔2〕 Clayton M. Christensen, Michael Raynor, *The Innovator's Solution：Creating and Sustaining Successful Growth*, Harvard Business Review Press, 2003.

〔3〕 Jacob Schmookler, *Innovation and Economic Growth*, Harvard University Press, 1966.

〔4〕 Edwin Mansfield, *Industrial Research and Technological Innovation：An Econometric Analysis*, Norton, 1968.

学等行业的企业进行调查研究发现，在化学和电力行业，企业规模与专利获取数量成正比，而机械行业的企业规模与专利获取数量成反比。[1]还有学者对 20 世纪 60 年代的创新活动的分布进行研究，发现大企业适合开展大规模研发活动，而小企业偏好高精尖的原件和设备方面的创新。

此外，企业对创新的影响，可从企业的创新投入与创新产出之间的关系出发进行研究。熊彼特认为，创新投入是指企业在创新过程中的全部投入，创新产出则为企业从创新中获得的收益。[2]施穆克勒、麦克林和罗斯德等人的研究表明，创新投入可用研发支出、研发人员的投入、科学家和工程师的投入来衡量；创新产出可用专利、发明、新产品的销量等因素衡量。例如，部分学者认为，创新投入与创新产出呈正相关关系，施穆克勒的研究则得出科学家和工程师数量与专利数量成正比。[3]部分学者则在不同国家选取研究对象，例如依据研发支出占销售额的比例、研发人员占全体人员的比例、专业人员占全体人员的比例这三个因素，结合衡量产出法得出，1971 年至 1972 年，抽样调查的 980 家澳大利亚公司的创新投入与创新产出成正比；[4]再如对美国 13 个行业进行研究得出，研发强度（研发资金与销售额之比）与技术创新率（新产品引入的年预期率）之间呈正

---

〔1〕　徐明华：《企业专利行为及其影响因素——基于浙江的分析》，载《科学学研究》2008 年第 2 期；潘孝珍：《税收优惠对企业市场行为的影响研究》，中国社会科学出版社 2016 年版，第 140—155 页。

〔2〕　徐则荣：《创新理论大师熊彼特经济思想研究》，首都经济贸易大学出版社 2006 年版，第 53—60 页。

〔3〕　Jacob Schmookler, *Innovation and Economic Growth*, Harvard University Press, 1966.

〔4〕　潘孝珍：《税收优惠对企业市场行为的影响研究》，中国社会科学出版社 2016 年版，第 140—151 页。

相关关系。[1]还有学者的研究表明，专利强度（每1亿美元销售额中专利的贡献）与研发强度（每1亿美元销售中研发人员的贡献）成正相关关系。[2]因此可知，企业对研发活动和研发人员的投入越高，其创新产出越高。综上，企业是创新的重要主体之一，企业的规模、所处产业或行业、创新资金和科研人员的投入等方面均影响创新和经济发展。

（1）产业部门对创新的影响

创新存在于各产业中，如高研发强度的电子业、制药业等，又如低研发强度的纺织业等。依据产业的知识基础、技术领域、产业边界、产业网络等特性差异，不同产业的创新系统呈现出很大差别，包括创新主体、创新源、创新制度和政策的差别。因此，创新政策的制定应置于产业系统的语境下。在制定税收优惠，具体到所得税优惠时，应依据产业部门的特征有针对性地规定优惠对象、环节或阶段等。例如，"供应商主导的产业"如纺织业，其创新源主要集中于生产经营过程中，而高科技产业的创新源主要集中于专门的科学研究活动中。

产业创新系统有三个基本维度：知识和技术领域、创新主体和网络、制度。各产业均有一定的知识和技术领域，知识和技术的研发、流动、传播和扩散，以及知识和技术在企业内部的积累和利用，均深刻影响着产业创新的节奏。创新主体包括企业、研发人员、科研机构、用户、供应商等。制度分为国家层面的制度和企业层面的制度，国家制度中对产业系统创新影响深远的包括知识产权保护制度、竞争政策、税收制度等。将

---

〔1〕 Nicholas Bloom, Rachel Griffith, John Van Reenen, "Do R&D Tax Credits Work? Evidence from a Panel of Countries 1979 - 1997", *Journal of Public Economics*, Vol. 85, 1（2002）.

〔2〕 Robert J. Shiller, "Market Volatility and Investor Behavior", *American Economic Review*, Vol. 80, 2（1990）.

与创新有关的各类政策置于产业创新系统中分析和审视，才能识别其中的不足与缺陷，并及时进行调整。产业创新系统强调，对创新的培养和扩散，除加强科学技术研发和管理模式优化外，还应提供知识产权保护、技术转移途径、企业治理、金融制度、税收制度等多方面的支持和保障，并保持一个产业创新系统内各类措施和政策的一致性和有效性。[1]

将产业划分为不同类别，有助于政府依据产业特征围绕创新主体制定精准的创新激励政策。经济学者帕维特，将产业划分为供应商主导型产业、规模密集型产业、信息密集型产业、基于科学的产业以及专业化供应商的产业，这种分类方法从不同部门中提取出共同的技术特性，重点关注同一类产业的技术特性。[2]而萨顿提出从技术和产品两方面分析产业特点，如资金密集的轮胎行业，其产品从未发生过颠覆性的变化，但产品中的高科技因素却不断增加以适应市场的变化和需求，如在轮胎中安装传感器。作为传统产业，轮胎行业中大型企业的知识和技术的积累和研发强度与科技产业相比并不低。[3]将技术维度和产品维度结合，分析不同产业创新特性，打破原有的分类障碍，提示政府在制定政策时应全面分析、全局把握，制定普惠性政策。

（2）企业人力资本和资金对创新的影响

就企业自身而言，其需通过整合各类知识、能力、技能和资源，将发明转化为创新。在转化过程中企业需要具备先进生

〔1〕［挪］詹·法格博格、［美］戴维·莫利、［美］理查德·纳尔逊主编：《牛津创新手册》，柳卸林等译，知识产权出版社2009年版，第187—194页。

〔2〕参见［挪］詹·法格博格、［美］戴维·莫利、［美］理查德·纳尔逊主编：《牛津创新手册》，柳卸林等译，知识产权出版社2009年版，第197—203页。

〔3〕参见［挪］詹·法格博格、［美］戴维·莫利、［美］理查德·纳尔逊主编：《牛津创新手册》，柳卸林等译，知识产权出版社2009年版，第205—213页。

产知识、先进技能和设备、现代营销知识、分销能力、充分的资金支持，更需要人力资源，如企业家和科技人员。创新型企业需充分调动内部和外部资源以符合创新的要求。在企业战略形成之时，创新型企业为取得竞争优势，会改进技术和市场条件，进而形成新的资源配置模式，并破坏已有的经济循环。这一过程必然由单个劳动力在企业组织中以集体的方式开展，而非单独行为。在企业的创新活动中，个人层面和企业层面均通过学习不断积累创新的经验和知识。已积累的创新知识与市场中的新机会相结合，同时企业利用自身已有资源并吸收外部新资源，逐步推进创新进程。企业通常通过并购、重组等方式吸收外部资源或优化自身。企业内部决定采用创新战略，并通过集体化的步骤和累积性的路径，才可在创新中获得竞争优势。企业的学习和创新能力，取决于其所依赖的社会、经济、法律和政治等方面的制度背景。制度的影响力将塑造企业在制度内的创新行为方式，可激发企业的创新潜力，又可限制企业的创新能力。[1]

企业的研发机构和研发人员、技术人员是企业创新行为的实践主体，是企业创新成功的关键因素。企业在创新过程中，专业教育、专门实验室、改进的试验方法和测量方法都将影响创新效率，影响新科学技术的研发阶段。企业常见的应对策略包括：在企业内部设立研发机构，专门开发研究用于商业化的新科技；设立研发小企业或通过其他安排与外部小企业联合，从事专业化产品的生产和改进工作；与大学等专门的科研机构开展合作。由于研发活动的不确定性以及企业自身特性，企业会设立内部研发机构，将难以外包的研发活动在内部开展。企

---

〔1〕 〔挪〕詹·法格博格、〔美〕戴维·莫利、〔美〕理查德·纳尔逊主编：《牛津创新手册》，柳卸林等译，知识产权出版社2009年版，第43—51页。

业内部设立的研发机构与其他职能部门，尤其是与生产和销售部门之间的协调和反馈程度，将对企业创新成功与否产生重要影响。对于可以编码并标准化的新技术，当此类技术需求足以支撑专业化企业的发展时，企业可选择将此部分研发外包给中小企业，由中小企业进行后续的生产和技术改进。大学等研发机构在创新中扮演重要角色，如为企业提供新科技资源和研发人才，并为创新群体提供良好的沟通交流平台。在创新中"人"的因素也至关重要。19世纪中叶，科技迅速发展的英国被称为世界工厂，成为全球重要的创新地。当时英国的创新经济是在以"在职学徒制度"（技术工人）为核心的创新系统中发展的。[1]而彼时英国政府甚至企业均未设立成熟的研发机构。之后，在美国的企业发展成为经理制组织，同一时期哈佛大学首创商业管理研究生院，专门培养企业管理阶层，以满足企业对新兴管理人才的需求。而经理制组织的主要责任是改进技术和开拓市场。20世纪70、80年代，日本的企业组织依靠自身优势迅速发展。此时日本企业实行银行注资、交叉持股和终身雇佣。[2]交叉持股指自己公司持有相关公司股权，同时允许相关公司持有自己公司股权。终身雇佣指企业对工人和其他管理人员承诺终身雇佣。这两种新的组织方式有效整合并积累了企业人力资源。

此外，企业的投入还包括资金的投入，因此金融支持对企业成功创新同样重要。金融是国家创新系统中另一项关键资源，也是企业创新资金的重要来源。从创新的启动、发展到结束，其间需要大量的资金维持和推进。而创新经济的先驱熊彼特一

---

〔1〕 参见 〔挪〕詹·法格博格、〔美〕戴维·莫利、〔美〕理查德·纳尔逊主编：《牛津创新手册》，柳卸林等译，知识产权出版社2009年版，第78—83页。

〔2〕 参见 〔挪〕詹·法格博格、〔美〕戴维·莫利、〔美〕理查德·纳尔逊主编：《牛津创新手册》，柳卸林等译，知识产权出版社2009年版，第107—113页。

直把资源配置，尤其是金融资源的配置作为其创新研究的中心。熊彼特从微观和宏观两个经济层面分析金融在创新中的作用，如微观层面的企业如何配置金融资源，宏观层面的结构性经济变革与资源配置的关系。而今风险资本在创新中的应用呈上升趋势。[1]

3. 技术和市场的作用

研究者从创新与技术、市场三者之间的关系出发，得出三种可能结论：技术机会对创新具有决定性作用、市场机会对创新具有决定性作用、技术机会和市场机会共同对创新具有决定性作用。英国萨福项目的研究表明，创新企业需了解市场需求，并利用企业外部的技术和科学建议建立产品权威性，注重销售、宣传，这些细节更有利于创新的成功。[2]

奥古斯托夫·马弗里克·凯利选取六组大企业作为调查研究对象，以企业内部研发人员的比例作为标准，得出在 1950 年的创新活动中技术机会起到决定性作用，而石化企业尤为突出的结论。[3]康曼纳针对创新中的技术机会和现实产品之间的差别进行调查研究，发现耐用品及投资品与非耐用品相比，具有更多的技术机会，且企业投入的研究水平相对更高。[4]前述两位学者认为，技术机会决定或促进企业创新的开展。

然而，施穆克勒认为，企业创新是一种经济活动，经济效益是企业创新的原动力，技术机会并非企业创新的决定因素。

---

〔1〕 徐则荣：《浅议西方技术创新原因论》，载《外国经济学说与中国研究报告》2013 年。

〔2〕 英国萨福项目（SAPPHO, Scientific Activity Predictor from Patterns with Heuristic Origins）。

〔3〕 徐则荣：《西方技术创新经济学的新发展》，载《福建论坛（人文社会科学版）》2013 年第 5 期。

〔4〕 参见徐则荣：《西方技术创新经济学的新发展》，载《福建论坛（人文社会科学版）》2013 年第 5 期。

他还认为随着创新产出预期和市场反映的变化，企业创新投入也会变化。[1]弗里曼、厄特巴克、格曾费尔德和莱顿等学者针对不同行业分析市场机会与创新的关系，得出了类似结论。弗里曼研究指出满足客户需要是创新成功的标准。[2]厄特巴克指出多数行业中成功的创新都符合满足市场需求的特征。[3]格曾费尔德在德国分别选取11个成功创新和11个失败创新，对比研究后发现，成功创新多源自市场需求，而失败创新多单纯依靠新技术的发展。[4]莱顿分别在英国、美国和欧洲大陆选取10个行业的企业作为研究对象，通过分析创新的产生、研发、商品化的过程发现，部分企业研发部门的创新无法成功转化的原因是这些企业在这一系列的过程中未充分开展市场调查，不了解市场需求。[5]

除两种相反的观点外，兰瑞施和斯通曼认为，技术机会和经济机会在不同的阶段中对创新发挥作用。兰瑞施研究分析了1966年到1967年84项创新成功的实例指出，在创新之前，市场需求比新技术的发展更重要，但在创新过程中，技术机会将影响创新的效率。尤其在生产资本物品的行业，研发部门与市场营销部门的信息交流至关重要。[6]斯通曼认为经济机会对创

[1] Jacob Schmookler, *Innovation and Economic Growth*, Harvard University Press, 1966.

[2] 徐则荣：《创新理论大师熊彼特经济思想研究》，首都经济贸易大学出版社2006年版，第113—116页。

[3] [美]布朗温·H.霍尔、内森·罗森伯格主编：《创新经济学手册》，上海市科学学研究所译，上海交通大学出版社2017年版，第235—239页。

[4] [挪]詹·法格博格、[美]戴维·莫利、[美]理查德·纳尔逊主编：《牛津创新手册》，柳卸林等译，知识产权出版社2009年版，第341—345页。

[5] 薛薇等：《科技创新税收政策国内外实践研究》，经济管理出版社2013年版，第22—30页。

[6] 郑琼洁：《企业技术创新中的政府激励研究》，中国社会科学出版社2017年版，第98—102页。

新而言十分重要，但技术机会可提高创新效率，降低研发成本，经济机会对技术机会起促进作用。[1]面对经济学者关于技术机会和市场机会之间的争论，应打破企业的技术机会与市场机会之间的藩篱，为企业深度调查研究市场提供便利、降低成本，提高技术机会与市场机会之间的匹配度，促进和激励企业创新活动。因此，企业拥有新科技后，对市场的调研了解就成为创新成功至关重要的环节。也可看出，企业在创新的整个过程均承担着创新的不确定性和高风险，从科学技术转化为企业的研发对象，再经过量产化和市场化，每一环节的创新成本均不容小觑。

（三）《国家创新驱动发展战略纲要》

创新是创造新价值的正和博弈，因为创新会带动国际市场扩大和国际贸易在总量上的增加。成功的创新国家在国际贸易和市场中所占份额的扩大，很大程度并非对原有市场规模下的份额替代，而是由新创造价值的增加而引起的份额上升。尽管在创新的动态过程中部分参与者会受到损失，但创新发展的互补或溢出效应大于其负面或替代效应。知识和技术是创新的基础，随着创新过程的推进，企业之间的知识流动加快，政府和非企业主体在知识发展、转移和教育方面发挥更加重要的作用，隐性知识编码化发展成为显性知识，专业的科学团体将占据创新优势等一系列现象相伴而生。[2]发达国家的实践是，围绕创新制定一系列相互配合和协调的有效政策，目的是培育整体的创新氛围，如制定科研、技术商业化、教育和技能发展、税收、

---

〔1〕 郑琼洁：《企业技术创新中的政府激励研究》，中国社会科学出版社 2017 年版，第 98—102 页。

〔2〕 ［挪］詹·法格博格、［美］戴维·莫利、［美］理查德·纳尔逊主编：《牛津创新手册》，柳卸林等译，知识产权出版社 2009 年版，第 134—138 页。

贸易、知识产权、政府采购等各方面政策。但通过制度变革促进创新的另一方面是，政府在大力推动创新的同时应尽可能保持中性，减少对市场经济的扭曲和干预。2016 年 5 月党的十八大提出的《国家创新驱动发展战略纲要》融合我国经济、社会、科技发展的现状，结合创新的特征和要求，涵盖体制机制、国家、区域、产业、行业、企业、大学、科研人员和教育等创新的方方面面，为未来发展做了充分的考量和准备。我国的创新驱动发展战略将创新的概念、特征、因素与具体国情和社会文化背景相结合，是对创新理论的深刻内化。

创新驱动发展战略将科技创新定位为国家发展的关键和核心，强调科技创新是"提高社会生产力和综合国力的战略支撑"，是对中国的未来作出的准确定位和周密布局。[1]2020 年建成国家创新体系，实现科技创新与经济发展的衔接与融合、建立健全创新激励的政策法规、构建激励创新创业的价值导向；2030 年进入创新型国家前列，实现经济社会发展驱动力的根本转变，实现科技创新与经济发展的深度融合，实现健全的法制保障和浓厚的创新氛围；2050 年进入世界创新型强国行列，实现劳动生产率和社会生产力依靠科技创新而提高，创新成为制度设计和政策安排的核心和关键。[2]《国家创新驱动发展战略纲要》提出双轮驱动，以科技创新和体制机制创新为抓手，相互协调、共建创新驱动发展；构建国家创新体系，建立健全激励创新的政策体系、保障促进创新的法律制度。

建立国家创新体系，应对创新过程中的不确定性和高风险性，应先合理界定政府与市场的边界，由政府负责制定符合创新规律的政策。国家应依据创新的不确定性、高风险性、外部

---

〔1〕　参见《国家创新驱动发展战略纲要》。
〔2〕　参见《国家创新驱动发展战略纲要》。

性、系统性等特征，健全配套协调的法律制度，制定精准化、精细化的创新激励保护法律法规和政策；[1]实施积极的财政政策，在增加创新资金投入的同时，着力平衡财政资助与市场规律之间的关系，提高财政资金的使用效益；[2]拓宽资金投入渠道，引导资金流入科技创新的各个环节中；通过政府采购、普惠性税收激励、保险等方式，分担创新主体的创新成本；实施普惠性的企业研发激励政策，引导企业转型；制定政策鼓励创新成果转化。[3]国家还应依据创新特征并结合我国金融市场和创新企业的具体情况，发展天使投资、互联网金融等融资形式，有针对性地引导资金流入创新领域；构建多层次资本市场，为创新资金流入提供广阔平台；完善健全基金制度，引导资金进入创新成果转化、中小创新企业以及新型产业培育等领域。《国家创新驱动发展战略纲要》紧扣颠覆性技术的发展，要求实现各行业中前沿技术的自主创新和新兴产业的前瞻布局，并在各领域中实现新知识、新技术、新科学原理的自主研究和原始创新。

《国家创新驱动发展战略纲要》中提出了应进一步发展的当下主要且重要的科技创新领域和产业，具体包括：集中优势力量优先发展信息网络技术、智能绿色制造技术、现代农业技术、现代能源技术、环保技术、先进适用技术、智慧城市和数字社会技术、先进健康技术、现代服务技术、颠覆性技术；在基础研究方面，推动类人智能、虚拟技术、微电子和光电子等领域的研究；在技术应用上，大力发展移动互联网、云计算、大数据、高性能计算机、移动智能终端，进一步加强集成电路、工

---

〔1〕 参见《国家创新驱动发展战略纲要》。
〔2〕 参见《国家创新驱动发展战略纲要》。
〔3〕 参见《国家创新驱动发展战略纲要》。

业控制等软硬件研发，强化网络安全技术的攻坚克难；发展高端航天航空装备、精良船舶装备、特高压输变电装备等高端装备；推动核能、太阳能、生物质能等新能源的研发利用，同时加强新能源的开发利用及高端、节能的能源装备、新能源汽车、智能电网的开发研究；加大高精度监控预测技术、地球深部资源勘探技术、资源循环利用技术、环境应急技术的研究和试验发展；发展农业环保技术，进一步发展防治大气污染、高效节能利用水资源、垃圾和工业废弃物的回收利用和综合利用等环保技术；加强发展卫星遥感、卫星通信、导航和位置服务等空间技术；加大对新型药物、疫苗、医疗装备、治疗技术的研发；加大对现代物流、数字消费、网络教育、互联网金融、电子商务等新型服务业的研究；加强工业设计和文化创意等方面的创新发展；加大对移动互联技术、空间技术、量子信息技术、基因科技、生命科学技术、遗传基因技术等基础技术理论的研究；加强对智能机器人、无人驾驶汽车、干细胞、合成生物、石墨烯等新材料的研究和开发；加强在海洋、空间、生命、能源、信息、网络、材料等领域的基础研究、高精尖技术研究和跨领域科技的研究。[1]

《国家创新驱动发展战略纲要》同时指出，要明确创新过程中企业、大学、科研院所、研发机构等各类创新主体的功能定位和主体特性，多元化、全方面地激发各类主体的创新活力，形成良性互动的创新格局。应依据创新需求，依托大学、科研院所、研发机构、企业等创新主体，为全行业培养创新型的科研人员、工程师、高级技师、技术工人等高技能劳动力；创造教育培养环境、制定人才激励法律法规和政策，重点推行科技成果转让收益和股权期权激励制度，实现创新成果产业化过程

---

[1] 参见《国家创新驱动发展战略纲要》。

中各层次创新人才的付出与收入相配比；推动职业教育，在职业教育与普通教育间形成配合和互动，实现创新科研人员与产业技能人员同发展、同进步的创新人才支撑体系。

（四）税收优惠与创新

1. 税收优惠与其他财政措施的比较

熊彼特曾经指出，由企业主导的新技术的创新研发和扩散，对组织形式和制度形成创造性的毁灭，是社会经济体周期性螺旋式上升的根本驱动。[1]意识到创新在经济和社会发展中的关键作用，各国竞相出台多元化、多层次的财政措施促进创新，所制定的激励措施涵盖新技术初始研究、深入研发、产出转化、资本投入等全过程，全方位支持企业科技创新。

但与其他财政政策相比，税收优惠更具优势。创新的不确定性决定其无法被预测或者事前规划，普惠性的激励措施更符合创新的特性。税收优惠可以提供更为广泛的引导促进效果，而财政补贴等措施则只针对特定主体提供资助，促进效果有限。朱平芳、徐伟民选择上海市的面板数据，依据随机效用模型进行研究，认为政府提供的研发补贴与税收减免都可促进企业的科技创新行为，但应以税收优惠为主。[2]戴晨、刘怡经实证研究认为，财政补贴虽具有针对性强的特点，但与税收优惠相比，其激励作用较弱。[3]朱云欢、张明喜的实证研究也得出类似的结论，两位学者利用 2009 年全国高新技术企业认定管理领导小组对新认定的高新技术企业的抽样调查数据研究分析得

〔1〕 ［挪］詹·法格博格、［美］戴维·莫利、［美］理查德·纳尔逊主编：《牛津创新手册》，柳卸林等译，知识产权出版社 2009 年版，第 18—21 页。

〔2〕 朱平芳、徐伟民：《政府的科技激励政策对大中型工业企业 R&D 投入及其专利产出的影响——上海市的实证研究》，载《经济研究》2003 年第 6 期。

〔3〕 戴晨、刘怡：《税收优惠与财政补贴对企业 R&D 影响的比较分析》，载《经济科学》2008 年第 3 期。

出，与财政补贴相比，税收优惠对创新研发的激励更有效。[1]
柳光强指出，虽然税收优惠对企业的短期绩效和长期绩效都有
积极影响，但其主要为事后激励，属于期望收入。[2]因为只
有在企业生产经营并有营业收入时，税收优惠才能实现。财政
补贴与税收优惠两类政策对风险偏好不同的企业的激励效应有
差别，财政补贴对企业的激励效应越弱，企业对税收优惠越
期待。

2. 税收优惠与促进创新

内生经济增长理论认为，以利润最大化为目标的企业，会
不断增加研发投入推动技术创新，而技术创新推动经济增长。
因此在以技术创新促进经济社会持续高效发展的趋势下，政府
制定税收优惠的目的是分担企业因创新研发而增加的风险和成
本，同时解决因研发活动外溢性引发的正外部性所导致的问题。
无论是发达国家通过财税政策激励企业创新，还是发展中国家
激励国外技术转化，各国政府均与创新主体分担创新过程中的
成本和风险、降低创新不确定性和外部性的负面影响，进而引
导、鼓励企业进行创新投入并促进创新产出。

从宏观经济角度出发，应分析研究税收优惠与创新驱动、
经济发展、产业结构、就业状况等宏观事项的关系。易志坤认
为，优化产业结构、发展科学技术、协调地区经济、吸引外资和
国外技术、出口创汇等宏观经济因素都深受税收优惠的影响。[3]
吴俊培、李森焱指出，政府和市场相结合共同决定资源配置，

---

〔1〕 朱云欢、张明喜：《我国财政补贴对企业研发影响的经验分析》，载《经济经纬》2010 年第 5 期。

〔2〕 柳光强：《财税激励政策优化研究——基于战略性新兴产业上市公司经济效应的分析》，武汉大学 2014 年博士学位论文。

〔3〕 易志坤：《国外税式支出实施经验及启示》，载《税务研究》2003 年第 3 期。

而税收政策即为政府干预影响资源配置的工具之一。通过对税收政策影响产业结构的机制展开分析，两位学者认为税收政策影响市场的总需求和总供给，税收政策可有效调整产业结构、影响市场中个体的经济行为。[1]李大明、李波强调税收优惠的宏观调控功能，认为税收政策是政府宏观调控的重要工具。税收政策改变市场因素、影响企业行为、促进产业优化和升级。同时认为税收政策应注重资本积累和消费，应随产业结构的调整而变化，利用税收优惠促进产业升级和技术进步。[2]还有学者从就业角度分析税收激励的经济效果，如姚林香、车文军依据不完全信息博弈模型研究认为税收优惠可有效提高就业率。[3]而在这方面，美国 2017 年的《减税与就业法案》（Tax Cut and Job Act）效果显著。但是，方重、梅玉华的研究得出相反结论，两位学者认为结合我国失业现象的特点，税收优惠对促进就业具有局限性。[4]此外，区域创新同样深受税收优惠的影响，以区域创新和税收优惠之间的关系为基础，可以从创新投入、创新产出、创新环境、技术流动水平等方面观察区域创新与税收优惠如何相互作用。创新投入包括研发人员和资金投入两方面；创新产出指专利授权和论文发表；创新环境包括设施和制度环境；技术流动主要指技术使用的提成和许可费、高技术产品的出口水平。Jian、Sachs 和 Warner 认为，20 世纪 90 年代，中国东北沿海经济飞速发展的重要原因是特殊的区域税收优惠

---

〔1〕 吴俊培、李森焱：《调整产业结构的税收政策研究》，载《财政监督》2012 年第 19 期。

〔2〕 李大明、李波：《完善税收政策 促进产业升级》，载《涉外税务》2013 年第 1 期。

〔3〕 姚林香、车文军：《对促进就业税收优惠政策的效应分析》，载《税务研究》2008 年第 3 期。

〔4〕 方重、梅玉华：《税收优惠促进就业的效应探析》，载《税务研究》2008 年第 2 期。

政策。[1]陈海生、李保民认为税收优惠主要影响微观经济活动，通过纳税人、应税产品、特定税种等因素影响微观经济，从微观角度促进经济增长。[2]刘颖、刘明指出税收优惠可引导企业行为，激励企业涉足政策鼓励的领域。[3]沈肇章、魏朗的研究表明，税收优惠的作用及效果受到企业组织特征、运用能力、政策信息传递与管理等因素的限制。[4]

3. 税收优惠与创新行为

由于企业对创新至关重要，研究企业行为也是重要部分。税收优惠对企业行为的影响应结合税收优惠的内容和企业自身特点展开分析。税收优惠的内容应具有针对性和可操作性，切实满足企业的需要。同时税收优惠应具有确定性，企业可以信赖优惠政策，可依据政策预期企业行为的效果、判断成本收益，并可切实收获政策规定的预期利益。黄永明、何伟研究指出，针对创新的税收优惠政策可为企业分担创新风险，降低创新中的不确定性，营造适宜的创新环境等，进而提高企业创新收益。[5]

同时，企业对税收优惠政策的反馈，将影响税收优惠政策对企业行为的引导和激励。企业自身因素包括企业人员构成、财务状况、纳税遵从度，而人员构成包括年龄结构、学历结构、

〔1〕　Tianlun Jian, Jeffrey D. Sachs, Andrew M. Warner, "Trends in Regional Inequality in China", *China Economic Review*, Vol. 7, 1 (1996).

〔2〕　陈海山、李保民：《在中观财政中实行税式支出的理论思考》，载《中国经济问题》1994年第5期。

〔3〕　刘颖、刘明：《关于促进技术进步的税式支出研究》，载《东北财经大学学报》2012年第1期。

〔4〕　沈肇章、魏朗：《影响高新技术企业税收优惠政策实施效果的因素分析——以东莞市为例》，载《财贸经济》2009年第5期。

〔5〕　黄永明、何伟：《技术创新的税收激励：理论与实践》，载《财政研究》2006年第10期。

工龄结构等。财务状况包括盈利状况、资金运营状况、承担风险能力、现金流、短期负债、长期负债等。企业的生产经营是人、财、物相互配合协调互动的过程。纳税遵从度是指企业依法纳税的程度，如果企业纳税遵从度低，则税收优惠政策难以发挥作用，无法实现应有的政策含义和目的，只会成为企业规避纳税义务的洼地。因此在制定税收优惠的同时，需要配套制度保障税收优惠引导、促进企业实施创新活动，如反避税规则和税式支出制度。

（1）税收优惠与创新资金投入

可以从研发初期资金投入分析税收优惠与企业行为的关系，即税收优惠与企业的投资行为的关系。斯科尔斯（Scholes）和沃尔夫森（Wolfson）的研究表明，税收政策将影响企业的投资决定，以及投资的方式和数额等要素。[1]科因从企业规模的角度分析认为，大企业与小企业相比，投资行为对税收优惠的反应较迟缓，原因之一可能是小企业在无税收优惠时，无力组织足够的人力和财力制定有效的避税方案，大企业则相反。[2]曼纳斯和伊沙克·纳迪尔的研究将促进创新行为的资金分为公共来源和私人来源，二人认为公共资金与私人资金存在排挤效应，但公共资金的投入可有效促进由私人自主的创新研发活动。[3]国内对税收优惠与企业科技创新之间的实证研究得出了相似结论，夏飞、胡洪曙指出，由于创新活动对资金的需求，为实现替企业分担创新风险、鼓励创新的目标，应调整税收优惠的重

---

〔1〕 Myron S. Scholes, Mark A. Wolfson, "The Effects of Changes in Tax Laws on Corporate Reorganization Activity", *The Journal of Business*, Vol. 63, 1 (1990).

〔2〕 E. J. Coyne, *An Articulated Analysis Model for FDi Attraction into Developing Countries*, Nova Southeastern University, 1994.

〔3〕 T. P. Mamuneas, M. Ishaq Nadiri, "Public R&D Policies and Cost Behavior of the US Manufacturing Industries", *Journal of Public Economics*, Vol. 63, 1 (1996).

点，将直接针对研发活动的税收优惠调整为针对风险投资资金的优惠政策。[1]娄贺统分析了税收激励企业创新的原因，他认为国家通过分担创新风险、提高创新预期收益，激励企业自主创新的意愿；并通过对创新资金投入、创新人员引入的税收激励，改善企业创新能力；从利益驱动和能力改善两方面引导企业创新研发，最终实现政策预期目标。[2]

　　从研发资金投入的角度分析税收优惠对外资投资行为的引导，福赛斯和多彻蒂认为税收优惠对外资的吸引作用具有局限性，只有投资人已选定投资区域，在此区域内，税收优惠政策才对投资行为具有引导作用，否则投资者的投资决定取决于其他因素而非税收优惠。[3]邦德和萨缪尔森认为税收优惠表明东道国发展经济的意愿，将有效地引导外资流入，同时可以提高企业的税后利润并形成良性循环，促进东道国经济增长。[4]左大培依据数理模型分析认为，税收优惠对外资企业的投资行为具有促进作用。[5]经济合作与发展组织的调查统计表明，税收优惠可有效吸引外国资本流入，从而提高东道国的投资水平。[6]闻媛则分析了税收优惠如何引导外来资本，认为税收优惠可降低外资投资成本，进而提高其税后收益，因此可有效吸

　　〔1〕　夏飞、胡洪曙：《入世后我国高新技术产业税收优惠的研究》，载《财政研究》2002年第5期。

　　〔2〕　娄贺统：《企业技术创新的税收激励效应研究》，立信会计出版社2010年版，第23—28页。

　　〔3〕　David J. C. Forsyth, *US Investment in Scotland*, Praeger Publishers, 1972.

　　〔4〕　Eric Bond, Larry Samuelson, "Tax Holidays as Signals", *The American Economic Review*, Vol. 76, 4 (1986).

　　〔5〕　左大培：《外资企业税收优惠的非效率性》，载《经济研究》2000年第5期。

　　〔6〕　OECD, "Corporate Tax Incentives for Foreign Direct Investment", available at http://www. oecdbookshop. org/oecd/display. asp? K = 5LMQCR2KLH0Q&DS = No. - 04 - Corporate-Tax-Incentives-for-Foreign-Direct-Investment, last visited on 2025-2-19.

引外资。[1]其从企业投资决策行为的角度研究税收优惠对企业行为的影响，重点分析税收优惠对外商投资行为的引导。海因斯（Hines）通过对美国各州的外商直接投资状况进行调研发现，税收优惠可以有效地引导外来资金流入，且投资规模与税收优惠的力度呈正相关关系。[2]李宗卉、鲁明泓依据面板数据模型，对中国 68 个城市展开研究发现，税收优惠对外资的投资行为起到关键作用，且优惠政策可精准影响外来资本的投资目的地，同时指出税收优惠对外资的引导具有时间上的限制，随时间而变化。[3]德弗罗（Devereux）和格里菲斯（Griffith）针对跨国公司的全球投资行为开展调查发现，税收优惠可有效吸引外商直接投资。[4]

　　部分学者从税收价格弹性与企业研发投入的增加之间的关系出发，分析评价税收优惠政策的有效性。霍尔用税收价格弹性分析政策的有效性，税收价格弹性为负值则表明政策有效，可激励企业增加研发投入，税收价格弹性的绝对值与政策的有效性成正相关关系。其研究表明税收优惠的短期税收价格弹性为-0.8，长期为-1.5。[5]古贺款久以 1989—1998 年日本的税收优惠政策作为研究对象，研究表明 904 家企业的税收价格弹性约为-0.68，而规模较大企业的税收价格弹性是-1.03，因此税

　　〔1〕　闻媛：《税收差别政策与外商直接投资——税收优惠政策调整对 FDI 影响分析》，载《经济理论与经济管理》2005 年第 11 期。

　　〔2〕　James R. Hines, "Altered States: Taxes and the Location of Foreign Direct Investment in America", *American Economic Review*, Vol. 86, 5 (1996).

　　〔3〕　李宗卉、鲁明泓：《中国外商投资企业税收优惠政策的有效性分析》，载《世界经济》2004 年第 10 期。

　　〔4〕　Michael P. Devereux, Rachel Griffith, "Taxes and the Location of Production: Evidence from a Panel of US Multinationals", *Journal of Public Economics*, Vol. 68, 3 (1998).

　　〔5〕　Bronwyn H. Hall, "R&D Tax Policy During the 1980s: Success or Failure?", *Tax Policy and the Economy*, Vol. 7, (1993).

收优惠对规模大的企业的创新激励更加明显。[1]

（2）税收优惠与研发行为

具体到税收优惠对企业科技创新行为的影响，现有的理论研究表明，企业的创新行为与税收优惠密切相关。伯恩斯坦分别对直接税收优惠和间接税收优惠对企业研发行为的影响展开研究，表明税收优惠对企业研发行为具有激励作用。[2]税收优惠政策对企业科技创新行为激励的有效性是实证研究的重点，霍尔选用美国 20 世纪 80 年代的数据分析得出，税收优惠政策对企业的科技创新行为确实存在激励作用，政策目标可有效实现。[3]伯杰指出，税收抵免政策可激励企业扩大研发投入规模，同时可进一步提高税款缴纳水平。[4]布卢姆、格里菲斯和里宁选择了 1979—1997 年 9 个经济合作与发展组织国家的面板数据，研究表明税收优惠会激励企业的研发强度，研发成本降低 10%，短期内研发强度提高 1%，长期提高 10%。[5]盖勒和德尔普选取1980—1990 年 17 个经济合作与发展组织国家的数据展开研究，表明研发支出受到税收优惠的积极影响。[6]李万福、林斌、杜

　　〔1〕　Tadahisa Koga, "Firm Size and R&D Tax Incentives", *Technovation*, Vol. 23, 7 （2003）.

　　〔2〕　Jeffrey Bernstein, "The Effect of Direct and Indirect Tax Incentives on Canadian Industrial R&D Expenditures", *Canadian Pulic Policy*, Vol. 12, 3 （1986）.

　　〔3〕　Bronwyn H. Hall, "R&D Tax Policy During the 1980s: Success or Failure?", *Tax Policy and the Economy*, Vol. , 7, （1993）.

　　〔4〕　Philip G. Berger, "Explicit and Implicit Tax Effects of the R&D Tax Credit", *Journal of Accounting Research*, Vol. 31, 2 （1993）.

　　〔5〕　Nicholas Bloom, Rachel Griffith, John Van Reenen, "Do R&D Tax Credits Work? Evidence from a Panel of Countries 1979 – 1997", *Journal of Public Economics*, Vol. 85, 1 （2002）.

　　〔6〕　Dominique Guellec, Bruno Van Pottelsberghe De La Potterie, "The Impact of Public R&D Expenditure on Business R&D", *Economics of Innovation and New Technology*, Vol. 12, 3 （2003）.

静的实证研究针对我国税收优惠激励研发的有效性展开，经过调查研究发现，在考虑创新研发的成本等因素下，我国的税收优惠政策对企业研发活动的激励效果是明显的。[1]王玺、张嘉怡从两方面分析了税收优惠对企业创新研发的激励引导作用：一方面，税收优惠政策减少了企业的税收成本，缓解了资金压力或增加了企业的资金实力，从而正向引导企业增加研发投入，这是对投入端的激励；另一方面，增加研发投入会提升企业的综合生产技术水平，并提高其经济产出水平，企业巩固自身市场地位的同时可继续增加研发投入，这是对研发创新的间接激励作用。高新技术企业2009—2012年分地区统计样本的测算结果表明，对高新技术企业每让渡1单位的税收收入，直接激励企业增加0.74个单位的研发投入，间接增加企业0.32个单位的研发投入，因此国家对高新技术企业每让渡1单位的税收收入，可以激励其增加1.06个单位的研发投入。[2]

（3）具体优惠措施促进创新的效果比较

增值税作为主要的间接税种，其对企业创新研发的激励效果与所得税相比并不明显，原因是增值税具有间接性，且易转嫁。而所得税的纳税人和负税人大比例重合，所得税优惠可精准作用于企业创新研发行为。正如匡小平、肖建华的研究认为，企业所得税优惠与流转税的税收优惠相比，对企业的创新能力的激励更明显。[3]薛荣芳通过建立数理模型，探讨了税率、加

---

〔1〕 李万福、林斌、杜静：《中国税收优惠政策的激励效应研究》，载《管理世界》2013 年第 6 期。

〔2〕 王玺、张嘉怡：《税收优惠对企业创新的经济效果评价》，载《财政研究》2015 年第 1 期。

〔3〕 匡小平、肖建华：《我国自主创新能力培育的税收优惠政策整合——基于高新技术企业税收优惠的分析》，载《财贸经济》2007 年第 S1 期。

速折旧、税收抵免等优惠措施对企业研发的正面影响。[1]

陈美容、曾繁英的研究区分了具体税种的税收优惠的激励效果，认为税收优惠整体上对企业创新研发具有明显的正向引导，但其中增值税的激励引导并不明显。[2]张嘉怡对税收优惠政策对企业创新研发的激励作用展开研究，得出以下结论：针对企业创新研发的税收优惠和财政补贴都可提高社会经济整体在竞争性均衡状态下的平均增长率；税收优惠中的税基式优惠与企业创新研发投入的相关性更强；与增值税等税种相比，企业所得税优惠对高新技术企业的创新研发投入的激励效果明显且直接；关于企业对研发人员的投入，研究表明只有企业所得税具有激励效果；就具体的优惠措施而言，研发费用加计扣除的激励效果高于高新技术企业的税率优惠。[3]陈林峰结合我国创新驱动发展战略的大背景分析指出，我国已经建立起从融资、人才激励、研发激励、技术转让、成果转化等多环节的促进创新的税收优惠政策体系，其中以企业所得税为主要着力点。[4]

（五）所得税优惠与促进创新

1. 概说

基于税收优惠的确定性、普惠性和相对中性，与其他促进创新的财政手段相比，各国政府主要以所得税优惠政策激励企业科技创新，尤其是以所得税为主体税种的美国。结合各国激励科技创新的税收优惠的特点分析得出，各国的科技创新税收

〔1〕 薛荣芳：《企业所得税对 R&D 投资影响分析及美、日等国税收优惠比较》，载《税务研究》2007 年第 9 期。

〔2〕 陈美容、曾繁英：《高新技术企业税收优惠政策及其效应分析——以信息技术业为例》，载《财会月刊》2013 年第 20 期。

〔3〕 张嘉怡：《促进企业研发创新的税收优惠政策研究——基于高新技术企业的经验证据》，中央财经大学 2016 年博士学位论文。

〔4〕 陈林峰：《我国现行激励企业技术创新税收政策评析》，载《税务研究》2017 年第 3 期。

优惠更偏重于激励中小企业，从供给端政策延伸至需求端政策，政策精准并会进行周期性评估。针对科技创新中投资、研发等环节的税收优惠属于供给端优惠，旨在引导研发投入，增加研发资金的供给量。近几年，各国由供给端优惠转向需求端优惠，具体包括提供宽松的税收政策，促进市场转变对创新产出的认识，创造新市场或重构市场，促进市场对创新产出的接纳，如电动汽车、清洁能源等。此外各国激励的重点还包括对企业研发活动、研发人员的激励。同时在制定具体政策时，需要进行公平性的审视、体系化的设计，在背离量能课税的同时以政策目标和政策效果的正当性合理化并合法化政策本身。

从所得税优惠制度的视角出发，罗尔夫、里克斯、博英特等依据企业所处的阶段的特征，分析企业对税收优惠的偏好，研究发现起步阶段的企业偏好投资减免型的税收优惠，而成熟企业则偏好利润减免类的税收优惠，不同阶段的企业偏好有差异。[1]王玺、姜明也指出，应建立健全促进企业创新的所得税优惠体系，首先，加强所得税优惠力度，完善研发、技术转化等各环节的优惠力度。重点强化对创新风险投资的所得税优惠；增加对研发用固定资产的加速折旧比例；增加研发基金的优惠，如研发基金免税、税前扣除；增加技术转让和研发成果收益的所得税优惠；完善科技孵化器的所得税优惠，引导中小型科技创新企业，分担企业成本和风险。其次，完善所得税优惠对创新需求方的激励，多元化所得税优惠激励措施，改变单纯激励引导创新供给方的税收优惠现状。再其次，围绕企业初创、成长、成熟的各个阶段建立健全所得税优惠。针对初创期，加强对中小企业的投资税收抵免，降低风险资本成本，促进创新成

---

〔1〕 Robert J. Rolfe, et al., "Determinants of FDI Incentive Preferences of MNEs", *Journal of International Business Studies*, Vol. 24, 2 (1993).

果转化；针对成长期，税收优惠应激励引导企业可持续发展，强化加速折旧等措施的优惠作用，形成创新研发的良性循环；针对成熟期，参考韩国经验，增加按销售收入计提研发基金的所得税优惠措施，为进一步创新研发积累资金优势。最后，增强对研发人员的所得税优惠。在企业所得税优惠中，针对研发人员取消"合理"工资的标准，并提高企业研发人员教育培训费的扣除标准。高新技术企业、科研院所研发人员的教育培训费应据实扣除。在个人所得税中，实行综合与分类所得税制。对参与重大创新项目的研发人员给予个税优惠；对国家重大科技研发项目颁发的奖金免税。针对研发人员的股权激励所得，暂免征收个人所得税。参照稿酬应纳税所得额的计算方式，加强对知识产权转让和特许权使用费所得的个人所得税优惠。可采用税收返还等方式加强对天使投资的个人所得税优惠。此外还可采用工资补贴等方式吸引创新人才。[1]

与前述结论相近，柳光强对所得税优惠所作的研究表明，企业所得税应调整优惠政策适用条件，增加对研发人才支出的企业所得税优惠，增加企业研发奖金、津贴、股权激励等的企业所得税前扣除，调整对战略新兴人才教育培训费的税前扣除等。针对个人所得税，调整科研人员个人所得税税前扣除范围，对战略性新兴产业核心研发人员的工资薪金可减按 70% 征收，增加企业奖金、津贴、股权激励等的个人所得税免除，增加研发人员教育培训费的个人所得税扣除规定等。[2]曹阳、孟媛和席晓宇指出，探究税收优惠政策对企业创新研发的激励，应同

---

〔1〕 王玺、姜朋：《鼓励自主创新的税收优惠政策探析》，载《税务研究》2010年第 8 期。

〔2〕 柳光强：《财税激励政策优化研究——基于战略性新兴产业上市公司经济效应的分析》，武汉大学 2014 年博士学位论文。

时关注研发投入和研发产出，尤其是研发产出转化为创新成果的环节，通过税收优惠激励引导企业加大研发并降低企业成本，形成良性循环。所得税优惠政策对企业创新研发投入具有明显的激励引导效果，且资金状况良好的企业，激励作用更明显；所得税优惠对战略新型企业的研发产出具有激励作用，且优惠政策实施的周期越长，对研发产出的激励效果越显著，但激励效果仍受其他因素的影响。[1]胡文龙指出，我国现行的针对创新研发的所得税优惠包括税率降低、税额减免、递延纳税、加计扣除、加速折旧等措施，初步形成激励企业研发投入的税收环境。其中存在的问题包括：税收优惠政策缺乏体系性、意图多元，激励效果受限；税收优惠政策适用范围受限，针对高新技术行业，缺乏普惠性；对创新人才激励不足。同时建议完善企业所得税对创新研发的激励，重点加大对创新人才的优惠力度，提高我国所得税优惠促进创新的有效性。[2]

2. 所得税优惠对不同创新主体的激励效果

有学者结合企业类型和企业规模分析所得税优惠的实效。曲婉、冯海红和侯沁江针对高新技术企业的税收优惠政策进行研究，认为税收优惠显著提高了企业的创新研发投入，进而提升企业的创新能力和发展能力，引导高新技术企业成为研发投入的主力军，促进产业结构调整和升级。[3]而史昱指出，现行的促进创新的税收优惠政策中，高新技术企业的优惠最应被关注。企业所得税法规定国家重点支持的高新技术企业减按15%

---

〔1〕 曹阳、孟媛、席晓宇：《所得税优惠政策对战略性新兴产业的创新作用——以生物、医药产业的数据为样本》，载《财会月刊》2017年第3期。

〔2〕 胡文龙：《当前我国创新激励税收优惠政策存在问题及对策》，载《中国流通经济》2017年第9期。

〔3〕 曲婉、冯海红、侯沁江：《创新政策评估方法及应用研究：以高新技术企业税收优惠政策为例》，载《科研管理》2017年第1期。

的税率征收企业所得税，但高新技术企业的资格认定需同时满足持续研发投入、科技成果转化、符合规定的行业领域等多项限制条件，企业适用税收优惠的门槛较高。而同时国际税制竞争的趋势是由知识产权、技术交易等研发环节向基础研究、研发投资等环节转移。我国应制定切实可行的税收优惠政策以实现对企业创新研发的激励，避免政策空转，如制定具有普惠性的税收优惠政策、加大研发风险投资的税收优惠、制定支持基础研究的税收优惠政策、大力支持产学研相结合的税收优惠。[1]

还有学者将促进创新研发的所得税优惠聚焦到小微企业上，参考各国经验可以发现，多数优惠政策围绕小微企业发展的阶段展开，进而形成扶持小微企业创新的所得税优惠体系。初创期的小微企业多设立于有融资税收优惠的地区；针对成长期的小微企业，为降低其研发和固定资产成本，应强化研发支出扣除、设备投资抵免和加速折旧等政策实施；针对成熟期的小微企业，所得税优惠的主要方式是优惠税率。王海斌指出，促进创新的税收优惠政策的完善健全，应围绕中小微企业的发展展开。应扩大税收优惠的适用范围，同时制定因地制宜、切实可行的促进创新税收优惠政策，促进中小微企业发展，促进国民经济稳步发展。[2]在企业类型和规模结合的所得税优惠激励创新的效果研究中，王玺、王蔚建议我国扶持小微企业创新研发的所得税优惠应从几个方面展开：针对创新型小微企业初创期的融资难问题，一方面可以提高所得税起征点，另一方面可实行企业所得税两免三减半政策，免除第一年、第二年的企业所

---

〔1〕 史昱：《国际税收规则对中国科技创新税收激励政策的影响研究》，载《中国科技论坛》2017 年第 3 期。

〔2〕 王海斌、张亚楠：《新经济环境下中小微企业财政税收政策的创新》，载《企业改革与管理》2017 年第 23 期。

得税，减半征收第三年、第四年、第五年的企业所得税。针对成长期的创新型小微企业，可调整现行所得税优惠政策。企业所得税研发费用扣除可向后结转五年的政策可以调整为向前结转三年，向后结转七年；个人所得税中对专利转让、商标转让、非专利技术转让、著作权等特许权所得加大税前扣除和税后减免力度。此外，高新技术小微企业投资分红，企业所得税和个人所得税不应经济性重复征收，可以设置企业所得税抵免个人所得税的优惠政策。针对成熟期的创新型小微企业，主要适用更优惠的所得税税率、再投资抵免，以及构建有利于创新型小微企业发展的社保税制。[1]

于海峰、赵丽萍的研究，将企业所得税优惠大体分为小微优惠和促进创新优惠。小微优惠主要适用对象是中小微企业，而促进创新优惠则为大企业关注的重点，其中促进创新优惠主要包括优惠税率和研发费用加计扣除两大类别。但企业所得税优惠均存在限制条件偏多的问题，中小微企业无法享受到政策实惠，创新激励乏力问题严重。两位学者同时建议，可针对不同规模的企业设置差别化的引导创新研发的企业所得税优惠。促进创新研发的企业所得税优惠措施应着力解决中小微企业创新研发融资难、研发风险大、人才短缺等问题，引导激发中小微企业投入创新的意愿。针对大企业则重在引导其进行高端创新研发，如智能绿色制造等。为激发中小微企业创新研发的内在动力，两位学者提出可选择的税收优惠措施包括：增设创新准备金制度，允许中小微企业按照收入的一定比例提取创新风险准备金、技术开发准备金、新产品试制准备金、创新亏损准备金等，并准许税前扣除全部或部分的已计提的准备金，分担

---

[1] 王玺、王蔚：《基于生命周期理论的小微企业税收政策研究》，载《税务研究》2012 年第 12 期。

企业创新风险；为提高准备金扣除的有效性，针对特定项目创新可限制准许扣除的期间，在期间内将准备金用于创新研发、设备更新等用途，且提取的准备金须小于或等于创新研发投入的资金额，符合前述两项要求的准备金可扣除，若准备金未按规定期间投入创新研发或另作他用则不得税前扣除。增加创新投资抵免，对初创期的中小微企业允许风险资本适用投资税收抵免优惠，增加创新资金流入。建立税收优惠政策反馈制度，促进优惠政策的良性循环，结合税收优惠政策的具体执行状况，从宏观和微观两个维度评价政策绩效，定性并定量分析政策实效。[1]

3. 所得税优惠具体措施的激励效果

从具体的所得税优惠方式展开分析，萨林哥和萨默斯通过统计 1959—1978 年的企业数据，研究发现加速折旧、指数化调整等税收优惠政策成功激励企业加大投资规模。[2]明茨针对具体的税收优惠政策展开剖析认为，税收抵免和投资扣除可以有效激励企业投资研发活动。[3]袁宏伟通过对我国上市公司的实际税率的测量发现，税收优惠与上市公司的投资结构相关，上市公司通过改变资产的配比（有形投资和无形投资的结构）进而影响公司负担的实际税率。[4]包健指出，企业所得税优惠应从三个方面完善：一是适当扩大企业税收优惠的适用范围，将

---

〔1〕　于海峰、赵丽萍：《激励创新视阈下税收优惠政策的"二元分化"现状、成因及对策——基于 F 市调研》，载《中国财政学会 2017 年年会暨第 21 次全国财政理论研讨会论文集》。

〔2〕　潘孝珍：《税收优惠对企业市场行为的影响研究》，中国社会科学出版社 2016 年版，第 59—64 页。

〔3〕　Jack M. Mintz, "An Empirical Estimate of Corporate Tax Refundability and Effective Tax Rates", *Quarterly Journal of Economics*, Vol. 103, 1 (1988).

〔4〕　袁宏伟：《企业税收负担与投资结构的关系研究——基于我国上市公司有效税率的测度》，载《中央财经大学学报》2010 年第 10 期。

"双软"企业认定标准和高新技术企业认定标准适当扩大至更多的行业和领域；二是延长企业亏损结转年限，并规定初创期的经营亏损无限期结转；三是允许提取科技创新活动的风险准备金或研发准备金。[1]

曹阳、孟媛和席晓宇选择企业的研发强度、盈利能力、发展能力和技术能力作为衡量企业所得税研发费用加计扣除政策的指标，研究表明从经济管理的角度，政策对战略新兴企业的前述四个指标都有促进激励效果。但由于政策的滞后性，对发展能力的促进效果更加明显，而对盈利能力的促进相对较弱。三位学者同时建议，首先应当加大优惠措施的优惠力度，激励企业持续进行创新研发投入；其次提供宽松的资金环境，增设研发准备金的扣除政策；最后按照企业规模和行业分类，设计更加精准的税收优惠政策，充分调动企业创新研发的积极性。几位学者同时指出，应进一步完善政策执行程序、加强行政机关的合作、建立政策的执行和反馈机制，切实将优惠政策落实。[2]

在针对具体生产要素的所得税优惠措施的研究中，孙诗美分析指出，固定资产作为企业生产经营的关键要素，对提高企业生产能力和推动技术研发起重要作用。应完善固定资产的加速折旧，引导企业投资固定资产，进而推动企业创新研发；同时加快企业的现金回流，减轻资金压力，形成良性循环。与税收抵免相比，固定资产的加速折旧相当于无息贷款，实质上并未减少企业的应纳税总额，只起到纳税递延效果。[3]

---

〔1〕 包健：《促进科技创新的税收激励政策分析》，载《税务研究》2017 年第12 期。

〔2〕 曹阳、孟媛、席晓宇：《R&D 税收优惠对战略性新兴产业的创新影响——基于生物医药产业的数据》，载《财会月刊》2016 第33 期。

〔3〕 孙诗美：《固定资产加速折旧企业所得税政策评估——基于济南市 255 家企业的问卷调查与实证检验》，山东大学 2017 年硕士学位论文。

　　还有部分学者建议建立提取创新研发有关准备金的税收优惠制度。翟冠男建议效仿国外技术准备金制度，发挥税收杠杆作用引导企业投资创新研发，加强研发力度。以企业新产品的一定比例的销售所得额为标准提取科技发展准备金、新产品试制基金及风险基金等。同时合理限制基金的投资方向，如必须投资于技术研发、培训或风险投资等。基金的使用年限可适用3—6年的期限规定，对超期未使用的基金，调整计入应纳税所得额，同时可规定适当的利息惩罚，提高创新准备金的有效性。此外，翟冠男建议提高加计扣除比例，采用优惠低税率，对企业委托科研机构和高校的研发项目经费适用200%加计扣除，拓宽优惠适用范围，涵盖改制科研单位。同时制定切实有效的个人所得税促进创新研发的优惠政策，形成多角度、多层级的创新激励体系，如引导民间投资创新、吸引创新人才、刺激引导创新消费、促进科技成果转化等。[1]

　　部分学者如诺克斯、[2]迪尔诺特和约翰逊、[3]张勇和王美今[4]等人针对企业年金与税收优惠的关系展开研究。夏霖、[5]孙磊[6]等学者按照税额式优惠、税基式优惠、税率式优惠的分类展开税收优惠对企业业绩影响的传导路径的研究。而Der-

〔1〕 翟冠男：《激励企业自主创新的税收政策研究》，首都经济贸易大学2016年硕士学位论文。

〔2〕 David M. Knox, "The Taxation Support of Occupational Pensions: A Long-term View", *Fiscal Studies*, Vol. 11, 4 (1990).

〔3〕 Andrew Dilnot, Paul Johnson, "Tax Expenditures: The Case of Occupational Pensions", *Fiscal Studies*, Vol. 14, 1 (1993).

〔4〕 张勇、王美今：《中国企业年金税收优惠政策的成本研究——我国企业年金税收支出的精算统计分析》，载《统计研究》2004年第8期。

〔5〕 夏霖：《外资税收优惠政策的有效性及再调整》，载《税务研究》2003年第12期。

〔6〕 孙磊：《税收优惠政策微观分析指标体系及方法研究——以高新技术企业为例》，载《税务与经济》2011年第6期。

ashid 和 Zhang,[1] 吴联生,[2] 王亚平、罗威等[3] 则针对税收优惠与公司治理结构的相互关系展开分析研究。

4. 问题与不足

在分析所得税优惠政策对企业创新研发的激励引导效果的同时，也有学者指出政府针对研发活动的税收优惠政策仍存在很多不足。曼斯菲尔德研究认为，美国、加拿大等国针对企业研发的税收优惠政策的有效性有限，政策应进一步界定研发活动的范围，进而提高政策效率。[4] 经济合作与发展组织针对经济合作与发展组织国家的税收政策报告指出，由于税收优惠政策对创新研发激励中出现的问题，部分经济合作与发展组织国家开始新一轮的税收政策改革，以求进一步激励企业创新。[5]

针对我国激励企业创新的所得税优惠政策效果，部分学者指出，我国的所得税优惠政策在激励投资行为方面存在明显的问题，如李宗卉认为，吸引外资的税收优惠政策在我国存在地区间差距、产业导向不明等问题。[6] 李丽青选取 103 家企业，通过问卷调查发现，我国的税收优惠政策对激励企业的创新研

〔1〕 Chek Derashid, Hao Zhang, "Effective Tax Rates and the 'Industrial Policy' Hypothesis: Evidence from Malaysia", *Journal of International Accounting Auditing and Taxation*, Vol. 12, 1 (2003).

〔2〕 吴联生:《国有股权、税收优惠与公司税负》, 载《经济研究》2009 年第 10 期。

〔3〕 Liansheng Wu et al., "State Ownership, Tax Status and Size Effect of Effective Tax Rate in China", *Accouting and Business Research*, Vol. 42, 2 (2012).

〔4〕 Edwin Mansfield, "Patents and Innovation: An Empirical Study", *Management Science*, Vol. 32, 2 (1986).

〔5〕 OECD, "Tax Incentives for Research and Development: Trends and Issues", available at http://www. metutech. metu. edu. tr/download/tax% 20incentives% 20for% 20R&D. pdf, last visited on 2025-2-19.

〔6〕 李宗卉:《我国外商投资企业税收优惠政策的局限与完善》, 载《国际商务·对外经济贸易大学学报》2004 年第 4 期。

发投入的作用有限，国家每 1 元税式支出对应企业 0.104 元的研发投入增加，正向效应不明显。[1]王玺、姜朋指出我国激励企业创新的税收优惠制度不健全，缺乏有效激励措施，如针对人力资本积累的税收优惠政策缺失。[2]王玺、蔡伟贤、唐文倩指出，我国现行的税收优惠政策缺乏普适性，而围绕新能源产业的税收优惠存在约束性条件多、欠缺针对性、优惠不充分的问题。制定新能源产业的优惠政策时应参照高新技术企业适用 15%的优惠税率，放宽认定条件，增加减计收入、缩短摊销年限、加计扣除、加速折旧或税额抵免等优惠，同时在个人所得税中加强对新能源产业人才的优惠待遇。[3]王一舒、杨晶、王卫星从高新技术企业税收优惠政策对高新技术企业创新激励效果的角度出发，研究得出税收政策、税务部门的服务、企业规模、高新技术企业的认定时间等因素都会影响或限制税收优惠政策对企业创新的激励效果，同时通过现状分析认为高新技术企业税收优惠政策对企业自主创新能力并无激励效应。[4]张荣芳、刘燕冰进一步分析指出，我国针对技术创新的各项优惠措施均对技术改造和研发起正向作用，但由于税收优惠缺乏体系化、管理主体多元、法律层级低等各种原因，税收优惠政策缺乏稳定性和权威性，企业对税收优惠政策效果缺乏确定的预见

〔1〕 李丽青：《我国现行 R&D 税收优惠政策的有效性研究》，载《中国软科学》2007 年第 7 期。

〔2〕 王玺、姜朋：《鼓励自主创新的税收优惠政策探析》，载《税务研究》2010 年第 8 期。

〔3〕 王玺、蔡伟贤、唐文倩：《构建我国新能源产业税收政策体系研究》，载《税务研究》2011 年第 5 期。

〔4〕 王一舒、杨晶、王卫星：《高新技术企业税收优惠政策实施效应及影响因素研究》，载《兰州大学学报（社会科学版）》2013 年第 6 期。

性，影响了政策的实施效果。[1]

黄洁莉、汤佩、蒋占华针对现行税收优惠政策对农业企业的创新研发投入的激励效果展开调查研究，认为现行的税负减免对农业企业研发投入的激励并未实现政策预期效果。[2]薛薇指出，我国的税收优惠政策应向中小创新企业倾斜，增加普惠性。同时参考美国、比利时的经验，对可再生资源企业提供投资抵免，或者生产抵免税收优惠。比利时对个人节能投资提供40%投资额的税前扣除，可向后结转三年，扣除额为2000欧元。[3]王玺、张嘉怡指出内生技术创新增长模式强调经济增长是企业创新研发活动驱动的，而我国现行的税收优惠政策存在诸多缺陷：首先是税收优惠政策缺乏普惠性，对中小企业的优惠不足，而且与国际经验相比亏损结转期限设置不合理。借鉴各国经验，应该减少研发活动的技术领域限制，加强对中小企业的税收优惠，进一步完善征管措施。如在企业所得税法中进一步加强对加计扣除、加速折旧、税收抵免、税收返还等优惠措施的应用，进一步引导企业加大研发投入。[4]李浩仁指出，税收优惠政策应保持中性，最大限度维护税收公平，结合我国近几年的税收优惠政策，应由区域性转向行业性，营造公平的税收环境，保证产业的正常发展。[5]刘廷廷的研究表明，我国所得税优惠偏

〔1〕 张荣芳、刘燕冰：《浅议我国技术创新企业税收优惠（补贴）措施》，载《福州大学学报（哲学社会科学版）》2013年第3期。

〔2〕 黄洁莉、汤佩、蒋占华：《税收优惠政策下农业企业研发投入、风险与收益——基于我国农业上市公司的实证检验》，载《农业技术经济》2014年第2期。

〔3〕 薛薇：《发达国家支持企业创新税收政策的特点及启示》，载《经济纵横》2015年第5期。

〔4〕 王玺、张嘉怡：《促进企业研发创新的税收政策探析》，载《税务研究》，2015年第1期。

〔5〕 李浩任：《川南经济区产业一体化发展的财税政策研究》，载《财政科学》2017第10期。

重大型企业，而对竞争能力较弱的中小型创新企业的关注不够。现行所得税优惠对高新技术企业的研发投入和产出均具有正向的激励效应，但存在政策单一、适用对象和优惠环节设置不合理、激励中小高新技术企业不足等问题。可增加创新研发准备金制度，继续加强加速折旧、加计扣除、风险投资优惠等优惠政策。针对中小型高新技术企业，应继续加大所得税优惠力度，具体到税后利润再投资创新研发的部分，全部或部分退还已纳企业所得税，增加其资金竞争力。[1]

程曦和蔡秀云从加计扣除等所得税优惠对高新技术企业和非高新技术企业的激励效应出发，分析得出所得税优惠政策对两类企业的创新研发投入均有明显的正向激励效应，而对技术创新产出均无明显的激励效应。并指出应该完善现行的所得税优惠体系，增加以激励企业技术创新产出为内容的优惠政策，改变现行的税收优惠单方面偏重创新研发投入的局面，引导企业研发投入和研发产出并重。如可增加与创新产品销售数量相关的所得税优惠政策，促进企业重视研发产出。放宽高新技术企业认定标准，加强对民营企业的税收优惠力度，提高对国有企业技术创新的考核，切实推进企业的技术创新。学者认为我国高新技术企业认定条件仅对研发人员比例、研发投入等作出限定，缺乏可操作性和执行力，无法切实精准地实现激励技术创新的政策目的，同时现行的税收优惠政策缺乏普惠性。[2]

综合上述研究分析，虽然所得税优惠对创新的激励效果显著，但所得税优惠对创新驱动经济的激励和促进存在如下几个

---

〔1〕 刘廷廷：《我国所得税优惠政策对高新技术企业创新的激励效应研究》，上海海关学院 2017 年硕士学位论文。

〔2〕 程曦、蔡秀云：《税收政策对企业技术创新的激励效应——基于异质性企业的实证分析》，载《中南财经政法大学学报》2017 年第 6 期。

方面的典型问题：确定性和权威性欠缺、促进创新不足、公平性和普适性欠缺。学者们对完善所得税促进创新的建议可归纳为几个方面：一是制定所得税优惠须立法先行，建立完善促进创新的所得税优惠法律体系，通过正当的立法程序确保所得税优惠的确定性和权威性；二是围绕创新制定更加精准的所得税优惠措施，多角度、多层次促进创新，实现创新驱动发展；三是扩大所得税优惠的适用范围，普遍而广泛地激励创新，降低创新的不确定性和外部性所产生的负面效应，实现所得税优惠的普适性和公平性。而具体制定所得税优惠措施时应在鼓励研发、促进技术转化等环节继续加强优惠力度；同时拓展对创新需求方的激励，实现创新产出快速被市场吸收的目标；增加优惠政策的普惠性，放宽优惠适用条件，强化对初创期的各类中小企业的税收优惠激励；围绕企业发展的各阶段和生产经营的各环节制定税收优惠；加大对创新科研人员企业所得税和个人所得税两个维度的优惠力度。

在创新驱动政治、经济、社会发展的大背景下，中共中央和国务院制定《国家创新驱动发展战略纲要》，足见创新的战略重要性。与其他激励、促进手段相比，所得税优惠是促进创新、鼓励科技研究和技术研发，进而实现创新驱动发展的有效而直接的方法。但制定促进创新所得税优惠时，须基于所得税制的整体框架展开分析，将促进创新所得税优惠置于所得税法律制度中，才能改变现行的单纯以目的为导向制定优惠措施所造成的缺乏公平性和普适性、促进创新不足、确定性和权威性欠缺等问题。

三、研究框架与研究方法

（一）研究框架

财政经济学的关注重点并非税收优惠的具体定义，而是更关注税制的最优状态以及税收对经济的影响与扭曲程度。财政学基于公平、正义、效率的考量，通过经济学的推导，计算得出一个优化的税制设计。同时在确保财政收入的前提下，调整一个税种内部的具体内容。最后通过国家的立法程序确定为税收法律，得出税法中规定的基准税收构成要件，任何违背基准并以求减轻实际税负的措施，均可划归为税收优惠。因此，从财政经济学的角度分析税收优惠，其实就是对一个税种的相关构成要件重新推导计算。而从税法学的角度分析，则是基于税收法定原则、量能课税原则、稽征经济原则、社会特定目的原则、税收中性原则、比例原则等税法原则，对税收优惠的正当性、合法性展开分析。

所得税法中明确规定的基准税收构成要件，是分析促进创新所得税优惠的起点和参照标准，因此，本书首先将从财政经济学、税法学的角度分析论证企业所得税法和个人所得税法中基准税收构成要件；其次结合创新发展和创新驱动发展战略，多角度分析论证所得税优惠法律制度对促进创新的重要意义，以及我国促进创新所得税优惠法律制度的现状和问题；最后提出架构并改革促进创新所得税优惠法律制度的思路和路径。本书分为六个部分：导论通过梳理国内、国外已有理论和实践研究，结合《国家创新驱动发展战略纲要》，从创新的定义和特征入手，分析国家制度、产业、企业和科研人员等创新因素的重要作用，并依据现有的研究和结论，阐述了所得税优惠有效促进创新的路径。第一章通过对最优所得税制和所得税法建制基础的论述，构建所得税基准税收构成要件，并结合创新特征和影响创新的关键要素，论证并确定所得税优惠促进创新的具体要素，包括税收主体、税收客体、税收客体的归属、税基、税率等。后发国家通过创新的扩散、趋同实现创新发展，其间须以税收主体、税基、税率等要素为着力点，制定税基式优惠、税率式优惠和税额式优惠，以引导、鼓励纳税人创新。同时促进创新所得税优惠须以促进创新原则、税收中性原则和比例原则作为其正当性的检验标准。第二章深入分析了美国、加拿大所得税法中的促进创新所得税优惠制度，该两国均以法律规定的方式，通过扣除、抵免等措施，成功有效地引导鼓励所得税纳税人的创新行为，符合税收法定、税收中性和比例原则的限制和要求。第三章梳理分析我国促进创新所得税优惠的立法现状和制度现状，对主要的促进创新所得税优惠措施如减征免征、加计扣除、加速折旧、投资额抵扣、减计收入、税率优惠、税额抵免等，从税收法定、促进创新、税收中性和比例原则四个方面展开梳理、分析和反思，并归纳总结现有制度的问题和不足。第四章以税收法定原则、促进创新原则、税收中性原则和比例原则为检视角度，提出促进创新企业所得税优惠制度和个人所得税优惠制度的改革路径，从提升立法位阶、增强促进创新功能、实现税收中性原则和实现比例原则四个维度，全面构建和完善促进创新所得税优惠法律制度。第五章则从反避税制度和税式支出制度的视角，进一步思考和完善促进创新所得税优惠法律制度的改革路径，规范促进创新所得税优惠法律制度中纳税人和相关国家机关的权利行使，避免促进创新所得税优惠制度的低效或无效运行。

（二）研究方法

1. 规范分析的方法

本书遵循规范分析的方法，首先，从《宪法》[1]《立法法》的层面分析构建促进创新所得税优惠法律制度正当性和合法性

---

［1］ 为表述方便，本书凡涉及我国的法律规范均用简称，例如《中华人民共和国宪法》，简称《宪法》。

的根源和依据。其次，从税法学的角度分析，依据部门法律、行政法规、规范性文件的规定内容，深入分析促进创新所得税优惠法律制度的现状与问题。在分析过程中，依据所得税法追求的正义与公平，剖析现有与促进创新有关的所得税优惠规则。最后，提出所得税制立法过于原则和概括而造成现有的立法缺陷，并探讨我国促进创新所得税优惠法律制度构建的内在逻辑和应然走向。

2. 比较分析的方法

本书将对美国和加拿大两国的所得税法如何激励科技创新展开深入分析。从其与促进创新有关的所得税优惠的正当性和合法性、促进创新角度和实效、是否符合税收中性和比例原则等方面逐一分析，并归纳、总结我国实践中可参考借鉴的有效经验。

3. 实证分析的方法

本书对与所得税优惠促进创新的有关财政经济学、管理学、法学理论和研究展开翔实的收集和梳理，在大量实践和研究的基础上通过定性分析和定量分析的方法推知所得税优惠促进创新的必要性，并对完善促进创新所得税优惠法律制度提出建议。

四、创新与不足

（一）创新之处

其一，研究视角的创新。国内学术界和实务界虽然对相关问题有所关注，但缺乏从财政经济学和税法学相结合的视角对该问题进行系统和深入研究的成果。已有的研究虽然触及其中的某一方面问题，但是大多停留于纯粹的经济学分析或法理分析层面，欠缺对促进创新与所得税优惠法律制度之间关系的深入认识，对财政经济学与法学之间的互动关系很少涉及。

其二，本书将从创新原理和所得税优惠法律制度出发，结合财政、经济、法律实际，深入剖析促进创新与所得税优惠法律制度之间的关系，提出在创新驱动发展的新形势下所得税优惠法律制度如何促进创新，更优化地契合和服务于创新。

其三，着重分析法学和财政经济学的交叉融合。本书的整体思路、研究框架和主要内容充分体现了税法学与财政经济学的深度融合，研究过程中将侧重运用创新经济学、税收优惠促进创新的原理和方法进行分析，确保研究成果的科学性和准确性。

其四，兼顾中国国情和域外经验。在各国纷纷改革税制以促进经济发展的大趋势下，我国为实现创新驱动发展战略目标，有必要参考和借鉴域外做法。但与此同时，需要正视我国政治、社会和经济的具体情况不同于美欧等发达国家和地区，应在立足我国现实国情的基础上进行制度设计。

其五，综合运用国内外最新资料，包括政策法规，研究报告、法学和财政经济学研究成果等，使最终成果能够客观反映该领域的动态发展。

（二）本书的不足

本书的不足主要分为两个方面：理论基础的不足和文章内容的不足。理论基础不足方面，就所得税优惠如何促进创新所涉及的财政经济学、管理学方面的基础理论，本书的研究力度不够，研究程度较浅，无法透彻地阐明促进创新所得税优惠在财政经济学上的效果和影响，也无法全面地从管理学的角度解释所得税优惠对创新的促进作用。

第一章
促进创新所得税优惠制度的理论基础

第一节　最优所得税制与促进创新

一、问题的提出

从创新的发展历史可知，由于其具有高风险、高成本和正外部性，导致市场资源配置失灵，需要国家和政府的干预和引导。但干预和引导仍须有边界和限制，政府行为不可过度。大量的财政经济学实证研究表明，所得税优惠是促进创新、实现创新驱动发展的最有效的激励方式。但在进一步分析所得税优惠与促进创新的关系之前，应先分析所得税的基准税制，进而论证背离所得税基准状态的所得税优惠的运作机理。

现代国家职能的履行和实现是以税收获取充足的财政收入为前提的，所得税作为主要的直接税，是财政收入的主要来源之一，能充分体现财政三大基本职能的运作机理。所得税是国家依靠政治权力，通过无对价的强制征收，将纳税人私人收入的一部分转变为国家收入的税收。在此过程中，国家实现了收入在政府、市场、个人之间的配置，并通过税率、扣除、抵免等税制设计调整收入和财富的分配，因此所得税的征收必然引起就业和价格水平的变动。所得税在国家、市场和个人之间转移财富，承载着财政的三大基本职能：配置职能、分配职能和稳定职能。[1]以资源的有效利用为目的，在政府、市场、个人之间配置社会总资源，并提供无法通过市场机制进行有效供应的公共产品和服务，属于财政的配置职能。以公平、公正为目的，在各主体之间调整收入和社会财富的分配状况，属于财政的分配职能。财政的稳定职能主要围绕就业、价格水平、国际收支等方面，通过财政手段确保价格稳定前提下的就业率的提高，实现经济的持续稳定增长。财政职能的实现有赖于财政收入的给养。征税的天然目的是组织国家所需的财政收入，因此所得税的主要职能是获取财政收入。但所得税组织财政收入的职能受到财政的配置职能和分配职能的限制。所得税在组织财政收入的同时，需要实现资源的高效配置和收入分配的公平、公正。因此，所得税的征收和所得税职能的实现是国家和政府对市场经济的第一层干预和扭曲，而所得税优惠则在所得税基准税制的基础上再次对经济作出干预。

所得税制的设计必须基于最优所得税制的论证，所得税优惠的制定也须以最优所得税制为参照标准。最优所得税制是基于如下三个前提推导而来的：组织一定数额的财政收入，实现资源的最优配置；合理分配财富，实现分配正义；征税合理，实现稳定持续的经济增长。所得税制力求最优化地实现财政的配置、分配和稳定职能，须遵循最优所得税制所要求的最小化的税负转嫁和超额负担、最大化的社会福利以及横向和纵向公平等限制。[2]最优所得税制可为国家因征税而扭曲经济的行为

---

〔1〕[美]理查德·A.马斯格雷夫、佩吉·B.马斯格雷夫：《财政理论与实践》（第五版），邓子基、邓力平译校，中国财政经济出版社2003年版，第11—18页。

〔2〕[美]哈维·S.罗森、特德·盖亚：《财政学》（第八版），郭庆旺、赵志耘译，中国人民大学出版社2009年版，第347—360页。

提供边界。而以促进创新为宗旨的所得税优惠是对最优所得税制的背离，也是对市场经济的进一步干预和扭曲，在制定促进创新所得税优惠时仍须兼顾最优所得税制的各项限制条件。因此，所得税优惠与最优所得税制存在冲突和背离的关系，以促进创新为目的制定所得税优惠时仍须在冲突和背离的情形下，对国家因促进创新而干预经济的行为作出限制。

二、个人所得税与企业所得税的一体化

公司作为法律拟制的主体，是我国企业所得税的主要纳税人，设立公司是自然人从事经济活动的一种更高效的组织形式。公司和公司相关的自然人作为单独的法律上可享受权利、承担义务和责任的主体，是否应分别征税在理论和实践中存在争议。从经济学的角度，只有自然人是税负的最终承担者，对公司和公司的股东、债权人等分别征税，则为经济上的重复征税，不利于减轻纳税人的税负。[1]对公司征税的理论依据主要分为两类：归并课税论和独立课税论。[2]

归并课税理论持所得税税负最终由股东等自然人承担的观点。企业的所得归集到个人所得税的税基中，源自企业以及源自个人的所得汇总为总所得征税，与所得来源无关。征收时，归并课税论又分为两类具体情形：第一类将企业所得税的一部分归并至自然人股东所得税中并源泉预扣，在计算自然人股东个人所得税时，依据归并至自然人股东并已源泉预扣的企业所得税估算对应的股息，将估算的股息并入股东的所得中计算得

---

〔1〕〔美〕哈维·S. 罗森、特德·盖亚：《财政学》（第八版），郭庆旺、赵志耘译，中国人民大学出版社 2009 年版，第 422 页。

〔2〕〔美〕理查德·A. 马斯格雷夫、佩吉·B. 马斯格雷夫：《财政理论与实践》（第五版），邓子基、邓力平译校，中国财政经济出版社 2003 年版，第 498—511 页。

出总所得，进而计算股东的个人所得税额，最后从个人所得税额中抵免已预扣的且归并于股东个人部分的企业所得税。第二类将企业所得税全部归并至自然人股东所得税进行源泉预扣，计算时依据源泉预扣的企业所得税估算股东的股息，将估算股息并入股东所得中计算总所得，总所得乘以税率再抵免已预扣的企业所得税，即为股东应缴纳的个人所得税。归并课税理论可避免经济性重复征税，使股东拥有更多的可支配资金。[1]

独立课税论将企业视为独立实体，认为企业独立于所有者而决策、生产、运营、盈利，是具有实质意义的经济参与者，具备独立的纳税能力且应单独课税。[2]依据独立课税论，应对企业征收企业所得税，税后股东分得的股息、红利等形式的所得将征收个人所得税。独立课税论的问题是，企业独立的经营决策、生产盈利是否可以成为对其单独征税的依据。在遵循经济上的公平与效率原则的基础上，征收所得税须合理满足财政收入的需求，独立课税论导致经济性重复征税而且征收企业所得税是否为最优选择仍存在争议。有学者认为，企业所得税是对税法规定中的企业利润征税，其征税的前提是税负由企业承担而未转嫁给生产者或消费者，但企业所得税的征收改变了资源原本的分配格局，必然会对资本、劳动力、相关产品的供需关系产生扭曲和偏移，随着企业所得税税负的转嫁，企业所得税可能实质性地转化为工薪税或销售税等税种，而设立企业所得税的基础则被动摇。[3]但我国和世界多数国家均设立独立的

---

〔1〕［美］哈维·S. 罗森、特德·盖亚：《财政学》（第八版），郭庆旺、赵志耘译，中国人民大学出版社 2009 年版，第 359—361 页。

〔2〕 我国的企业包括公司、独资企业、合伙企业等多种组织形式，此处并未细分，后文中具体分析时，将依据企业类别作出分析。

〔3〕［美］哈维·S. 罗森、特德·盖亚：《财政学》（第八版），郭庆旺、赵志耘译，中国人民大学出版社 2009 年版，第 366—371 页。

企业所得税，其中的理论和实践基础包括：企业接受政府提供的公共产品或服务，如政府为企业营造的优惠便利的营商环境等，因此企业须缴纳税款；企业所得税的开征便于实现政府的调控目标，如引导企业的投资行为等；独立的企业所得税制较归并课税论下的所得税制的设计更简洁，且征收管理的成本较归并课税论下的征收管理成本低等。虽然同时征收个人和企业所得税将加重对经济的干预，但可通过抵免等措施避免两类所得税中经济性重复征税的问题，降低所得税对市场经济的扭曲，引导或鼓励纳税人的特定行为。

而介于对自然人征收个人所得税与对公司征收企业所得税这两类征税状态之间的是，所得税对管道企业的征税方式。典型实例如美国的合伙制公司、独资公司、S公司，又如我国的合伙企业。管道企业征收所得税的特点是直接针对企业的所有者征收所得税，属于完全的归并课税。管道企业的利润，无论分配与否，均与企业所有者的所得归并计算求得总所得，且在合伙企业与所得者之间所得的性质保持一致。企业所有者在企业取得利润时缴税，如果利润实际未分配而留存在企业，留存期间利润可能产生资本增值。对增值部分征税时，应对已缴个人所得税的利润部分和留存期间的增值部分明确区分。管道企业所得税的征收管理可采用源泉扣缴的方式，由企业对自然人股东分配所得利润进行预扣代缴，自然人股东缴纳个人所得税时，其从企业分配的利润按照实际应适用的税率计算求得应纳税额，应纳税额与预扣代缴的税额之间的差额，则长退短补。例如，合伙企业征收所得税时，多数国家适用穿透规则，虽然各国的具体规定有很大差异，但总体上视合伙企业为穿透体，直接向合伙人征收所得税。

在对公司和个人征收所得税时，无论适用归并课税理论还是独立课税理论，均是在最优所得税制的基础上进一步推导论证的，包括所得税制中的税收优惠措施。

三、最优所得税制的基本观点

财政学者致力于设计一个最优的税制结构，使其能够在满足财政目标的同时完美实现经济学追求的公平与效率。在设计最优税制时应同时考虑如下限制条件：确保合理的财政收入；税负在不同纳税人之间公平且合理的分配，实现福利最大化；考虑由于税负转嫁而引起的税负的最终归宿问题；保持税收中性，减少对市场的干预和扭曲，实现超额负担的最小化；考虑实践中财政对经济的稳定和增长职能的实现，便捷、低成本的税收征收管理制度，纳税人的税收遵从成本等。[1]

应以社会福利最大化、税负转嫁和超额负担最小化等为限制条件，将公平、效率、征管成本、税收遵从等因素涵盖在内，进而对所得税各要素的最适状态展开论证推导，为最优所得税提供最适当的分析框架。财政经济学中所得税的要件可与所得税法中基准税制的各构成要件相对应，即纳税主体、税基、税率、免税、扣除等。应从财政学的角度证成最优所得税制，经过立法程序，以税收法定原则、量能课税原则和稽征经济原则等为建制基础构建所得税法律制度，进而从所得税优惠促进创新的角度论证促进创新所得税优惠制度的构建。在构建时，需兼顾税负转嫁、超额负担和社会福利等限制条件，界定并论证促进创新所得税优惠，在促进创新的同时限制所得税优惠对经济进一步干预和扭曲的程度和范围。

（一）税负转嫁

从经济学上分析，只有自然人是税负的真实承担者，所得

〔1〕 〔美〕哈维·S.罗森、特德·盖亚：《财政学》（第八版），郭庆旺、赵志耘译，中国人民大学出版社 2009 年版，第 316—340 页。

税也不例外。无论税法如何设计和架构个人所得税法或企业所得税法，所得税税负依据市场对征税的反应最终都将由股东、雇员、消费者、业主等自然人承担。[1]法律规定的纳税主体与税负的经济归宿之间的差异，称为税负转嫁。典型且易于观察的税负转嫁，主要集中于消费税、增值税等税种。所得税的税负转嫁过程较为隐蔽，相对而言具有税负不易转嫁的特点。假设劳动力、资本等要素的供给完全固定且要素可完全自由流动，所得税税负则不存在转嫁情形。在劳动力、资本等要素自由开放的市场，企业所得税税负更易于向雇员、消费者等主体转嫁。同时，要观察所得税税负转嫁，则需要考量税收收入的用途等多项因素。以对自然人或企业征税为前提的所得税制，在税负转嫁中将使所得税对经济的扭曲程度进一步复杂化，影响所得税制的公平与效率。且在制定相应的经济、财政政策时，为了政策精准发力，不得不考虑所得税税负转嫁的因素。税负转嫁是构建公平高效的所得税税制必须考量的因素之一，也是制定促进创新所得税优惠必须考量的重要方面。

（二）社会福利最大化

最优所得税制的论证，在实践中须考量的变量和因素更复杂，但最优所得税制的论证仍为构建所得税法律制度提供基础。最优所得税制在组织合理适当的财政收入的前提下，须尽可能实现社会福利最大化。[2]社会福利最大化是指社会中单个自然人的福利之和最大，即要求实现每个自然人的边际收入效用相同。具体执行时表现为高收入群体税负较高，低收入群体税负

---

〔1〕［美〕哈维·S. 罗森、特德·盖亚：《财政学》（第八版），郭庆旺、赵志耘译，中国人民大学出版社 2009 年版，第 427—429 页。

〔2〕［美〕哈维·S. 罗森、特德·盖亚：《财政学》（第八版），郭庆旺、赵志耘译，中国人民大学出版社 2009 年版，第 350 页。

较低。因此，最优所得税的设计须最大可能实现社会中每个自然人的税后收入分配平等。在面对富裕阶层和贫穷阶层时，最优所得税则首先对富裕阶层征收所得税，这主要是因为富裕阶层的边际效用损失小于贫穷阶层。所得税的累进税率是社会福利最大化的最好体现。

（三）超额负担最小化

征收所得税的另一个效果是产生超额负担，超额负担是指税收成本大于税收收入的部分。根据推导，在征收所得税的过程中，除获取的所得税收入的部分外，必然会无效率地消耗一部分效用或资源。[1]无效消耗的效用和资源对于市场、个人、政府而言均属于浪费。超额负担是设计公平高效的所得税制必须考量的另一个重要因素，"宽税基、低税率"可以降低超额负担的比例，而优惠税率也是促进创新主要的优惠措施之一。

在设计最优所得税时，作为对社会福利最大化标准的补充，所得税的超额负担最小，是最优所得税追求的第二个目标。社会福利最大与超额负担最小使最优所得税制实现在公平与效率之间的平衡。[2]而围绕促进创新制定所得税优惠必然打破所得税制原有的公平与效率，须重新论证促进创新所得税优惠的公平与效率。

（四）管理成本和遵从成本

所得税的核定和征收耗费的行政资源，包括设备、财物、人力、机构等均构成所得税的征收管理成本。管理成本由政府财政承担，属于国家提供的公共服务。设计所得税的征收管理

---

〔1〕　［美］哈维·S. 罗森、特德·盖亚：《财政学》（第八版），郭庆旺、赵志耘译，中国人民大学出版社 2009 年版，第 328 页。

〔2〕　曼昆等学者以统一所得税为例，研究得出所得税超额负担最小的最适边际税率为 48%—50%。统一所得税又称线性所得税，基本公式为：税收收入 = -α + 税率 × 收入。其中，α 和税率均为正数。

程序时须衡量如下几方面管理成本：适当的管理技术和程度，如涉税金融信息获取的限度；涉税信息的审查和征管程序的实施程度；税收监督和审计实施的限度和程度；税收处罚的适用程度和执行成本；等等。[1]面对社会经济和行政管理的复杂性，一个公平和效率兼具的税制，精密和复杂是其特点。管理成本将影响税收实体规定的公平和高效运行，在设计最优所得税时，不仅须在实体规定之间平衡经济上的公平与效率，还须在实体规定和征收管理成本之间作出取舍。税收遵从是所得税立法、制定实施细则和各类规章之后，对纳税人知法、守法、依法纳税提出的要求。所得税制复杂、概念界定不清晰、规定之间相互冲突或存在漏洞、所得税征收管理程序不便利等，均影响税收遵从。高遵从成本不仅影响所得税制的运行，也将影响市场资源的流动和分配。所得税制本身的复杂程度叠加以促进创新为目的而制定的税收优惠，使所得税的征收管理和税收遵从面临更大的挑战。为促进创新而制定所得税优惠的同时，须考虑征收管理程序的公开、透明和便捷程度。

综合前文的分析，税负转嫁和社会福利最大化是实现最优所得税制公平性须考量的两个方面。但是，从社会结构的角度出发，还须考虑整体性的横向公平和纵向公平。横向公平即相同境况的纳税人应受到所得税制的相同对待。每个自然人境况可以如下方面作为细化标准：工资薪金、教育程度、健康投资等诸多社会、经济、家庭、个人偏好等因素。但"境况"的不确定性较大且存在争议。有学者提出直接以效用衡量境况，进而引入横向公平效用这一概念。横向公平效用涵盖两层意义：第一，税前效用水平相同的自然人之间，税后的效用水平仍应

---

[1]　[美]哈维·S. 罗森、特德·盖亚：《财政学》（第八版），郭庆旺、赵志耘译，中国人民大学出版社2009年版，第354页。

相同；第二，税前效用水平有差别的自然人之间，税后彼此之间的效用水平仍须存在差别，且其效用排序不应改变。[1]

税负转嫁最小、社会福利最大及横向公平从不同角度规制最优所得税制的公平性；税负转嫁和超额负担最小则对最优所得税制的效率提出要求，最小化征收所得税的成本与实际所得税收入之间的差额，限制所得税制的无效浪费。[2]在考量最优所得税的实体性要素的同时，应将征管成本和遵从成本纳入最优所得税制设计的考量中，实体和程序协调配合才可保障最优所得税制的有效运行。最优所得税制为所得税法律制度的构建提供财政经济学上的理论框架和基础，所得税法中基准税收构成要件是最优所得税要件在法律法规中的确立。而围绕促进创新制定所得税优惠，打破了税制的原有状态，其引发的税负转嫁、超额负担等问题，需要引入新原则对其合理性和正当性展开论证，如促进创新原则、税收中性原则和比例原则。

四、最优所得税制的基本要件

由于税负最终由自然人负担，针对自然人征收的个人所得税是分析所得税制的出发点。参考美国和加拿大均只有一部《所得税法》，一部法律将个人所得税法和企业所得税法中共用的概念和原理抽象概括规定一次，个税与企业所得税有差别的内容，单设章节具体规定，这样的立法体例也符合财政学分析所得税制的框架。所得税各要素的制定将社会福利最大、税负转嫁和超额负担最小、横向公平与纵向公平贯穿始终，依据纳

---

〔1〕 〔美〕哈维·S. 罗森、特德·盖亚：《财政学》（第八版），郭庆旺、赵志耘译，中国人民大学出版社 2009 年版，第 351—353 页。

〔2〕 因此可引出以下几个推论：第一，所得税税率应采用累进税率。第二，企业作为自然人参与经济活动的媒介，其税负更易转嫁，而个人所得税税负不易转嫁。第三，最高的边际税率应在 48%—50%。

税主体的支付能力分摊所得税，如纳税人和税基的界定和范围、税率的设定、扣除和宽免额的规定。而以促进创新为目的的所得税优惠则将调整、修改最优所得税制的要件，例如所得税优惠适用主体的范围、与税基的范围或扣除规则有关的优惠、税率优惠等，进而背离最优所得税制。

（一）纳税人

虽然所得税税负的最终归宿是自然人，但所得税纳税人包括：公司、穿透组织、自然人。对公司征税的财政学依据有三：第一，为降低超额负担、实行宽税基和低税率，所得税的纳税主体同时包括自然人和公司，这将扩大所得税税基。第二，对企业征税可以补充个人所得税的完整性，有效防止自然人利用公司独立法人的优势，侵蚀税基、逃避纳税义务。第三，企业的各项生产经营活动，对社会资源的使用和耗费可通过缴纳企业所得税予以弥补。[1]

（二）税基

税基的界定应最大限度将纳税人经济能力的净增加涵盖在内，具体形式有：工资薪金所得，智慧成果所得，经营所得，利息、股息、红利所得，租金所得，资产增值所得等。[2]而根据黑格-西蒙斯对所得的定义，所得是指一个时间段内经济能力净增加的货币价值。经济能力的净增加意味着从所得中扣减在经济增加过程中所发生的成本费用等。从公平角度出发，即使纳税人"境况"不同，仍须适用统一的所得概念。经济能力相同必须承担相同的税负，但宽免额、扣除规则的差别化设定，

---

〔1〕〔美〕哈维·S. 罗森、特德·盖亚：《财政学》（第八版），郭庆旺、赵志耘译，中国人民大学出版社 2009 年版，第 423 页。

〔2〕〔美〕理查德·A. 马斯格雷夫、佩吉·B. 马斯格雷夫：《财政理论与实践》（第五版），邓子基、邓力平译校，中国财政经济出版社 2003 年版，第 518—530 页。

则可实现所得税实际税负与纳税人实际情况相结合，对税基在横向公平和纵向公平两个维度上作出调整。

（三）税率

所得税采用超额累进税率，以实现有效组织财政收入、社会福利最大化、横向和纵向公平的要求，对不同支付能力的纳税人征收不同程度的所得税。纳税人缴纳的税额及损失的福利与收入的减少相关，引入收入函数的边际效用来衡量，如果收入函数的边际效用对所有纳税人均相同时，则相同纳税能力承担相同的税负，不同纳税能力承担有差别的税负。[1]设计税率时，针对不同纳税能力的纳税人，按均等牺牲规定差别化的税率，可回应纵向公平对所得税提出的限制和要求。所得税采用超额累进税率，所得在同一级距中的纳税人适用同一税率，所得中超额的部分适用高一级的税率，随应纳税所得额的增加，其超额部分上升，适用税率也上升。但由于生产要素的流动和税负转嫁，法定税率和实际税率存在差别。

（四）免税额

就个人所得税而言，免税额的作用有二：一是弥补自然人因抚养子女而产生的支出，调节其支付能力，具体包括子女的生活费用和教育支出等；二是为低收入家庭提供税收减免，补贴低收入家庭的生活费用。[2]免税额可增加所得税的累进程度。首先，纳税人的收入大于免税额的部分才开始计税；其次，个人所得税实行累进税率，免税额越高，计税时所需的所得额就

---

〔1〕 ［美］理查德·A. 马斯格雷夫、佩吉·B. 马斯格雷夫：《财政理论与实践》（第五版），邓子基、邓力平译校，中国财政经济出版社 2003 年版，第 518—530 页。

〔2〕 ［美］理查德·A. 马斯格雷夫、佩吉·B. 马斯格雷夫：《财政理论与实践》（第五版），邓子基、邓力平译校，中国财政经济出版社 2003 年版，第 545—550 页。

越高，税负的累进程度也越高；最后，若免税额随收入增加而减少，则累进税率的累进效果更加明显。因此免税额可有效提高所得税制的公平性。

（五）扣除

所得是指纳税人在一定期间内任何经济能力的增加，经济能力的增加是指净增加额，须扣减相应的成本费用。所得税制中，除扣减相应的成本费用外，基于对纳税人基本权利的保障，还设置了目的多元的扣除规则。如美国所得税法中的教育贷款利息扣除规则等，再如我国所得税法中的教育专项附加扣除等规定。从公平性角度考虑，此类扣除具有正当理由，相同收入的纳税人并不意味着具有相同经济上的效用。例如，部分纳税人因产业升级而面临失业危机，为生计和再就业须进一步更新知识和技能水平，才可继续加入个人和社会财富的创造链条中。因此与同一收入水平而就职于处于上升期的产业中的纳税人相比，此类纳税人接受继续教育的支出将影响其支付能力，甚至是生计维持，允许扣除继续教育费用，则可确保对该类纳税人支付能力的公平评价。

扣除一定范围内的生计、教育等费用，对纳税人而言是降低某项支出的实际价格。例如，假设纳税人因参加符合教育专项附加扣除法定条件的继续教育而支出 1000 元，其适用税率为 25%，则从其收入中扣除 1000 元，政府少征收 250 元的税款。相当于政府为纳税人分担 250 元的继续教育费用，而纳税人负担的继续教育费用的实际价格为 750 元。结合所得税的累进税率，税率从低向高变化，则特定支出的实际价格随税率的升高而下降。适用税率越高，纳税人承担的实际价格越低，获取的税收利益越大，而政府分担的比例也越高。正如征税将影响市场中的供需关系，扣除同样产生类似的效果。扣除改变支出

（如购买教育服务）实际价格，进而需求量也发生改变。[1]

五、所得税优惠的效应分析

从财政学角度分析，所得税优惠是基于特定目的而损失的一部分税收收入，也可视为先按照法定基准税收构成要件征税，再通过财政支出将税收收入退还纳税人，实质为补贴。所得税优惠产生两方面效果；一是税收收入的减损，从支出的角度分析，则为税式支出的增加；二是所得税优惠背离最优所得税制中既有的公平与效率。

在保障所得税的财政收入目标的前提下，推导得出的最优所得税在所得税优惠的作用下，首先税收收入将减少，其次公平与效率将受到挑战。实践中，所得税收优惠是基于特定目的的区别对待，大量的所得税优惠是依据纳税主体的类别、收入多少或经营规模、所得来源、投资或支出的目的、时间的区别等具体细微的因素而特别设计的，目的是应引导、鼓励纳税人的特定行为。因所得税优惠而产生的税收利益在不同的纳税人之间的分布存在差异。而且不同支付能力的群体之间，适用同一项所得税优惠规定时，通常支付能力较高的纳税群体将获得更多的税收利益。因此，所得税优惠打破最优所得税制既定的横向和纵向公平，背离原有的社会福利最大化、税负转嫁和超额负担最小化的状态。在制定所得税优惠时，须紧扣优惠目的，并遵循税收中性原则和比例原则。

以我国企业所得税法中的相关规定为例，所得税法规定的基于特定目的的扣除，虽背离最优所得税制，但其正当性可基于特定社会目的而补足。例如，企业研发费用加计扣除，所得

---

〔1〕［美］哈维·S.罗森、特德·盖亚：《财政学》（第八版），郭庆旺、赵志耘译，中国人民大学出版社 2009 年版，第 356—271 页。

税基准税制中企业可扣除与生产经营相关的成本费用，但基于整个国家和社会的长远发展目标，应引导、鼓励企业创新发展，对研发支出加计扣除，这为研发费用加计扣除提供充足的正当性。但研发费用加计扣除仍须在一定范围内，不得过分干预市场资源的配置或过分影响不同纳税人之间的税负公平，仍须在一定范围内遵循最优所得税制。从激励角度考虑，扣除可引导纳税人从事税法所鼓励的活动，引导其从事可产生正外部效益的活动。扣除的对称性补贴作用，分担了部分纳税人从事特定活动或项目的成本，促进纳税人加大投资。但在考虑扣除的激励作用的同时应明确，通过扣除或其他税收减免方式激励特定活动或项目时须确保以下两点：扣除或其他税收减免方式是最佳途径；产生的收益大于其对税收公平的损害。且应注意，费用扣除优惠的引导鼓励效果，还可用于推测其他不计入税基的任何经济项目的效果。而在扣除与抵免之间，扣除的主要目的在于矫正纳税人因某项支出造成的纳税能力下降，而抵免的引导、鼓励作用更加突出。如果是为鼓励某个项目或行为，扣除和抵免的作用效果需依据具体情形而定，需结合相应的需求弹性展开分析。[1]

从本节的推导论证可知，构建最优所得税时，应围绕所得税的收入目标、横向公平、纵向公平、社会福利最大化、超额负担最小化、税负转嫁最小化等维度对纳税人、税基、税率、扣除、免税等因素展开推导，而所得税优惠虽背离最优所得税的最初架构，但其论证过程仍受上述维度的限制，且税收优惠的制定必然需要论证其正当性和合理性，以充足的理由解释背离最优所得税的必要性。

---

〔1〕　〔美〕哈维·S. 罗森、特德·盖亚：《财政学》（第八版），郭庆旺、赵志耘译，中国人民大学出版社 2009 年版，第 356—371 页。

第二节　税法建制原则与促进创新

财政学围绕公平与效率两个维度，论证最优所得税制基本要件的范围与限制。最优所得税制在实现税负转嫁最小化的情形下，其效率指所得税超额负担最小化，公平则强调所得税税负的分配以实现社会福利最大化为目标，同时应符合社会正义的要求，即实现横向公平和纵向公平。征收所得税的目的是组织财政收入，以满足国家适当范围的职能实现的需求。[1]对纳税人所得的强制征税，是公权对私权的侵犯和剥夺，而现代国家理论及政府职能的实现需要为征税提供了合理化和正当化的理由，税收法定也成为现代国家治理核心理念之一。因此财政学推导的最优所得税只有经过法定的立法程序并符合税收法定原则的其他限制之后，才可成为国家、政府、社会、纳税人共同遵守的规范。税负转嫁和超额负担最小化、横向和纵向公平、社会福利最大化等最优所得税的限制条件如何体现在所得税法中，关系到最优所得税制是否能在所得税法的运行和征收管理实践中得到贯彻执行，而量能课税原则为此困境提供了解决路径。最优所得税的公平性主要体现在横向公平和纵向公平中，而税负转嫁最小化和社会福利最大化是对最优所得税制公平性的定量分析。量能课税原则要求在制定、适用和解释所得税法时，依据纳税人的支付能力课税，且相同支付能力的纳税人承担相同的税负，不同支付能力的纳税人承担不同的税负，即横向公平和纵向公平。由此可见，最优所得税制中的横向和纵向

---

〔1〕　〔美〕理查德·A. 马斯格雷夫、佩吉·B. 马斯格雷夫：《财政理论与实践》（第五版），邓子基、邓力平译校，中国财政经济出版社 2003 年版，第 518—530 页。

公平与量能课税原则对所得税法的限制是一脉相承的。[1]最优
所得税制中管理成本和遵从成本的限制，则通过所得税法中的
稽征经济原则来贯彻和体现。至此，最优所得税制的各项限制
条件均与所得税法的建制原则相对应，再结合税收法定原则，
最终构成所得税法建制的三大基础原则。[2]

一、税收法定原则与促进创新

税收法定原则是民主原则和法治原则在税法领域的延伸和
贯彻。[3]征收所得税是国家权力强制且无对价地剥夺纳税人的
私有财产权的过程。这一过程中国家权力必须受到限制和监督，
因此只有经过纳税人同意并接受纳税人的监督，才可征收所得
税。[4]现代法治国家，纳税人同意的表现形式为立法机关依照
法定程序制定法律，因此所得税、所得税基准税收构成要件、
所得税优惠必须由法律规定。我国《宪法》第 56 条规定公民有
依照法律纳税的义务，《立法法》[5]第 8 条明确规定"只能制
定法律"的事项中包括"税种的设立、税率的确定和税收征收
管理等税收基本制度"，《税收征收管理法》第 3 条规定税收的
开征、停征以及税收的减、免、退、补均依照法律规定执行，
这些规定为税收法定原则作为所得税法建制基础提供了宪法和

---

〔1〕　［美］理查德·A. 马斯格雷夫、［英］艾伦·T. 皮考克主编：《财政理论
史上的经典文献》，刘守刚、王晓丹译，上海财经大学出版社 2015 年版，第 79—87
页。

〔2〕　徐孟洲：《论税法的原则及其功能》，载《中国人民大学学报》2000 年第
5 期。

〔3〕　刘剑文、熊伟：《财政税收法》（第七版），法律出版社 2017 年版，第
180—185 页。

〔4〕　朱大旗：《论税收法定原则的精神实质及其落实》，载《国际税收》2014
年第 5 期。

〔5〕　本书中所引《立法法》的相关内容均以 2015 年修正内容为依据。

法律上的依据。而且党的十八届三中全会《中共中央关于全面深化改革若干重大问题的决定》明确提出"落实税收法定原则""税收优惠政策统一由专门税收法律法规规定"。[1]《立法法》第8条规定基本税收制度只能制定法律，同时第9条规定尚未制定法律的，全国人民代表大会及其常务委员会可授权国务院制定行政法规。《税收征收管理法》规定法律授权国务院制定行政法规的，则适用行政法规。

征税是国家权力对私权利的剥夺与侵害，依据现代国家的民主和法治原则，必须经过人民的同意才可征收所得税。制定法律和授权立法之间包含如下三层含义：第一，人民的意愿通过宪法规定的立法机关以法律的形式表达，税收法定原则中的"法"首先是指宪法规定的立法机关制定的法律，即全国人民代表大会及其常务委员会制定的法律。第二，全国人民代表大会及其常务委员会授权国务院制定的行政法规属于税收法定所指的法源，《立法法》规定基本税收制度只能制定法律，但除犯罪和刑罚、剥夺公民政治权利、限制人身自由等事项外，尚未制定法律的可由立法机关授权国务院先行制定行政法规。因为社会经济生活涉税事项细碎繁杂、灵活多变，而立法资源有限，国务院依据合法的授权而制定的行政法规，效力相当于法律。依据《立法法》，合法授权须具备的条件包括：尚未制定法律；非犯罪和刑罚、剥夺公民政治权利、限制人身自由等事项；有明确的授权目的、事项、范围、期限以及被授权机关应当遵循的立法原则；授权立法不得抵触法律；授权期限不得超过五年；不得转授权。一项授权立法须在授权期限届满六个月以前向全

---

〔1〕 参见《中共中央关于全面深化改革若干重大问题的决定》，载 https://www.gov.cn/zhengce/2013-11/15/content_5407874.htm，最后访问日期：2025年3月29日。

国人民代表大会及其常务委员会报告授权决定实施情况，并于条件成熟时制定法律。第三，影响税收债权发生的实体性税收构成要件只能由法律或授权制定的行政法规予以规定，行政规章、地方性法规等下位法可对法律或行政法规作出细化，但不得抵触或违反法律或行政法规。[1]

税收法定原则具体内容包括三个方面：课税要件法定、课税要素明确、征税合法。同时在适用具体所得税法条文规定时，依据税收法定原则的旨意，还应禁止溯及既往并适当限制对法律漏洞的补充。[2]具体到所得税法时，则为所得税课税要件法定、所得税课税要素明确、征税合法，以及禁止溯及既往和禁止类推适用。

（一）所得税课税要件法定

所得税课税要件法定是指所得税基准税收构成要件、所得税法律效果均应由立法机关制定法律规定和预设。所得税基准税收构成要件包括纳税主体、征税对象、税基、税率等在实体法上影响所得税税收债权成立、税负程度等的重要事项，以及纳税期限、纳税地点、纳税方式等影响纳税人实体权利义务的程序性事项。此外，所得税优惠实质影响纳税人的税负程度，也应由法律明确规定。

《税收征收管理法》第 3 条除规定税种的开征停征和减免退补需依照法律外，还规定若法律授权国务院制定行政法规，则依据行政法规执行。具体而言，虽法律可授权国务院制定行政法规规定所得税构成要件，但依据《立法法》第 8 条基本税收制度只能制定法律，因此所得税的纳税主体、税基、税率等影

---

〔1〕刘剑文：《落实税收法定原则的现实路径》，载《政法论坛》2015 年第 3 期。

〔2〕陈清秀：《税法总论》，元照出版有限公司 2016 年版，第 27—72 页。

响纳税人实体权利义务有无和大小的所得税基准税收构成要件和税收优惠须由法律作出明确规定，其余内容可授权国务院制定行政法规予以规定，并不得转授权。法律授权国务院制定行政法规时，须符合《立法法》的规定，授权事项应具体、个别，不得空白授权或一般授权，且须具有一定程度的明确性。

法的确定性和权威性伴随着法的滞后性，所得税法亦同。而围绕促进创新制定所得税优惠时，面对的是复杂的涉税社会经济活动和不断发展变化的科学技术。因此，所得税制中，可由法律对影响纳税人实体权利义务的基准税收构成要件和促进创新的所得税优惠规定一定的幅度、范围、期间等，具体适用可授权国务院或地方立法机关因时制宜、因地制宜作出具体规定。

（二）所得税课税要件明确

税收法定原则要求法律规定的所得税基准税收构成要件具有明确性，即创设所得税纳税义务的条文的目的、内容、范围必须是明确和特定的，且依据该类规定可推知纳税人的税负程度并可具体计算。[1]纳税人可依据所得税法规定计算应纳税额，因此须在所得税法中尽可能明确规定纳税主体的定义、征税对象、税基的界定和范围、税率的比例等具体内容和确定方法，而且也必须在法律中明确规定所得税优惠的原则和目的、适用条件、计算方法等内容。即使法律授权国务院制定行政法规予以明确，该授权也应充分界定授权的内容、目的和范围，使得纳税人依据授权制定的规定可推知政府依据其政治权力侵害的纳税人私权利的范围，即要求可推知所得税税负的数额或程度。[2]

---

〔1〕 陈清秀：《税法总论》，元照出版有限公司 2016 年版，第 27—72 页。
〔2〕 黄茂荣：《税法总论》，植根法学丛书编辑室编辑 2012 年版，第 299—315页。

课税要件明确还要求所得税法规范明确，所得税法律条文之间逻辑清晰、互成体系，所得税法律概念内涵和外延清晰。而所得税优惠的规定也应避免语义混乱、模糊、重复，避免纳税人在适用时无法依据所得税法律规定本身推知税负的多少和轻重。[1]

所得税法课税要素应明确，那么可否在法条中采用不确定的法律概念？所得税法的规范对象复杂，如围绕创新制定税收优惠的情形，采用不确定法律概念不可避免，如合理研发支出等概念的采用。但在所得税法中适用不确定法律概念时，须考虑所规范的社会经济事实的复杂程度和个案适用的妥当性。不确定法律概念的适用不等于空白或空洞的规定，适用时应避免为征税权的恣意扩展留下空间。因此，不确定法律概念须具有一定可预测性，即按照一般纳税人的理解标准，依据不确定法律概念和所得税法本身可推知该概念的范围。

（三）征税合法

征税合法即所得税的征收管理程序合法，依据所得税法和征管法的相关条款，征税机关有权且有义务征收所得税，同时在征收管理所得税时应严格遵循实体法规定和程序法规定。首先，征税机关不得违法实施课税处分，应严格依据所得税法规定征收，法律无明确规定时不得多征、少征、减征或免征所得税款。其次，征税机关作出的规范性文件、行政通知等影响纳税人所得税法上实体性或程序性权利的文书不得违反法律、行政法规的规定。最后，征税机关征收管理所得税排除便宜原则的适用。征税机关依据所得税法和征管法，平等地对纳税人征收所得税，禁止征税机关以征税收益与征管成本之间不符合经

---

[1]　熊伟：《法治视野下清理规范税收优惠政策研究》，载《中国法学》2014年第6期。

济上的比例关系而改变、扭曲相关法律的规定，禁止征税机关以所得税的核定与征收不符合目的而直接适用便宜原则。

（四）税收法定原则之作用

1. 溯及既往

参考溯及既往的一般原理，税法上的溯及既往分为真正的溯及既往和不真正的溯及既往。真正的溯及既往是指税收债权发生之后，新的税收法律公布生效，若该法规定溯及生效，则构成真正的溯及既往。[1]不真正的溯及既往适用于期间税，即税收债权的发生需一段期间，该期间内法律公布生效，此时适用新法属于不真正的溯及既往。结合我国所得税法的具体规定，《企业所得税法》第 53 条规定企业所得税按年计算，《个人所得税法》第 11 条、第 12 条规定，综合所得和经营所得按年计税；但《个人所得税法》第 12 条规定，利息、股息、红利所得，财产租赁所得，财产转让所得和偶然所得按月或按次计税。所得税法中除按次计税的情形外，其余情形均属于期间税。以企业所得税为例，在一个纳税年度之内，若所得税法或适用的相关税法被修订变更，则无论新税法的规定是否有利于纳税人，均应以纳税期限届满，税收债务成立之时的新税法作为法律依据。此时，新税法则具有不真正的溯及生效的效力。

根据税收法定原则，基于纳税人信赖利益的保护、所得税法的安定性和权威性的要求，所得税法禁止溯及既往的适用，但可存在如下例外情形：所得税法的变更是可预见的；现行所得税法存在模糊、冲突或漏洞，或违反宪法；溯及既往产生的负担微不足道；溯及既往涉及重大公共利益，且该利益与法的安定性相比更重要。在制定促进创新所得税优惠时，基于创新的特征，此类优惠通常规定适用的起始和终止时间。企业或个

---

〔1〕 陈清秀：《税法总论》，元照出版有限公司 2016 年版，第 27—72 页。

人在起始时间之前已经发生的持续性的研究开发行为，是否适用新的优惠规定，须由法律、行政法规明确规定。

2. 禁止类推适用

由于立法技术、立法资源和立法经验的有限性，以及法律文字、语义和条文逻辑结构的有限性，法律规定出现与制定法律时的立法目的不相符的情形时，即为法律漏洞。法律漏洞的补充方法包括类推适用、目的性限缩或扩张、举重明轻和举轻明重等。类推适用是指将法律明文规定的内容适用于该法律未直接规范的事项，该事项法律上的特点与法律所规范的内容的特点具有类似性。基于公平正义的理念，相同事物应同等对待。但征税机关行使征税权与适用类推弥补法律漏洞的过程，存在利益的交叉和冲突，类推适用可能导致行政权力的过度扩张或滥用。具体到所得税法的法律规定时，与实体性税收构成要件相关的内容以及税收优惠，应禁止类推适用以弥补法律漏洞。

二、量能课税原则与促进创新

(一) 量能课税原则与所得税法

最优所得税制的公平原则和宪法规定的平等原则，为量能课税贯穿所得税制始终提供了财政学和税法学上的理论依据。[1]依据宪法的平等原则，立法者在制定所得税法时，须平等对待每位纳税人、平等分配所得税税负，而平等分配所得税税负则须依据每位纳税人经济上的支付能力来衡量。[2]因此，量能课税原则是指纳税人的纳税义务必须依据纳税人经济上的支付能力分配。具体适用于所得税法中时，则为依据单个纳税

---

〔1〕　许炎：《论赋税与宪政的关系》，中国政法大学 2007 年博士学位论文。

〔2〕　朱大旗：《论税法的基本原则》，载《湖南财经高等专科学校学报》1999年第 4 期。

人的支付能力征税。制定或解释所得税法时，税基、扣除和税率等要件的选择或阐释，也应与纳税人的支付能力相适应，才符合公平正义的要求。在纳税人支付能力和公平正义的限制下，实现相同支付能力的纳税人承担相同的税负，不同支付能力的纳税人承担不同税负，也即横向公平和纵向公平。量能课税原则中纵向公平要求所得税制设计税率时，须实现支付能力较高的纳税人与较低者相比，按比例承担更多的税负。所得税作为财政收入的主要来源，同时承担着实现财政分配职能的作用，而累进税率可较好地实现收入的再分配，改善社会各阶层的分配状况。

制定或解释所得税法时，衡量纳税人支付能力的最低要求首先是保障纳税人基本生存权，因此须将保障基本生存权所支出的必要费用和某些不可避免的私人支出从所得中扣减。将量能课税原则适用于所得税法中时，所得等于收入扣减成本费用等法定项目后的净所得。同时按照量能课税原则界定所得的范围，则其为任何形式的经济能力的增加，包括生产经营取得的收入、非生产经营取得的收入、补贴或资助、债务减免等所有形式的收入增加。成本费用是指为取得所得而付出的必要支出；除成本费用外，还必须从所得中扣减最低限度的生存支出和纳税人承担的最低限度抚养义务而发生的支出。[1]

（二）量能课税原则与所得税优惠

所得税优惠不仅是对经论证推导的最优所得税制的背离，同时还背离了立法所确立的所得税基准税收构成要件。任何对基准构成要件的违背并以求减轻实际税负的措施，均为所得税优惠。因此，从财政经济学的角度分析所得税优惠时，其实就

---

〔1〕 丁一：《纳税人权利研究》，中国社会科学出版社 2013 年版，第 276—288 页。

是对最优所得税制相关构成要件的重新推导计算。而从所得税法的角度出发，则须依据社会特定目的原则、税收中性原则、比例原则等税法原则，对税收优惠违背量能课税原则开展正当性、合法性分析。所得税法不得因国家财政需求而违反量能课税原则，恣意提高税负；同理，也不得在欠缺正当理由的情形下，制定所得税优惠。无正当理由制定税收优惠可能引发几类后果：所得税承担的财政收入目标无法实现，且无弥补机制；违反平等原则，造成税收特权等。因此，围绕促进创新制定所得税优惠时须紧紧围绕促进创新的社会目的，并以税收中性原则、比例原则对所得税优惠作出合理规范。

三、稽征经济原则与促进创新

稽征经济原则是指税收征收管理须符合效率和简明的要求，具体适用于所得税法中，则为所得税的征收管理应高效便捷。效率是指所得税的征收应尽量避免对纳税人经济活动的干预并符合成本收益分析，降低所得税征收过程中的管理成本和遵从成本。简明则要求所得税法规定须清晰明确、可执行，有利于提高征管效率，降低征收管理和遵从成本。[1]从稽征经济原则的概念中可知其目标有三：简化税法、降低征纳成本、平等征税。

在所得税法的具体运行过程中，立法时须在所得税法结构完整、逻辑缜密、规范明确、语义周严的前提下，尽量简化所得税法的条文规定，使之简明易懂、具有确定性。具体可以采用的方式包括：减少或限缩不确定法律概念的适用，避免出现法律漏洞；设定征税客体归属基准日以便利征管；所得税法中

---

〔1〕　黄茂荣：《税法总论》，植根法学丛书编辑室编辑 2012 年版，第 589—600 页。

采用类型化或概算化的计算方式；适当采用推定征税和查定征税；自动申报，书面核定；举证责任的有效分配等。为实现稽征经济原则，在所得税法中引入类型化或概算化的概念或计算方法，则可能与量能课税原则中依据纳税人支付能力征税的原理存在衡量取舍。因为类型化或概算化不以征税过程中的具体事实为基础，而采用推定课税的方式。具体适用时，如判断征税客体的有无及范围时，可采用推定方式确定征税客体的存在与范围，但须允许纳税人举证推翻推定结论。因此，该方法在适用时须由法律明确规定，授权适用类型化或概算化的计算方式，否则可能违背税收法定原则或量能课税原则。推定征税是指在所得税法中明确规定平均数或概数，或者规定明确的计算方法以求得计算的基础。自动申报和书面核定降低了纳税人的遵从成本，并简化了征税机关的征管成本。合理分配举证责任是指与税收债务成立有关的积极要件事实的举证责任由征税机关承担，只有当纳税人占有证据材料且取证确有困难，同时所涉及与征税要件有关的事实能以积极事实证明税收债权的有无时，才可由法律明确规定纳税人承担举证责任，否则纳税人不承担积极要件事实不存在的证明责任。

税收法定原则、量能课税原则和稽征经济原则是税法学贯彻始终的建制原则，将三项基本建制原则契合于所得税法时，可称为所得税法定原则、所得税量能课税原则、所得税稽征经济原则。在以促进、引导、鼓励创新为目的制定所得税优惠时仍应以所得税法的建制原则为基础理论，在三大建制原则的框架内分析论证促进创新所得税优惠法律制度。

第三节 促进创新所得税优惠制度的要素分析

一、促进创新所得税优惠要素的含义

基于实证分析可知，围绕创新的新颖性、颠覆性、不确定性、外部性、系统性、高效性和扩散的特性制定相应的所得税优惠可有效促进创新，而所得税的着力点则是创新的影响因素，如企业、研发人员、金融、大学等。企业的研发机构和研发人员是企业创新的核心资源。《国家创新驱动发展战略纲要》指明应建立国家创新体系，合理界定政府与市场的边界，围绕创新的不确定性、高风险性、外部性、系统性等特征，完善促进创新的法律制度，并由政府制定符合创新规律的激励政策，如积极财政政策中的税收优惠政策，分担创新主体的创新成本，引导资金流入创新领域。而《国家创新驱动发展战略纲要》也指出，企业、大学、科研院所、研发机构、创新人才、产业创新体系是激励创新驱动发展的重要抓手。将创新的特征和影响因素与《国家创新驱动发展战略纲要》的战略目标与任务相结合，可清晰地了解企业、大学、创新人才、金融在创新和国家战略中的重要性。结合实践可知，创新发展的布局也均围绕这几方面展开。因此，可从创新理论和国家战略中明确促进创新的重要节点，微观方面包括企业、创新人才、创新资金、大学，宏观方面包括创新系统。

结合最优所得税制的基本要件——纳税人（公司、自然人）、税基、税率、免税额、扣除，所得税基准税收构成要件包括：税收主体（纳税人）、税收客体、税收客体的归属、税基、税率。所得税优惠是对所得税基准税收构成要件的调整。最优

所得税论证中的扣除和免税额，直接作用于税基，影响或调节税基的大小，在所得税法的构成要件中并未单列。又因企业、大学、科研机构、创新人才等要素均被所得税的税收主体涵盖，促进创新所得税优惠制度中要素的范围应与最优所得税的基本要件以及所得税法基准税收构成要件的范围一致，主要包括：纳税人、税基、税率，税基中又涵盖了免税额、扣除等。而前文所论证和列举的所得税优惠的具体措施，如税率降低、投资抵免、投资税前扣除、支出抵免、加计扣除、加速折旧、亏损弥补、递延纳税、税额减半计征、免税等均可归类于税收主体、税收客体、税基、税率之中。

二、促进创新所得税优惠的具体要素

（一）所得税税收主体

所得税税收主体是所得税法所规定的权利人和税收债务的债务人，包括法人、非法人组织和自然人。所得税法通过经济收益、经济能力的增加等联结关系将税收主体与税收客体结合，明确具体的征税对象和征税事由。[1]税收主体范围的确定遵循公平原则，而促进创新所得税优惠以特定产业中的税收主体为优惠对象，如集成电路产业、软件产业等，会导致相同纳税能力的税收主体承担不同的实际税负。

1. 税收主体的范围

所得税法中企业的范围和定义，与民商事法律中法人的概念稍有差异，民商事法律是税法的基础性法律，因此有必要对所得税法中税收主体和民商法中民事主体进行对比分析。《企业所得税法》及《企业所得税法实施条例》规定，依法在中国境

---

〔1〕 黄茂荣：《税法总论》，植根法学丛书编辑室编辑 2012 年版，第 348—356 页。

内成立的企业、事业单位、社会团体、其他取得收入的组织适用本法及相关规定。再结合《个人所得税法》的内容，相关法律对个人独资企业与合伙企业的所得税法的适用问题，并未以肯定的方式明示，仅表述为不适用《企业所得税法》。《个人所得税法实施条例》第 6 条第 1 款第 5 项经营所得定义中规定，个体工商户、个人独资企业投资人以及合伙企业的个人合伙人的相关所得适用个人所得税法的规定。从《企业所得税法》中"其他取得收入的组织"的表述可知，该法的适用主体的范围应包括自然人、个体工商户、个人独资企业、合伙企业之外的取得收入的组织。又因，《民法总则》中民事主体分为自然人、法人、非法人组织。其中，个体工商户和农村承包经营户这两类民事主体被划归为自然人。而法人分为营利法人、非营利法人和特别法人。营利法人包括有限责任公司、股份有限公司和其他企业法人等；非营利法人包括事业单位、社会团体、基金会、社会服务机构等；特别法人包括机关法人、农村集体经济组织法人、城镇农村的合作经济组织法人、基层群众性自治组织法人。非法人组织则包括个人独资企业、合伙企业、不具有法人资格的专业服务机构等。对比税法与民法中有关主体的规定，正如企业所得税相关法律法规中对适用主体的规定，《民法总则》中法人包括的各类民事主体可适用之。而自然人中的农村承包经营户、非法人组织中的不具有法人资格的专业服务机构以及其他所得税法中未明确列举的组织，对其征收所得税时的法律适用问题值得商榷。

2. 税收主体的权利能力

税收主体承担税收债务需具备税收权利能力，即经济上的给付能力。[1]法人和非法人组织的税收权利能力以主体经济上

---

[1]　施正文:《税法要论》，中国税务出版社 2007 年版，第 56—70 页。

的支付能力为判断标准，自然人的税收权利能力始于出生、终于死亡。依据根据净所得征税的原理，在判断所得税税收主体经济上的支付能力时，对净所得的计算是基础。

3. 税收主体的分类

个人所得税和企业所得税的税收主体依据纳税人是否为居民可划分为居民纳税人和非居民纳税人。居民纳税人依据属人原则，就其全部所得承担纳税义务，非居民纳税人依据属地原则，仅就源自该地区的所得承担纳税义务。此外，在日本的法人税法中，依据在税收征管中的诚信程度将纳税人划分为"蓝色申报"纳税人和"白色申报"纳税人。纳税人设有健全的会计制度、会计账簿完整真实，经税务署长许可后，可适用蓝色申报书申报纳税并享有特别规定的照顾措施，如只适用于"蓝色申报"纳税人的特殊的折旧优惠。[1]此类划分有助于提高税收遵从，降低征管成本，并可将"蓝色申报"作为引导、鼓励纳税人某些行为的激励措施。

（二）所得税税收客体

所得税的税收客体即所得，所得可清晰地反映纳税人经济上的支付能力，但所得的界定在税法学和财政学中均存在很大的不确定性。在《企业所得税法》和《个人所得税法》中均明确列举所得的形式和种类，同时以兜底条款的方式，力求穷尽未写明的收入。财政学中，收入是指一个时间段内，纳税人任何经济能力的增加，或者纳税人消费能力的净增长。[2]依据所得税法和财政学中关于所得的定义均无法明确判断如下情形是否属于所得的范围，如甲高科技企业，为其核心科研人员 A 及

---

〔1〕 ［日］金子宏：《日本税法》，战宪斌等译，法律出版社 2004 年版，第112—125 页。

〔2〕 此处财政学的收入与所得税法的所得的定义是一致的。

家庭成员支付的出国调研考察费用是否属于 A 及其家庭的所得？若此次调研考察的消费标准超过大多数人的消费标准，A 及其家庭成员所获的利益是否属于所得？判断的标准会因支出时的具体情形而异。所得税法对部分税收客体通过法律规定排除在所得之外，即使该经济利益增长意味着具有相应的支付能力，如《企业所得税法》以及相关法规、规章或部门规范性文件中规定的财政拨款、财政性资金、软件企业用于研发和扩大再生产的增值税即征即退政策退还的税款等。[1]所得税法对税收客体的规定须具备明确性、普遍性、连续性和统一性，兼顾量能课税原则和社会目的原则，同时应考虑征收管理的难易程度和征管成本。

（三）税收客体的归属

税收客体的归属可用来结合税收主体和税收客体，使税收客体归属于具体的主体，是税收构成要件中的关系要件。[2]所得税法中税收客体的归属由法律明确规定，面对多元复杂的所得形式，在法律未明确时可基于量能课税原则和经济实质推导，依据主体的真实给付能力和税负的公平负担为标准判断税收客体的归属。原则上，所得是经济能力或消费能力的增加，是生产经营者等主体投入时间、财产、劳动力创造的经济利益，应归属于投入财产和劳动的主体，而不论投入财产的所有权归谁，因此财产的用益物权人、其他物权或债权的用益权人，均可能为经济收益的获得人，从而成为税收主体。

（四）税基

税基又称计税依据、课税标准，是以金钱、数量、重量或

---

〔1〕《财政部、国家税务总局关于进一步鼓励软件产业和集成电路产业发展企业所得税政策的通知》（财税〔2012〕27号），第5条。

〔2〕 施正文：《税收债法论》，中国政法大学出版社2008年版，第23—34页。

件数等可表示大小多少的单位定量衡量税收客体的结果。[1]所得税的税基用货币衡量，是所得的现金价值。决定所得税税基大小的因素有四个方面：纳税主体一定期间内收入总额的多少、此期间内的成本费用亏损、法律规定的其他扣除、法定免税额。所得税法在界定税基的范围时，应尽可能扩大其定义范围，以实现最优所得税制中宽税基和低税率的要求，降低对经济活动的干预。由于税收主体所得的来源呈现多样性以及现代交易形式和服务提供方式的多元化等原因，所得税的税基具有很强的流动性，易于违背公平性。也因为税法学和财政学中对所得（收入）的界定无法穷尽和明确，所得税税基的确定非常复杂，须由法律、行政法规明确规定。除对所得的界定外，税基中还包括扣除、弥补亏损、免税所得等内容。税基也是所得税优惠最频繁的调整或修改对象，例如在基准税制的扣除标准之外，进一步规定加速折旧优惠，又或者针对某类所得规定减计收入优惠等。

1. 不征税收入

不征税收入是指所得税法明确规定的不包括在税基之内的收入，不征税收入应由法律明确规定。[2]例如，《企业所得税法》第 7 条规定的企业不征税收入包括财政拨款、依法收取并纳入财政管理的行政事业性收费和政府性基金、国务院规定的其他不征税收入。美国所得税法中 Sec. 101 至 Sec. 140 均为规定不征税收入的具体条文，例如州或地方政府债券利息[3]、符合法律规定的奖学金收入[4]、源自教育资助项目的收入[5]、特定的附

---

[1] 施正文：《税法要论》，中国税务出版社 2007 年版，第 56—70 页。

[2] 施正文、翁武耀：《对于新企业所得税法中"不征税收入"问题的探讨》，载《税务研究》2007 年第 9 期。

[3] Internal Revenue Code, Sec. 103.

[4] Internal Revenue Code, Sec. 117.

[5] Internal Revenue Code, Sec. 127.

加福利[1]、用于支付高等教育费用的美国储蓄债券收入等[2]。此类收入由法律或行政法规直接规定从纳税人的收入总额中剔除。从这个角度出发，税收主体的总所得，即无论源自何处的经济上的净增加，都可以划分为不征收收入和所得税的税基两部分。

2. 所得的界定

确定税基时，综合所得税制和分类所得税制有明显的区别。美国是较为典型的综合所得税制的国家，美国所得税法将毛收入表述为，除非法律另有规定，否则毛收入是指任何来源所取得的收入，包括但并不限于如下几类：酬金、佣金、附加福利等劳动报酬所得，商业经营所得，财产交易所得，利息，租金，特许权使用费，股息红利，抚养费和分居抚养费，年金，源自人寿或养老保险的所得，养老金，退休金，债务免除，合伙分配的毛收入，继承取得的收入，源自财产权益或信托的收入。[3]日本个人所得税法同样采用综合所得模式，概括所得等于一定期间内消费和资产的净增长之和，包括工资所得、营业所得、不动产所得、综合长期转让所得、偶然所得、杂项所得、退休所得、分红所得、股份等转让所得、土地等转让所得、利息收入等，其中退休金、分红、股份或土地转让所得、利息收入分别单独适用对应的税率计税。[4]对比我国《个人所得税法》采用的综合与分类相结合的税制模式，法律规定工资薪金所得、劳务报酬所得、稿酬所得、特许权使用费所得、经营所得、利息股息红利所得、财产租赁所得、财产转让所得、偶然所得应当缴纳个人所得税，其中前四项合并计税。

---

[1]　Internal Revenue Code, Sec. 132.

[2]　Internal Revenue Code, Sec. 135.

[3]　Internal Revenue Code, Sec. 61.

[4]　[日]中里实等编：《日本税法概论》，西村朝日律师事务所西村高等法务研究所监译，法律出版社2014年版，第78—85页。

企业所得税的税基通常涵盖了企业的经营收入、投资收入、资本利得、其他收入。经营收入分为主营业务收入和其他经营收入，投资收入包括股息、红利、利息等，资本利得是指房地产、股票或债券等资本商品的资产增值，其他收入指营业外收入。美国《国内收入法典》未设专门条款界定法人以及非法人组织的所得范围，皆适用 Sec. 61 的规定。日本法人税同样采用概括性所得的概念，即所得是消费与净资产增加之和。我国《企业所得税法》对企业所得的界定采用了综合所得税制的定义方法，规定以货币或非货币的形式从各种来源获取的收入为企业的收入总额。其中将收入分为九类：销售货物收入、提供劳务收入、转让财产收入、股息红利等权益性投资收益、利息收入、租金收入、特许权使用费收入、接受捐赠收入、其他收入。

所得税承担着筹集财政收入、实现分配正义、稳定经济的职能，所得税法对税基的设计是所得税职能实现的关键。拓宽税基是增加财政收入的方法之一，而且宽税基可最大限度地真实反映每一位税收主体的经济状况，准确体现其支付能力，促进所得税的横向公平和纵向公平。宽税基也为以所得税优惠引导、鼓励创新提供基础，使所得税在最大限度筹集财政收入的同时，也为所得税优惠促进创新提供操作空间和灵活性。我国所得税法立法中应尽量拓宽税基，相比《企业所得税法》对企业收入总额的概括性的规定，《个人所得税法》对个人所得仅通过列举出的九类所得和兜底条款予以规定的立法模式对税基的界定更值得商榷。

3. 扣除

所得税对净所得征收，因此计算净所得是关键。净所得等于一段时间内总所得扣减对应的成本、费用、亏损及其他扣除项目。在所得税应纳税额的计算过程中，扣除的经济效果与不征税收入的效果相同，但扣除直接作用于税基，效果是减少税基的数额，而法定的不征税收入与税基是同位阶的概念。[1]在不同语境下扣除的含义有所区别，从扣除直接缩小税基的效果分析，扣除属于上位概念，是各类具体扣减项目的总称。例如，在个人所得税和企业所得税中扣除所包括的具体项目之间存在差别，《个人所得税法》中扣除包括六万元的费用扣除、专项扣除、专项附加扣除等，而在《企业所得税法》的扣除具体可包括成本费用扣除、免税收入、减计收入、亏损结转、加速折旧等具体项目。依据扣除原理，其可分为三类：成本费用扣除、生计费用扣除和法律规定的特殊扣除。[2]围绕着促进创新制定的研发费用的加计扣除、加速折旧、投资额抵扣应纳税所得额等措施，则属于在成本费用扣除之外的特殊扣除项目，不属于所得税基准税收构成要件。

个人所得税和企业所得税均对净所得征税。为精确计算净所得，税收主体获取收入的过程中产生的必要的成本费用，必须从总所得中扣减；且成本费用应据实扣除才符合对净所得征税的所得税原理。个人所得税中成本费用通常包括个人的差旅费、交通费、律师或顾问费等在个人生产经营活动中的必要支出。企业所得税中必要的成本费用可分为经营管理费用、折旧摊销、税金等。例如，美国《国内收入法典》规定，个人或企业在贸易和商业经营活动中发生的正常且必要的商业经营费用应据实扣除，如合理的工资薪金、以贸易和商业经营为目的而支出的差旅费、生产经营中支出的租金、雇员支出的且由雇主补偿的商业经营费用等。[3]又如，我国《企业所得税法》规定

〔1〕　〔美〕哈维·S.罗森、特德·盖亚：《财政学》（第八版），郭庆旺、赵志耘译，中国人民大学出版社2009年版，第370页。

〔2〕　施正文：《分配正义与个人所得税法改革》，载《中国法学》2011年第5期。

〔3〕　Internal Revenue Code, Sec. 162。

企业生产经营中实际发生的，与取得收入有关的合理的成本、费用和其他支出准予扣除，如合理的销售成本、管理费用、工资薪金、汇兑损失等。[1]《个人所得税法》规定的应纳税所得额的计算：经营所得的应纳税所得额等于收入总额扣除成本、费用、损失；财产租赁所得可扣除的成本费用分两种情况定额扣除800元或扣除租赁收入的20%；劳务报酬所得、稿酬所得、特许权使用费所得的应纳税所得额等于收入扣除费用后的余额，这三类收入的成本费用并非据实扣除，而是以劳务报酬、稿酬[2]、特许权使用费收入的20%作为成本费用扣除。[3]再如，日本《所得税法》规定，计算应纳税所得额时，为取得收入总额而支出的费用的金额以及相应的销售费用、一般管理费用、其他取得收入过程中产生的费用，应从收入总额中扣除。[4]

生计费用扣除主要体现在个人所得税中，是税收主体维持最基本生存状态而支出的必要费用的扣减。生计费用扣除的主要作用有四方面：促进社会再分配；减轻纳税人维持最低生活费用负担，保障其生产经营的可持续发展；减少低收入群体的所得税税负，以生计费用扣除的方式为低收入群体提供补贴；调节家庭抚养子女的能力。美国《国内收入法典》中规定个人宽免额的扣除，就是生计费用扣除。[5]个人宽免额依据纳税人的婚姻状态、申报方式、家庭结构和人数、收入状况等具体的细节确定。通常情形，纳税人的收入与个人宽免额扣除呈反向

---

〔1〕《企业所得税法》第8条。

〔2〕依据《个人所得税法》第6条第2款的规定，先将稿酬所得减按70%作为收入额，再扣除收入的20%。

〔3〕《个人所得税法》第6条第1款、第2款。

〔4〕［日］中里实等编：《日本税法概论》，西村朝日律师事务所西村高等法务研究所监译，法律出版社2014年版，第89—92页。

〔5〕Internal Revenue Code, Sec. 151。

关系，收入越高则宽免额扣除越受限制，再结合所得税的累进税率，可有效促进社会的分配正义。我国《个人所得税法》中也通过综合所得和经营所得扣除 6 万元费用的方式对纳税人的基本生计予以考虑。[1]以经营所得为例，个人所得税纳税人的经营所得计算应纳税所得额时，应扣除成本费用等生产经营中的必要支出，而 6 万元费用的扣除属于生计费用扣除。[2]又如日本《所得税法》规定，计税时各类所得在损益通算之后，仍须进行各项所得扣除，如抚养扣除和配偶扣除。[3]生计费用扣除应属于所得税基准税收构成要件的组成部分，例如子女教育费用的扣除、赡养老人支出的扣除等。

法律规定的其他扣除如慈善捐赠扣除、特定产品取得收入的减计等，是所得税法基于政治、经济、文化或社会等方面的特殊目的制定的特殊扣除项目，正如以促进创新、实现创新驱动发展为目的而制定的加计扣除、加速折旧等扣除项目。特殊扣除规定目的明确，围绕着某项特殊的社会目的而制定，若其社会目的不存在或无意义，则特殊扣除须修改或废止。如美国《国内收入法典》规定的慈善捐赠扣除、医疗费用扣除等[4]，日本《所得税法》规定的小规模企业共济等赊账扣除、勤工俭学学生扣除等[5]，以及我国《企业所得税法》规定的投资国家重点扶持鼓励项目时，投资额抵扣应纳税所得额。[6]

---

〔1〕《个人所得税法》第 6 条第 1 款、《个人所得税法实施条例》第 15 条第 2 款。

〔2〕《个人所得税法实施条例》第 15 条第 1 款、第 2 款。

〔3〕〔日〕中里实等编：《日本税法概论》，西村朝日律师事务所西村高等法务研究所监译，法律出版社 2014 年版，第 104—111 页。

〔4〕Internal Revenue Code, Sec. 170 Charitable, etc., contributions and gifts; Sec. 192 Contributions to black lung benefit trust。

〔5〕〔日〕中里实等编：《日本税法概论》，西村朝日律师事务所西村高等法务研究所监译，法律出版社 2014 年版，第 93 页。

〔6〕《企业所得税法》第 31 条。

(五) 税率

所得税税率是应纳税所得额与应纳税额之间的比值,是量能课税原则的重要衡量尺度,深刻影响所得税社会财富再分配功能的实现。所得税是国家直接参与私人分配关系的一类税,其税率的选择反映了纳税人的收入在国家与个人之间的分配比例。因此,透过所得税税率的选择,可知一国制定所得税法时,是如何评价和考量其国民的纳税能力的。对税率高低的选择,也是国家引导、鼓励纳税人从事某些行为的重要方法,例如针对高科技企业和小微企业规定优惠税率。

所得税的税率一般适用比例税率或累进税率。比例税率指不论所得的多少,都采用统一比例征税。累进税率指税率随着所得数额的增加而提高。累进税率影响税收主体所得税税额大小的因素有两个:所得多少和适用的税率。累进税率依据不同税收主体收入的数额,将收入划分等级,收入上升税率提高,因此不同收入群体的纳税人承担的税负有所差别。我国《个人所得税法》规定,纳税人的综合所得适用3%至45%的七级超额累进税率,经营所得适用5%至35%的五级超额累进税率,其他所得适用20%的比例税率。[1]《企业所得税法》规定了25%的法定税率,规定小型微利企业减按20%的税率征税、国家重点扶持的高新技术企业减按15%的税率征税。[2]日本《所得税法》对个人规定了5%至40%的六级超额累进税率。[3]企业依

---

〔1〕《个人所得税法》第3条。

〔2〕《企业所得税法》第4条、第28条。

〔3〕 195万日元以下的部分适用5%的税率;195万—330万日元的部分适用10%的税率,速算扣除数为97 500日元;330万—695万日元的部分适用20%的税率,扣除数为427 500日元;695万—900万日元的部分适用23%的税率,扣除数为636 000日元;900万—1800万日元的部分适用33%的税率,扣除1 536 000日元;超过1800万日元的部分适用40%的税率,扣除2 796 000日元。

据是否为法人、是否以公益为目的，规定了 30% 或 22% 的比例税率，并针对 1 亿日元以下资本金或出资额的普通法人等主体规定优惠税率 18%。[1]美国个人所得税税率依据纳税人的婚姻状况、申报方式、户主状态等信息，按照不同的数额划分收入，适用 10% 至 37% 的七级超额累进税率。[2]

与所得税法规定的法定税率相关的概念是有效税率，也称为实际税率。纳税人负担的实际税负理论上应等于税基乘以税率。但由于税基中须减去各项扣除，以及税负的转嫁等因素，纳税人实际税负小于税基乘以税率。而有效税率等于纳税人实际税负与税基之比，因此有效税率通常小于法定税率。制定促进创新所得税优惠措施时，须同时考量法定税率与有效税率之间的差距，防止优惠措施无法精准促进创新。

（六）税额减免

促进创新所得税优惠要素——税收主体、税收客体、税基、税率均涵盖在所得税基准税收构成要件之中，基准税收构成要件动态地作用于税收债务的成立、税收征收管理、纳税人履行税收债务等各环节。而纳税人实际的所得税应纳税额仍受到税额减免优惠措施的影响。税额减免优惠措施，顾名思义是指减少所得税应纳税额的措施。限制税收主体、限缩税收客体、扣减税基或降低税率等类型的所得税优惠措施，如仅适用于小型微利企业的优惠措施、特定类型收入不征税、加计扣除或加速折旧、优惠低税率等，最终优惠效果受到所得税其他构成要件的限制。例如在降低税率的同时扩大税基范围，将原本免税收

---

〔1〕〔日〕中里实等编：《日本税法概论》，西村朝日律师事务所西村高等法务研究所监译，法律出版社 2014 年版，第 95—98 页。

〔2〕 Internal Revenue Code, available at https://www.irs.gov, last visited on 2025-3-29.

入划入征税范围，此时低税率的优惠效果可被增加的税基抵消。但税额减免优惠措施直接扣减所得税应纳税额，不受构成要件的影响，优惠效果明显且直接。税额减免优惠措施主要包括税收豁免和税收抵免。其中税收豁免直接减免应纳税额，可部分减免或全部减免；抵免包括投资税额抵免、外国税收抵免、税收饶让抵免。[1]

税收抵免是指按照税收主体已发生的费用支出或税款金额的全部或一定比例，扣减应纳税额。投资税额抵免是以税收主体支付的投资金额的全部或一定比例扣减应纳税额的优惠措施。如《企业所得税法》第34条规定，企业用于购买节能节水、环保、安全生产等设备的投资，可按一定比例抵免税额。外国税收抵免的主要目的是避免国际间的双重征税，是指居民纳税人在境外已缴纳的所得税额，可抵免该居民纳税人在境内所负担的所得税应纳税额，具体抵免又可分为分国分项抵免、分国不分项抵免、不分国不分项抵免。例如《个人所得税法》第7条规定，居民个人可以已在境外缴纳的个人所得税税额抵免境内的应缴纳的个人所得税税额。税收饶让抵免是指居民纳税人在境外因享受税收优惠，产生的应缴而依法未缴的所得税税额，视同已缴纳，此部分应缴而依法未缴的税额可抵免居民纳税人在境内的所得税税额。我国还未规定税收饶让抵免。

税收主体、税收客体、税基、税率和税收客体的归属组成所得税基准税收构成要件，反映所得税主体和客体上的基本征收范围，也是所得税基本的税负程度的衡量标准。制定促进创新所得税优惠则是对税收主体、税收客体、税基和税率等基准税收构成要件作出部分修改，通过降低、减轻所得税基准税负程度，促进、鼓励税收主体的创新行为。例如赋予部分税收主

---

[1] 施正文：《税法要论》，中国税务出版社2007年版，第198—212页。

体加计扣除的权利，或者规定对某些税收主体的特定所得不征收所得税等。同时，除以调整所得税基准要件的方式制定促进创新所得税优惠外，还可适用减轻税负效果更直接的税额抵免优惠。

第四节　促进创新所得税优惠制度的机制机理分析

一、创新追赶与趋同

几次工业革命引导的颠覆性发展变化以及全球范围兴起的新一轮创新革命，使国家之间的生产效率差距和贫富差距不断拉大，但仍有后发国家通过追赶和趋同，成功缩小了与发达国家之间的差距。[1] 各国在制定追赶和趋同计划时，从创新的新颖性、颠覆性、不确定性、外部性、系统性、高效性以及扩散的特性出发，围绕创新的主要因素，结合本国现实的创新环境因地制宜制定各类政策措施。其中，促使德国、法国等成功追赶的因素包括科技进步、知识技术的可编码化传播、制度变革、实现资源优化配置、提升劳动力科技水平、配套的金融制度等；促使日本、韩国等成功追赶的因素包括改革法律制度、改善基础设施、完善教育体系、开辟新兴产业等。总结实现创新追赶国家的成功经验，提取其中的共同点可知，各国的成功经验中均包括制度变革，而制度的变革可进一步完善教育体系、完备基础设施、提升科学技术研发能力、优化资源配置等。税制作为国家制度的核心组成部分，也是制度改革的重要方面，而所得税制则是税制的核心。通过所得税优惠引导、激励创新，是

---

〔1〕〔挪〕詹·法格博格、〔美〕戴维·莫利、〔美〕理查德·纳尔逊主编：《牛津创新手册》，柳卸林等译，知识产权出版社 2009 年版，第 23—28 页。

促进创新的必然选择。

作为后发国家，追赶和趋同是我国实现《国家创新驱动发展战略纲要》所定目标的必然过程。分析《国家创新驱动发展战略纲要》的战略任务、部署以及具体措施，其是将创新的定义、特征、创新成功的关键因素与我国具体国情和长期发展战略相结合。《国家创新驱动发展战略纲要》围绕企业、创新人才、大学、金融、产业创新系统、国家和区域创新系统展开，形成一套逐步推进、实现追赶的国家战略。但具体落实执行时，须根据《国家创新驱动发展战略纲要》的指导思想、内容、原则，围绕创新的特点并结合具体国情中的经济、科技、社会现状，制定切实可行的促进创新所得税优惠措施。所得税优惠措施是创新与国家、区域、产业、企业、大学等各创新因素之间的联结和枢纽。制定促进创新所得税优惠措施须对一国的创新系统中的知识积累、科研能力、科技市场化和规模化生产能力等基础方面进行深入分析，并与国际水平展开对比分析。[1]

《国家创新驱动发展战略纲要》中明确提出我国的创新优势包括：庞大的市场规模、完整的产业体系、多元的消费需求和良好的互联网基础等。但其中的不足与劣势包括：多数行业处于产业价值链的中低端、缺乏关键核心技术、引领产业链升级的知识和技术储备不足、与创新驱动发展配套的体制机制不健全、核心创新主体中企业的创新动力不足、欠缺创新驱动发展所需的企业家群体和企业家精神、缺乏高精尖的科研领军人才、研发团队的科研能力不精、创新激励欠缺、创新的社会环境和创新氛围亟待改善和加强等。研究各国采用过的创新激励政策可知，重点突出而实践有效的政策主要包括：对研发投入的引

---

〔1〕 [挪] 詹·法格博格、[美] 戴维·莫利、[美] 理查德·纳尔逊主编：《牛津创新手册》，柳卸林等译，知识产权出版社 2009 年版，第 56—61 页。

导和鼓励、支持企业研究开发、重点科学技术重点激励、加强教育和技能培训等。以美国创新的成功经验为例，当时美国国内具备精密复杂设备的生产工厂、创新型的科技企业、资本供应者、高技能工人、成熟的教育培训体系、研发机构、实验测试机构、完备的创新基础设施以及成熟的消费者群体，形成环环相扣、相互协调配合且完整的创新生态系统。[1]从美国的创新系统可知，创新涉及面广泛且影响深远，与提供财政补助等激励措施相比，国家和政府通过所得税优惠对创新活动予以促进和引导，可实现长期有效的激励并对市场扭曲较小；而且对创新的激励，不应只局限于某类企业或行业，应具有普适性，以最大限度激发国内的创新活力。因此，我国促进创新、实现创新驱动发展也应以所得税优惠作为主要的激励促进措施，确保促进创新的普惠性和精准性。

二、所得税优惠促进创新的机制机理

根据所得税优惠促进创新的实证研究，并结合美国促进创新的实践，可知所得税优惠与财政补贴等财政措施、增值税优惠等税收优惠相比，对创新的促进激励效果更显著、更有效，有利于实现创新驱动发展。所得税作为国家财政收入的重要支柱，其对创新的促进可从如下几个方面分析。

（一）所得税法与创新驱动发展

将税收法定主义贯穿始终的所得税法，无论是企业所得税法还是个人所得税法，都以法律的权威性和安定性，为所得税促进创新提供确定性和可预测性。[2]创新驱动发展的核心是科

---

〔1〕　[挪] 詹·法格博格、[美] 戴维·莫利、[美] 理查德·纳尔逊主编：《牛津创新手册》，柳卸林等译，知识产权出版社 2009 年版，第 56—61 页。

〔2〕　陈清秀：《税法各论》，法律出版社 2016 年版，第 79—91 页。

技进步和经济发展，但创新主体制定决策、实施计划时依据的法律法规、规范性文件须具有确定性和可预测性，才有利于市场经济的有序运转和持续健康发展。例如，不具有确定性的所得税法和所得税优惠，将对企业和投资者的场所选址和投资决定产生实质性的影响。[1]法的权威性和安定性为市场的无形之手提供确定性，规则的确定性才是市场秩序的底层架构，否则一个无序的市场将是无效的。且从财政法定主义和税收法定原则对所得税法和所得税优惠的限制和要求出发，推动创新驱动发展语境下的所得税优惠也必须具备法的安定性和权威性，不可朝令夕改。

因此，在以所得税优惠推动创新驱动发展时，应从两方面出发：一是制定及时、灵活的所得税优惠措施以适应创新的特征、创新驱动发展的需求、瞬息万变的市场和世界格局的要求；二是通过税收法定原则对所得税优惠进行限制，以提供必要的确定性和可预测性。经立法程序后，量能课税原则内化于所得税法中，但所得税优惠推动创新驱动发展的具体适用会违背量能课税对所得税法的要求，此时仍应以量能课税为底线，保持所得税法的中性，尽量减少税收对经济的扭曲，并以比例原则限制侵害程度。

（二）制定促进创新所得税优惠的路径

历史经验和经济学已证明创新的颠覆性、高效性和系统性对国家和经济发展的深远影响，但创新的高风险和高成本则会导致市场失灵，须国家和政府适当介入和干预。所得税优惠对创新的促进激励效果促使美国、加拿大等发达国家和多数发展中国家纷纷制定所得税优惠以实现创新发展。但所得税优惠的制定应遵循以下路径：在制定所得税优惠促进创新的措施之前，首先，应论证最优所得税制。基于财政学对公平、效率的考量

---

〔1〕 IMF/OECD Report for the G20 Finance Ministers, *Tax Certainty*, March 2017.

并在确保财政收入的前提下，以社会福利最大化、超额负担最小化、税负转嫁最小化、横向和纵向公平为维度，推导所得税纳税人、税基、税率、扣除、免税额等所得税基本要件的最适数值、比例或幅度，进而得出最优所得税制的框架。

其次，应依据最优所得税制的基本框架，依据《宪法》和《立法法》所规定的立法权限和程序，将最优所得税制以所得税法的形式进行确定，而所得税法中纳税主体、税基、税率、扣除、宽免额度等要件，则转化为所得税法中的基准税收构成要件。在所得税法规定的基准税收构成要件之外，任何违背基准要件并以减轻实际税负为目的的措施，均可划归为所得税收优惠。

最后，在创新理论中，企业、研发机构、科研人员、大学、金融以及产业创新系统等因素对创新的成功都会产生影响。因此在制定国家层面、区域层面或具体产业的所得税优惠措施时，须围绕创新中的各因素展开，例如通过具体优惠措施减轻创新企业或研发人员的所得税税负。而从财政经济学的角度分析促进创新所得税优惠时，则是在最优所得税制的基本框架中对其基本要件进行重新推导计算。在重新推导计算的过程中，须在促进创新的语境下再次考量税负转嫁和超额负担最小化、社会福利最大化以及最大限度地维持横向和纵向公平。这一过程中须引入税收中性原则，在促进创新的同时对政府的干预和引导划定适当的边界。而从税法学的角度分析，则是基于税收法定原则、量能课税原则、社会特定目的原则、比例原则等所得税法原则，对促进创新所得税优惠的正当性、合法性展开分析。

（三）具体优惠措施对创新的促进作用

所得税作为直接税，除具有税负不易转嫁的优势外，所得税优惠的各类具体措施还可实现科学、技术和创新政策等多元激励目标。所得税优惠可直接针对企业或行业展开创新激励，如企业研发设备加速折旧、针对集成电路企业适用低税率，还可以所得税优惠的形式支持教育和科技培训的发展，如企业职工教育培训费用扣除。而创新主体如公司和个人等平等地作为所得税的税收主体，促进创新所得税优惠须尽可能保持主体之间的税收中性，保证促进创新时降低对市场的干预和扭曲。所得税优惠的具体措施包括：低税率、投资抵免、投资额抵扣应纳税所得额、加计扣除、加速折旧、亏损弥补、纳税递延、税额减半计征、免税、税收饶让等。而具体优惠措施和优惠对象结合又可衍生出多种目标特定的所得税优惠，如目标更明确的专利收入适用低税率规定，又如针对小型创新企业提供减税优惠。[1] 此外，除前述典型的所得税优惠措施外，还可针对创新基金和专门的创新机构，制定更精准的所得税优惠激励措施。[2]

综合分析各类促进创新所得税优惠措施，按照优惠针对的所得税环节可划分为：税基式优惠、税率式优惠、税额式优惠。[3] 顾名思义，税基式优惠的目的是减少税基的数额，在基准税收构成要件中的税基和基准扣除之上进一步扣减，使实际应纳税所得额小于基准税制中的数值；税率式优惠则在基准税收构成要件的税率的基础上降低适用税率；税额式优惠是在按照基准税收构成要件计算的应纳税额的基础上进一步给予优惠，减少

---

〔1〕 如法国的青年企业创新计划，该计划适用于研发支出占全年总开支15%以上的创新小型企业。

〔2〕 加拿大、日本、美国、英国等设立专门机构培训中小企业精密制造、六西格玛管理、质量技术及其他创新技能；奥地利、比利时、加拿大、丹麦、德国、荷兰等为中小企业提供创新券，用于购买大学或研发机构的创新成果。

〔3〕 施正文:《税收债法论》，中国政法大学出版社 2008 版，第 105—112 页。

纳税人的实纳税额。[1]

1. 税基式优惠与促进创新

（1）税基式优惠的界定

税基式优惠的原理是，在所得税基准税收构成要件规定的税基和各项扣除的基础之上，从收入和支出两个方面进一步降低纳税人的应纳税所得额，进而减轻税负。[2]税基式优惠是法定税率与有效税率之间产生差异的主要原因之一。个人所得税纳税人经济上的净所得为税基，包括工资薪金、股息红利、利息、资本利得、经营所得、租金、养老金、社会保障金、特许权使用费、稿酬、实物所得等。也即黑格-西蒙斯所定义的，一段时期内纳税人消费能力净增加的货币价值，且与是否消费和消费形式无关。[3]企业所得税的税基是纳税人在经济上的收入总额减除合理的成本费用后的净值。分析所得税的税基式优惠应以基准税收构成要件为出发点，基准税基减除基准扣除项等于基准应纳税所得额。在实践中，税基式优惠是对基准扣除项的增加或扩张，或对基准收入的限缩，抑或对基准应纳税所得额的"花式"缩小。对所得税优惠进行归类时，属于税基式优惠的优惠措施可从前述三个方面考虑。

从各国行之有效的促进创新税制改革中可以看出，税基式优惠是各国激励促进本国科技研发和科学研究的重要选择之一。英国所得税法规定企业的研发支出适用130%的加计扣除率，而其中的中小企业按照230%加计扣除研发支出。[4]美国税法规定家庭创业等小微创业主体的房屋贷款利息、水电费用、维修和

〔1〕　叶姗：《税收优惠政策制定权的法律保留》，载《税务研究》2014年第3期。

〔2〕　陈清秀：《税法总论》，元照出版有限公司2016年版，第322—328页。

〔3〕　陈启修：《财政学总论》，商务印书馆2015年版，第311—318页。

〔4〕　薛薇等：《科技创新税收政策国内外实践研究》，经济管理出版社2013年版，第42—51页。

折旧费用可以扣除。[1]德国所得税法规定折旧率为 10%，而中小企业适用 20% 折旧率，此外小企业购买的动产还可再计提 20% 的折旧，同时规定企业亏损无结转期限限制。[2]日本企业所得税法规定，企业可将研发费用和科学发展支出选择作为递延资产或全额扣除。[3]而在我国的实证研究中，北京市地方税务局对中关村科技创新税收优惠的研究表明，职工教育经费税前扣除和研发费用加计扣除等措施有效推动了企业的科技创新。[4]程瑶等学者研究认为，与其他税收优惠政策相比，研发费用加计扣除对企业研发投入的激励效果更明显。[5]孙俊芳等学者的研究指出，研发支出加计扣除、职工教育经费扣除等优惠政策有力助推了高新技术企业的发展。[6]薛薇分析指出，对于创业投资和天使投资应加大税前扣除力度，并可允许税前扣除额度"穿透"一次，使得基金的投资者也可享受扣除优惠。[7]吴松彬等学者从盈利能力和研发程度两方面衡量企业研发税收激励的效果，认为加计扣除对企业的研发活动激励效果显著。[8]

〔1〕 参见薛薇等：《科技创新税收政策国内外实践研究》，经济管理出版社 2013 年版，第 31—41 页。

〔2〕 参见薛薇等：《科技创新税收政策国内外实践研究》，经济管理出版社 2013 年版，第 153—165 页。

〔3〕 参见薛薇等：《科技创新税收政策国内外实践研究》，经济管理出版社 2013 年版，第 81—84 页。

〔4〕 北京市地方税务局等：《完善中关村科技创新税收政策的思考》，载《税务研究》2017 年第 9 期。

〔5〕 程瑶、闫慧慧：《税收优惠对企业研发投入的政策效应研究》，载《数量经济技术经济研究》2018 年第 2 期。

〔6〕 孙俊芳、傅彤、高晓宇：《税收优惠政策与高新技术企业研发投入——以沪粤浙苏为例》，载《新视野》2018 年第 6 期。

〔7〕 薛薇、魏世杰：《刍议由国家自主创新示范区推广的创新税收政策》，载《税务研究》2018 年第 9 期。

〔8〕 吴松彬、黄惠丹、张凯：《R&D 税收激励有效性与影响因素——基于 15% 税率式优惠和研发加计扣除政策的实证比较分析》，载《科技进步与对策》2019 年第 11 期。

在所得税的税基式优惠措施中，允许企业计提创新研发准备金，可增加企业研发资金的来源，缓解企业研发资金不足的困境。例如，允许企业对科研创新成果商品化和市场化后的销售收入计提研发基金或科研创新风险准备金，为进一步创新研发积累资金优势，同时所得税法须合理限制基金的投资用途和期限，基金或准备金只可用于创新发展和科技研发，且基金的使用年限可适用3—6年的期限规定，对超期未使用的基金，调整计入应纳税所得额，并可规定附加利息或罚息，提高所得税优惠措施的实效。郭佩霞围绕创新型中小企业的创新激励开展研究得出，应在创新型中小企业中建立技术准备金制度，对符合法律规定期限和目的的技术准备金可税前列支。[1]胡勇辉等学者分析认为，为激励创新型中小企业可对其适用准备金税前扣除的所得税优惠，允许此类企业计提一定比例的创新研发准备金，并制定规则确保研发准备金的专款专用。[2]包健在对我国科技创新税收激励政策的有效性展开分析时，建议为分担创新成本，应允许税前扣除企业针对创新研发活动提取的风险准备金或研发准备金。[3]

纳税递延并非典型的税基式优惠措施，其本意指依据法律规定，当期应缴税款延迟至以后纳税年度缴纳。在征收计算所得税时，从当前纳税年度的基准税基中扣减部分收入，但此部分收入仅当年暂不征税，以后年度仍需征收所得税，而非完全免税。从这一层面分析纳税递延，也可将其归类于税基式优惠。

〔1〕郭佩霞：《促进创新型中小企业发展的财税政策取向》，载《税务研究》2011年第6期。

〔2〕胡勇辉、罗淑琴、黄黎明：《促进创新的企业所得税政策选择：国际经验与启示》，载《税务研究》2016年第12期。

〔3〕包健：《促进科技创新的税收激励政策分析》，载《税务研究》2017年第12期。

纳税递延是将货币的时间价值、纳税人持有的现金状况、优惠目的等考虑在内的一类特殊的税基式优惠。北京市地方税务局在中关村创新激励税收政策的调研中建议，针对中小高新技术企业未分配利润转增股本，应进一步延长递延纳税的期限，如将现行的5年改为10年以上；而个人所得税则应在转让股权或取得利润分配时征收。[1]薛薇等学者研究指出，为进一步激励高科技企业的创新研发，可继续完善高科技企业股权激励的递延纳税措施，并将符合法定条件的技术秘密投资入股列入递延纳税优惠的适用范围之内。[2]

（2）税基式优惠的分类

基于税基的定义和实践中的具体扣减措施，税基式优惠可概括为以下三类：第一，在基准扣除的基础上，提高一项或几项扣除的扣减数额，加大扣减的力度。如对研发用固定资产适用加速折旧，或仅针对成长期创新型中小企业提高研发支出的扣除比例，对企业设立的研发用基金实行税前扣除，对企业委托科研机构支出的研发费用按200％加计扣除，提高企业教育培训费用的扣除标准，延长亏损结转年限等。[3]又如，增加个人参加继续教育或职业培训支出的扣除数额，提高技术转让收入或特许权使用费收入的扣除数额等。[4]第二，在基准收入的标准上，对于一项或几项收入免税或暂免征税，如对纳税人参加

〔1〕 北京市地方税务局等：《完善中关村科技创新税收政策的思考》，载《税务研究》2017年第9期。

〔2〕 薛薇、魏世杰：《刍议由国家自主创新示范区推广的创新税收政策》，载《税务研究》2018年第9期。

〔3〕 伍红、郑家兴、王乔：《固定资产加速折旧、厂商特征与企业创新投入——基于高端制造业A股上市公司的实证研究》，载《税务研究》2019年第11期。

〔4〕 虽然本书认为个人所得税法中的专项附加扣除属于基准税收构成要件的内容，但法律法规仍可基于鼓励劳动力接受再教育的目的，进一步在个人所得税法中规定继续教育或职业教育支出的扣除优惠。

国家重大科技研发项目获得的奖金免税，对研发人员获取的股权激励、企业奖金或津贴等收入免税，对创新科研人员的工资薪金减按70%计算个人所得税。又如，对创新型小微企业所获收益给予一定期限内的减半征收或免税待遇。第三，在依据基准税收构成要件计算所得的应纳税所得额的基础上，规定应纳税所得额按一定比例计税或扣减一定数额。如针对一定规模的小型微利企业规定，减按应纳税所得额的25%计税。[1]

2. 税率式优惠与促进创新

税率式优惠是在所得税的基准税率之上，降低适用税率进而降低应纳税额。税率是所得税税负最直接的反映，税率主要影响所得税量能课税的实现，以及所得税分配职能的实现程度。[2]实践中，所得税的税率可分为有效税率和法定税率。法定税率即所得税法中确定的基准税率，而有效税率是指纳税人实际的应纳税额与税基之间的比率。法定税率与有效税率之间的差异主要源自各类所得税扣除和各项优惠措施的适用，如加计扣除等税基式优惠，以及税收筹划和逃漏税等。

税率式优惠是各国引导企业创新和研发的另一重要选择，如对小微企业和高新技术企业规定低税率。英国的"专利盒"制度规定企业因专利权获取的利润适用10%的税率，其境内的符合法定条件的创意产业如电影、视频游戏等行业均可适用低税率。[3]而德国的联邦所得税税率仅为15%。瑞士则在"专利

〔1〕 李为人、陈燕清：《激励企业自主创新税收优惠政策的优化探析》，载《税务研究》2019年第10期。

〔2〕 A. Milanez, "Legal Tax Liability, Legal Remittance Responsibility and Tax Incidence: Three Dimensions of Business Taxation", OECD Taxation Working Papers, OECD Publishing, available at http://dx. doi. org/10. 1787/e7ced3ea-en, last visited on 2025-2-19.

〔3〕 薛薇等：《科技创新税收政策国内外实践研究》，经济管理出版社2013年版，第42—51页。

盒"制度中对符合法定条件的专利收入适用 9.7% 的法定税率。荷兰税法规定，符合法定条件的研发收入适用 7% 的优惠税率。[1]胡勇辉等学者研究认为，我国可参考发达国家经验，利用低税率进一步推动企业科技研发和创新发展。[2]包健研究指出，应对科技创新投资企业的长期股权投资收益和转让收入适用优惠税率。[3]潘孝珍利用倾向得分匹配法研究得出，我国高新技术企业适用 15% 的低税率，有效提高了上市公司开发支出和研发支出与营业收入的比值，刺激了企业的创新科技研发。[4]吴小强、王海勇分析认为，可通过降低中等收入就业人员劳动所得的税率，增加该群体的税后收入，进而调动其就业积极性。[5]通过增加就业人员税后收入以及参加教育科技培训的机会，可进一步促进创新和研发。重庆市国家税务局的实证调查研究表明，应降低个人所得税最高 45% 的税率，激励本地区对高级技术专业人才的引进。[6]程瑶、闫慧慧的实证研究表明，优惠税率可有效降低企业的资金使用成本，提高其研发投入比例。[7]吴松彬等学者的研究表明，对高新技术企业适用 15% 的税率明显激励

〔1〕 参见薛薇等：《科技创新税收政策国内外实践研究》，经济管理出版社 2013 年版，第 153—165 页。

〔2〕 胡勇辉、罗淑琴、黄黎明：《促进创新的企业所得税政策选择：国际经验与启示》，载《税务研究》2016 年第 12 期。

〔3〕 包健：《促进科技创新的税收激励政策分析》，载《税务研究》2017 年第 12 期。

〔4〕 潘孝珍：《高新技术企业所得税名义税率优惠的科技创新激励效应》，载《中南财经政法大学学报》2017 年第 6 期。

〔5〕 吴小强、王海勇：《新常态下促进就业的所得税政策目标取向》，载《税务研究》2017 年第 10 期。

〔6〕 重庆市税务学会课题组等：《高新技术产业税收优惠政策效应分析——以重庆为例》，载《税务研究》2017 年第 4 期。

〔7〕 程瑶、闫慧慧：《税收优惠对企业研发投入的政策效应研究》，载《数量经济技术经济研究》2018 年第 2 期。

了企业的研发创新活动。[1]王雅楠等通过国际间的比较建议，为进一步激励企业的研发和创新，应继续采用优惠税率。[2]

3. 税额式优惠与促进创新

税额式优惠是对按照所得税基准税收构成要件计算求得的应纳税额的直接扣减。例如，高新技术企业投资分红，为避免企业所得税和个人所得税经济性重复征税，可在所得税法中规定，已缴的企业所得税抵免个人所得税；又如，针对成熟期的创新型小微企业规定再投资抵免，与其他所得税优惠措施配套，构建精准的小微企业创新激励机制。在基准构成要件中，应纳税额等于应纳税所得额乘以法定税率。与税基式优惠和税率式优惠相比，税额式优惠赋予纳税人的税收利益更直接。最为典型的实例是，在累进税率下，同一笔数额的税基式优惠的实际效果取决于纳税人最终的适用税率，相比于适用较低税率的纳税人，适用高税率的纳税人获得的税收利益更多，而一项税额抵免优惠则无需考虑基准税收构成要件的适用效果。

税额式优惠措施以直接降低税负的效果吸引纳税人和各国政府。如英国所得税法规定中小企业的研发支出可选择适用税收抵免，抵免额度为研发支出的 12% 且不得超过所得税额与所缴纳保险之和，未抵免的部分可结转下一会计年度。[3]此外，抵免始终是美国所得税法主要的激励措施之一，且具有普惠性。美国《国内收入法典》规定，企业在境内产生的合格研发费用

---

[1]　吴松彬、黄惠丹、张凯：《R&D 税收激励有效性与影响因素——基于 15% 税率式优惠和研发加计扣除政策的实证比较分析》，载《科技进步与对策》2019 年第 11 期。

[2]　王雅楠、杨晓雯、孙琳：《所得税优惠对企业创新的激励效应》，载《税务与经济》2019 年第 1 期。

[3]　薛薇等：《科技创新税收政策国内外实践研究》，经济管理出版社 2013 年版，第 42—51 页。

可按照不超过应纳税额的 25% 进行抵免，未抵免的部分可结转；初创企业初期可能因其无可抵免的应纳税额而出现无法抵免的情形，因此对符合法定条件的初创企业可在税收抵免在线交易系统中，向抵免不足的企业出售其抵免额度换取资金。[1]德国所得税法规定中小企业在法律规定的区域内投资动产取得的收入，按照应纳税额的 50% 征收。[2]日本所得税法规定，企业研发费用中符合法定条件的部分可直接抵免应纳税额，且企业基础技术研发用资产折旧的 5% 可抵免该企业的应纳税额；针对企业的节能环保支出、中小企业的研发投入和研发支出，所得税法规定按照支出 6% 的比例抵免应纳税额。[3]荷兰税法规定，符合法定条件的创新企业发生亏损的，亏损可按照 25% 的法定税率抵免应纳税额。[4]郭佩霞认为，可采用创新投资抵免、研发设备投资抵免、购买专利等知识产权支出抵免等措施来分担企业创新试错的成本和风险。[5]薛薇等学者调研指出，发达国家对创新风险投资的激励多数采用税额抵免，将投资额的一定比例予以抵免。[6]田效先调查研究指出，澳大利亚、奥地利、美国、英国、法国、墨西哥等一大批国家在以所得税优惠为抓手促进企业科技创新的过程中，均采用税收抵免措施，我国企业

---

〔1〕 参见薛薇等：《科技创新税收政策国内外实践研究》，经济管理出版社 2013 年版，第 31—41 页。

〔2〕 参见薛薇等：《科技创新税收政策国内外实践研究》，经济管理出版社 2013 年版，第 152—165 页。

〔3〕 参见薛薇等：《科技创新税收政策国内外实践研究》，经济管理出版社 2013 年版，第 81—84 页。

〔4〕 参见薛薇等：《科技创新税收政策国内外实践研究》，经济管理出版社 2013 年版，第 153—165 页。

〔5〕 郭佩霞：《促进创新型中小企业发展的财税政策取向》，载《税务研究》2011 年第 6 期。

〔6〕 薛薇、李峰、彭春燕：《我国支持风险投资的税收政策研究》，载《税务研究》2016 年第 7 期。

所得税改革中也可采用税额减免的优惠措施。[1]

从经济学实证分析以及他国成功的创新经验可知,加计扣除、缩短折旧年限、投资额的税前扣除、计提与创新相关的准备金等税基式优惠,以及税率式优惠和税额式优惠均可显著增加、激励企业和个人的创新研究和创新行为。我国通过制度改革实现创新驱动发展的过程中,也应以所得税优惠作为促进激励创新的主要手段,多层次、多角度地结合创新特征围绕所得税的税基、税率和税额制定促进创新所得税优惠措施。

第五节　促进创新所得税优惠制度的基本原则

所得税优惠作为所得税法的一部分,除应遵循税收法定原则、量能课税原则、稽征经济原则三项基本建制原则之外,结合创新驱动发展的大背景,还须以促进创新原则、税收中性原则、比例原则作为制定所得税优惠措施时的重要考量。促进创新、推动创新驱动发展是在所得税法中制定专门的所得税优惠措施的关键原因和主要目的,也是打破所得税基准税收构成要件制定所得税优惠的社会目的。税收中性原则为国家通过所得税优惠促进创新、干预经济的行为提供限制和边界,比例原则则为论证促进创新所得税优惠的正当性和合法性提供分析工具。

一、促进创新原则

财政学论证的最优所得税制的基本框架和要件通过立法程序确立为所得税法中的基准税收构成要件,并以量能课税原则实现了对最优所得税制中公平和效率的遵循和延伸,以促进创

---

〔1〕　田效先:《企业所得税发展的国际趋势及对我国的启示》,载《税务研究》2016 年第 8 期。

新为目的的所得税优惠将打破量能课税原则对所得税法中的基准税收构成要件的既有设定。所得税优惠违背量能课税原则，其正当化的路径是：促进创新所得税优惠以满足促进创新、实现创新驱动发展这一特定的社会公共利益需求为目的，且符合税收中性和比例原则的要求。社会目的原则从社会、经济、文化等多维度考察所得税法的功能与作用，即在制定违背量能课税原则的所得税优惠时，优惠措施的正当化理由是其是为实现社会、经济、科技、文化、国民健康等特定目的而制定的。在以促进创新为目的制定所得税优惠措施时，促进创新是所得税优惠的特定社会目的。分析所得税优惠的社会目的时须参考社会目的原则的三个方面：公益原则、需要原则和功绩原则。[1]

公益原则即以保障社会公共利益为目的，制定促进创新的所得税优惠措施的正当化理由是所得税优惠可以增进、提高社会公共利益。科技创新、管理创新、工艺创新等一系列推动社会、经济颠覆式发展和进步的新事物，无可辩驳地增进了社会公共利益和财富。促进创新所得税优惠措施对社会公共利益的增进，是对其违背量能课税原则的弥补，也是对其正当性、合法性和必要性的补足。需要原则是指基于经济上的考虑而制定所得税优惠措施。创新驱动发展是国家发展的必经之路，而创新过程需要大量资金投入，具有高成本和高风险的特点，促进创新所得税优惠分担企业和其他创新主体的创新风险、降低创新成本，激励引导资源向创新聚拢。因此，需要原则同样为促进创新所得税优惠提供了正当性、合法性和必要性依据。功绩原则是指优惠措施旨在促进特定行为，且该特定行为有利于社会公共利益的提升。例如，对科研人员的股权激励适用递延纳税，是对具有相同纳税能力的纳税人进行的区别对待，但基于

---

[1] 陈清秀：《税法总论》，元照出版有限公司2016年版，第28—35页。

功绩原则，该措施有利于社会公共利益的增加，所以具有正当性、合法性和必要性。

二、税收中性原则

税收中性原则源自经济学对政府征税效果的考量，将其引入税法学中作为原则，是为了在所得税法中实现所得税制的公平与效率，降低经济扭曲，提高经济效率。[1]最优所得税制为政府征收所得税划定边界，税收中性原则可为促进创新所得税优惠提供范围限制。促进创新所得税优惠须尽可能地保持税收中性、保持市场中的公平竞争，最大程度地避免对资源自由有效配置的扭曲和影响。结合所得税制，税收中性原则是推导最优所得税和制定促进创新所得税优惠措施的原则之一，也是制定所得税实体法和征管程序法的原则之一。在促进创新的语境下，所得税优惠不应过分干涉纳税人决定，应保障纳税人作决定的自由，降低不同经济要素、产业或行业、组织形式等在所得税法中的差别对待。同时，促进创新的所得税优惠须保障创新资源的有效配置，尽可能降低对纳税人在组织形式、投资、选址等决策上的影响。[2]

从狭义理解，税收中性原则要求所得税制降低对市场经济的干预，尽量避免扭曲市场经济行为以求实现资源的优化配置。狭义的税收中性原则对所得税制的限制，与推导最优所得税中的效率原则的要求一致，即所得税的超额负担最小并尽可能降低所得税的税负转移。[3]促进创新所得税优惠措施的制定和实

---

〔1〕　林培富：《税收中性原则与税收杠杆作用的比较与分析》，载《财经研究》1992年第7期。

〔2〕　王春雷、夏文丽、李晶：《关于税收中性的若干理论问题探讨》，载《财经问题研究》，1996年第8期。

〔3〕　王成明：《西方税收中性原则的政治学意蕴》，载《税务研究》1998年第3期。

施也应符合此要求。从广义理解税收中性原则：首先，正如狭义理解所示，税收中性原则下的所得税制降低了对市场经济的干预，符合最优所得税的效率要求。[1]所得税的征收必然引发市场经济的偏离或变动，而促进创新所得税优惠措施将进一步加大所得税制对经济的影响。税收中性原则要求所得税制在确保足额征收财政收入、实现促进创新的前提下，尽可能减少对经济的干预和扭曲。其次，税收中性原则是对公平与效率的补充。税负分担的横向公平与纵向公平，要求不改变纳税人承担税负前后的处境，不改变彼此之间在经济上的效用排序，税负公平也是税收中性原则尽力不干预经济的体现。然而，所得税的征收与超额负担同时存在，征收所得税则牺牲一部分经济效率，税收中性原则限制所得税对效率的损害，尽可能降低超额负担。[2]税收中性原则限制所得税对纳税人在市场中处境的改变，且限制所得税优惠对经济效率的牺牲。促进创新所得税优惠是通过降低与创新相关的要素的税负的方式，鼓励和引导纳税人的创新行为，背离公平且降低效率，将提升超额负担。税收中性原则要求促进创新所得税优惠措施在促进创新目的范围内，尽量克制。最后，税收中性原则要求所得税制和所得税征管均简明有效，如所得税的征收管理便捷、明确，降低征管成本和遵从成本。

国家财政具有稳定经济和促进经济持续增长的职能。促进创新所得税优惠可以通过调整税率、税基、税额等方面，实现优化产业结构和国家的政策性目标，实现所得税及促进创新所

---

[1] 邓子基、邓力平：《税收中性、税收调控与产业政策》，载《财政研究》1995 年第 9 期。

[2] 汤贡亮、张晓霞：《税收中性与税收调控若干问题研究》，载《税务研究》1997 年第 4 期。

得税优惠所承担的宏观调控职能。最优所得税制是基于公平与效率推导而出的，是所得税对经济扭曲的最大克制，但促进创新所得税优惠措施将打破这一平衡。税收中性原则与促进创新所得税优惠之间的关系可从矛盾和统一两方面分析。一方面，促进创新所得税优惠是对税收中性原则的违背。税收中性原则以降低经济扭曲、最大化效率、资源自由有效配置为主旨，而优惠措施通过具有引导鼓励目的的差别对待，强调所得税对资源配置的引导和干预，必然会扭曲经济、影响效率。[1]另一方面，税收中性原则和促进创新所得税优惠统一于二者的目标中。税收中性原则强调减少扭曲和干预，实现税负公平分配、经济效率的最大化和资源的优化配置；而促进创新所得税优惠则经国家权力之手，试图以降低特定税负的方式，调解市场中的资源配置，进而促进经济增长、提高经济效率。税收中性原则和促进创新所得税优惠的目标均为经济的持续健康增长。

税法学中量能课税原则要求依据给付能力课税，且实现横向公平和纵向公平。税收中性原则和促进创新所得税优惠之间的矛盾与统一，可为所得税优惠违背基于公平考量而得出的量能课税原则提供正当化的理由。[2]促进创新所得税优惠是对创新经济发展趋势的回应，遵循了科技创新与市场经济之间的发展规律。通过所得税优惠措施调节国内现有的创新环境和经济结构，能够促进资源的进一步优化配置，实现经济持续绿色健康增长。税收中性原则规范下的促进创新所得税优惠有助于我国实现对现有工业基础的精细化分工和经济结构的合理化，实

---

〔1〕 刘映春：《税收中性原则与我国的税制改革》，载《法学杂志》2001年第5期。

〔2〕 李欣：《税收中性原则与政府宏观调控》，载《财经理论与实践》1997年第3期。

现创新驱动发展目标。在创新发展语境下，税收中性原则是在促进创新的前提下为政府的干预行为划定界限，充分保障市场经济的自由选择、发展和竞争，以求对公平和效率的损害最小，实现经济结构和经济发展的最佳。

此外，正如税收中性原则可从公平与效率的角度阐释，促进创新所得税优惠同样可从公平与效率的角度解析。[1]促进创新所得税优惠的目的是科技创新和经济持续健康发展，优惠措施产生的超额负担，可通过经济效率的整体提升和优化进行弥补。同时，优惠措施虽打破经济上的公平，但创新引发的颠覆性的经济、社会发展，可极大地增进社会的整体福利并最终实现新的公平状态。税收中性原则要求所得税制扩大税基、降低税率、减少税收优惠，但在市场失灵和促进创新的语境下，税收中性原则却为制定促进创新所得税优惠提供依据，保障促进创新所得税优惠制度在一定程度上的税收中性，且在促进创新的语境下实现各项优惠措施对经济的适度干预以及措施之间产生的税收特权保持相当。美国、加拿大等多数国家在降低税率、拓宽税基的同时，均在其所得税法中以大量的所得税优惠措施激励科技创新和经济发展，典型的方式包括研发费用的加计扣除与抵免、中小企业所得税优惠、科研人员创新激励等。

因此，在所得税法中规定促进创新所得税优惠时，税收中性原则须贯穿始终。促进创新所得税优惠须尽量保持克制，虽已违背公平与效率、量能课税原则，但税收中性原则仍要求优惠措施以税负公平分配、减少超额负担、限制税负转嫁、降低经济扭曲为要求，规范优惠措施的内容，尽量赋予市场主体自

〔1〕 刘心一：《如何理解税收中性原则》，载《税务研究》1995 年第 3 期。

由决定权、经营权、无差别的选择权。[1]例如制定促进创新所得税优惠措施时，尽量提取公因式，进行适当的抽象化和类型化，以实现优惠措施的精简、便利，降低所得税制的复杂性，方便征管部门和纳税人适用。

此外对金融资本制定促进创新所得税优惠时，税收中性原则在国家税收中侧重强调所得税应对资本流动保持中性，分为资本输出中性和资本输入中性。资本输出中性是指一国不应干扰其本国投资者的投资决定，由投资者依据各国的投资环境、消费结构、投资收益等市场因素决定投资去向，同样不应干扰外国投资者的决策。资本输入中性是指一国的所得税法须平等对待国内投资者和国外投资者，即国内投资者与国外投资者从事相同的经济活动承担的税负须相同。[2]

三、比例原则

(一) 比例原则概说

税收中性原则的目的是限制促进创新所得税优惠对经济的过度干预和扭曲，在促进创新之时最大限度保持市场资源的自由流动和配置，是最优所得税制在促进创新所得税优惠制度中的延伸。比例原则则为因促进创新所得税优惠而产生的不公平等侵害基准税制的结果提供具体的分析论证方法，进而可在众多的促进措施中选择最合理的。

比例原则即过度禁止原则，其思想渊源可追溯至自然正义，根生于人类理性之中。1215 年英国的《自由大宪章》和 19 世纪

---

〔1〕 严辉武、张德秋、曾庆安：《税收中性原则与税制改革》，载《湘潭大学学报（社会科学版）》1993 年第 4 期。

〔2〕 胡坚、姚露：《国际资本流动的理想税收中性原则》，载《税务与经济（长春税务学院学报）》1996 年第 4 期。

的德国警察法体现了法律中适用比例原则的初始状态。《自由大宪章》规定犯罪和处罚应具有相当性，德国警察法中的行政处分和强制执行也要求符合比例原则。[1]比例原则从保护公民权利出发，力求实现个人权利与国家权力、公共利益之间的平衡，具体包含三个子原则：适当性原则、必要性原则和狭义比例原则。子原则为比例原则提供具体的衡量尺度和细化规定，使之在实践中具有可执行性。[2]因有具体可操作的衡量尺度，比例原则可在司法、执法等法的运行环节贯彻始终，为执法者和司法者针对同一或类似问题提供一致的衡量标准和思考路径。[3]最优所得税制经由国家立法机关依据法定程序确立在所得税法中，而实施促进创新所得税优惠则是对国家权力、公民权利、政府与市场等一系列关系的再平衡，比例原则可为之提供标准。

所得税优惠是所得税法基于特定的社会、政治、经济目的制定的鼓励性措施，为引导纳税人行为，赋予其税收特权、减少税收负担，以实现优惠措施承载的特定社会目的。[4]所得税优惠所根植的价值目标在实现过程中将与公平正义理念产生冲突，可能牺牲某些基本价值追求，例如所得税优惠违背量能课税原则、打破公平与效率的平衡、干预自由经济。此时须依据比例原则，在所得税优惠承载的特定目的与其所引发的负面效果之间展开衡量，论证所得税优惠存在的正当性，即确保以所得税优惠作为手段来实现其承载的目的具有正当性，符合比例原则。[5]

---

〔1〕 姜昕：《比例原则的理论基础探析——以宪政哲学与公法精神为视角》，载《河北法学》2008 年第 7 期。

〔2〕 刘权、应亮亮：《比例原则适用的跨学科审视与反思》，载《财经法学》2017 年第 5 期。

〔3〕 刘权：《行政判决中比例原则的适用》，载《中国法学》2019 年第 3 期。

〔4〕 陈清秀：《税法总论》，元照出版有限公司 2016 年版，第 322—328 页。

〔5〕 叶金育、顾德瑞：《税收优惠的规范审查与实施评估——以比例原则为分析工具》，载《现代法学》2013 年第 6 期。

而比例原则为国家税权与纳税人权利之间、纳税人权利之间、国家税权与市场经济之间的冲突、矛盾，提供了可贯穿适用于执法、司法等环节的体系化、标准化的客观审查标准，并可有效限制因所得税优惠而产生的征税自由裁量权，避免权力的恣意和越界。比例原则可从多个维度审视所得税优惠措施的正当性。

首先，所得税法规定促进创新所得税优惠，是国家权力干预、引导市场经济的行为，在税法层面背离量能课税原则的规定，在宪法层面违背纳税人享有的宪法性权利——平等权。因此，在国家权力与纳税人权利发生冲突时，需引入比例原则判断国家权力的行使是否符合宪法和法律的要求，是否符合适当性、必要性和狭义比例原则的要求。比例原则为所得税优惠的制定提供清晰的界限和衡量的标准。

其次，比例原则可以调整权力与权利、权利与权利之间的博弈关系。促进创新所得税优惠违背最优所得税制和量能课税原则，打破纳税人之间原本平等的权利状态，此时须适用比例原则调整权利与权利之间的关系，合理衡量优惠措施引发的不平等。国家制定所得税法和促进创新所得税优惠时，在确保所得税承担财政收入的前提下，纳税人之间的权利平衡和权利冲突的解决也须遵循适当性、必要性和狭义的比例原则。比例原则为纳税人在税收优惠中的权利提供合理的边界、范围和幅度，对征收所得税的权力亦同。[1]

最后，比例原则为以促进创新为目的的所得税优惠与自由市场之间的冲突提供判断和衡量的准绳。[2]促进创新所得税优

---

[1]　施正文：《论税法的比例原则》，载《涉外税务》2004 年第 2 期。

[2]　汤贡亮、张晓霞：《税收中性与税收调控若干问题研究》，载《税务研究》1997 年第 4 期。

惠措施是国家的干预之手介入市场经济，虽征收所得税本身已扭曲自由经济，但二者本质不同。所得税优惠措施对自由经济干预的界限如何？如何在有效促进创新的同时尽量克制所得税优惠对经济的干预？在经过税收中性原则的分析之后可知，可通过比例原则求证具体措施是否符合适当性原则、必要性原则和狭义比例原则的要求，在有效促进创新和降低经济干预之间为所得税优惠措施提供分析方法。[1]

（二）具体适用

在所得税法和促进创新所得税优惠措施的制定、适用和解释中，最优所得税制和量能课税原则是实质正义，税法法定原则是形式正义，稽征经济原则是程序正义。而比例原则贯穿实质正义和程序正义，并为税收法定原则的形式正义提供查漏补缺的功能。

促进创新所得税优惠赋予部分纳税人税收利益，使之税收地位优于其他纳税人，其目的是促进创新、推动我国创新驱动发展，其手段是所得税优惠措施，其负面效果是违背经济上的公平与效率、违背量能课税原则，破坏最优所得税制的理想状态。在具体适用时，比例原则旨在分析目的与手段之间的关系，确保实现正当目的的手段或方式同样具有正当性，符合适当性原则、必要性原则和狭义比例三个子原则的限制和规范。[2]通过前文可知，创新对经济、社会、国家具有深远影响，可改变全球格局；创新驱动发展战略具有重大意义；所得税优惠促进创新效果显著，并优于增值税、补贴等其他财政措施。进而可知：在创新发展的视野下，促进创新所得税优惠措施具有合法

---

〔1〕 戴昕、张永健：《比例原则还是成本收益分析法学方法的批判性重构》，载《中外法学》2018年第6期。

〔2〕 刘权：《行政判决中比例原则的适用》，载《中国法学》2019年第3期。

正当的目的。适当性原则是指，以牺牲其他价值为代价的所得税优惠措施可否实现促进创新的目的，强调手段须符合目的的要求。所得税优惠必须以促进创新为目的且可实现该目的，所得税优惠措施与促进创新之间具有相关性。[1]必要性原则着重分析所得税优惠与其他促进创新的手段或方式相比是否效果更显著，是否对自由市场的干预和纳税人权益的损害更加克制，且为同类可促进创新的措施中对纳税人利益侵害最温和的手段，侧重分析不同激励手段之间的法律结果，强调手段之间的效果比较。[2]若其他措施促进创新的效果与所得税优惠措施的效果相同而对法益的侵害更小，则在促进创新的目的上所得税优惠措施非为必要。狭义比例原则强调在符合宪法规定的前提下，剖析以促进创新为目的的所得税优惠措施所产生的公共利益与其所侵害的其他价值如公平、效率等相比孰大孰小，同时对其他价值的侵害是否最小，强调所得税优惠追求的价值与其他价值之间的衡量。[3]促进创新的所得税优惠措施带来的收益应大于其付出的成本或造成的损害，在成本收益最大化之中暗示着侵害最小、手段最温和、最有效的要求。

　　比例原则的三个子原则彼此联动，一项所得税优惠措施是否符合适当性、必要性和狭义比例原则，仍须结合该措施在实践中的行政成本、实践效果以及措施的可行性等因素展开分析，评估其对比例原则的遵循效果。在适用比例原则时，对促进创新所得税优惠的考量仍须有细化标准，须对个案或依据具体情形逐一分析衡量其中的法益。在促进创新所得税优惠制度中引

---

〔1〕　范进学：《论宪法比例原则》，载《比较法研究》2018年第5期。

〔2〕　曾哲、雷雨薇：《比例原则的法律适用评析与重塑》，载《湖南社会科学》2018年第2期。

〔3〕　姜昕：《论比例原则的正当性基础》，载《法学杂志》2008年第4期。

入比例原则，可为所得税优惠立法、所得税优惠数量和种类、征收机关权力行使、所得税优惠中涉及的法益衡量等一系列问题提供学理分析基础和解决路径。

第二章

美国、加拿大促进创新所得税
优惠政策的比较与借鉴

　　以美国为代表的发达国家很早就开始以所得税优惠作为促进创新发展的激励措施。我国作为后发国家，不但要依靠本国的创新基础和经验，更要参考借鉴创新领域先进国家的成功经验，以实现创新驱动发展战略。本章对美国、加拿大两国的促进创新所得税优惠制度作比较研究，目的是对我国现行有关制度进行反思并力求提出完善建议。虽然每个国家之间的政治、经济和科技基础以及法律制度存在差异，且各国所得税优惠制度的历史发展、具体适用等方面有所区别，但在所得税优惠促进创新的问题上可采取相近的立法模式和优惠措施。

　　通过对美国、加拿大促进创新所得税优惠法律制度的分析研究，并结合我国的具体情况，对实施效果显著的促进创新所得税优惠展开深入分析，可对其中适合我国具体国情的部分进行参考借鉴。在具体国情与外国经验融合和借鉴的过程中，须将我国的经济发展状态、财政目标、税制改革目标、行政机关的运行状况、司法制度和司法程序等一系列因素与之相结合，综合分析所得税优惠法律制度以及一项具体的所得税优惠措施的必要性、可行性以及是否为最优选择。在具体比较不同法律制度时，应从宏观和微观两个角度展开。宏观角度对比不同国家法律秩序的社会文化背景及其中的思想和操作方法，如立法技术、法典编纂和法律解释、判例的效力范围、学说的效力；微观角度则比较不同国家的法律制度面临具体问题或具体的利益冲突时所适用的规则。[1]

第一节　美国促进创新所得税优惠政策

美国税法促进创新的政策主要围绕创新中纳税人的研究开发活动展开，其中与研发相关的所得税优惠集中规定于《国内收入法典》Sec. 174 研究和实验费用（Researching And Experimental Expenditures）和 Sec. 41 旨在增进研发活动的税收抵免（Credit For Increasing Research Activities）两节中。[2]而《国内收入法典》Sec. 195 和 Sec. 248 针对纳税人贸易或商业经营活动的初创费用以及企业的筹建费用作出特别规定，以引导、鼓励创新。此外还包括旨在促进教育和就业等的相关规定。

一、研究和试验费用扣除

（一）费用扣除

依据《国内收入法典》Sec. 161 和 Sec. 174（a）的规定，在计算应纳税所得额时，纳税人可以选择将未进行资本化的、在纳税年度内的贸易和商业活动中支付的或发生的研究和实验费用，适用费用扣除的规定。

第一，未经部长（the Secretary）同意，纳税人应在研究和试验费用支付或发生的第一个纳税年度适用 Sec. 174（a）的规定。若经过部长同意，纳税人支付或发生的研究或试验费用可在任一纳税年度适用 Sec. 174（a）的规定。

---

〔1〕　米健：《比较法学导论》，商务印书馆 2018 年版，第 15—17 页。
〔2〕　文中所引《国内收入法典》的相关内容均以 2019 年的生效内容为依据。

第二，扣除时应同时符合其他条件：其一，研究和实验费用未进行资本化；其二，本节规定的研究和试验费用不包括购买或改进土地的费用，即使是与研究和实验活动有关联的土地；其三，本节规定的费用不包括计提折旧资产或按照易耗品相关规定扣除的资产，但是资产用于研究或实验目的的除外；其四，本节规定的费用不包括确定矿产资源的存在、位置、范围、质量品种等的费用；其五，本节规定的可扣除的研究或实验费用须合情合理。

（二）摊销

《国内收入法典》Sec. 174（b）规定，依照部长制定的相关规章，纳税人在贸易和商业经营活动支付的或发生的、未适用费用化相关规定的且不符合计提折旧或易耗品扣除的相关规定的研究或实验费用可选择作为递延费用。在计算应纳税所得额时，纳税人支出的该费用从实现收益的第一个月起可以在不少于60个月内按照比例扣除。

在法律规定的收入申报的纳税年度之前，纳税人可在任一纳税年度选择将研究和实验费用摊销。未经部长批准并授权变更部分或全部支出的计算方式，一经选择，则该纳税年度及以后纳税年度在计算应纳税所得额时，摊销方式和摊销期限必须保持一致。纳税人在一个纳税年度内选择以摊销方式扣除研究和试验费用，该方式不得适用于纳税人作出选择的纳税年度之前的任一纳税年度。

（三）研究和实验的目的

贸易和商业活动中的研究和实验须以消除或降低科技创新中的不确定性为宗旨，如纳税人在开发新产品、改进已有产品的过程中承担的科学或技术上的不确定。其中产品不仅包括纳税人用于销售、租赁或许可的产品，还包括样品、工序、发明创造、技术、生产工艺等。若研究和实验属于软件开发活动，则纳税人委托第三方时也属于本节规定的研究和实验。[1]

判断不确定性时，应依据纳税人已有的经营状况、生产能力、科技知识以及科学技术的整体发展水平等因素进行衡量，并据此分析纳税人是否开发了新产品或改进了已有产品。但值得注意的是，一项支出是否属于研究和实验费用取决于与此项支出相对应的活动的性质，而非直接取决于新产品或改良产品的性质或其代表的科学技术进步水平。

二、旨在增进研发活动的税收抵免

美国《国内收入法典》Subpart D 规定了与商业经营相关的税收抵免，其中 Sec. 38 商业税收抵免一般规定和 Sec. 41 旨在增进研发活动的税收抵免是有关研发支出税收抵免的主要条款。[2]

纳税人在适用旨在增进研发活动的税收抵免时，首先应依据商业税收抵免的一般规定的内容，计算其在一个纳税年度内享有的抵免额度的范围。[3]依据一般规定，纳税人一个纳税年度享有的商业经营抵免额度等于向后结转至该纳税年度的抵免额度、当年的商业经营抵免额度、向前结转至该纳税年度的抵免额度之和；且一个纳税年度内的抵免额度，不得超过纳税人该年度的净所得税（net income tax）与以下二者中较大者之差：第一，该纳税年度预估的替代性最低税（the tentative minimum tax）；[4]第二，纳税人在一般计税过程中净常规纳税义务（net

---

〔1〕 Internal Revenue Code, Sec. 174 Research and experimental expenditures.

〔2〕 Internal Revenue Code, Subtitle A Income taxes, Chapter 1 Normal taxes and surtaxes, Subchapter A Definition of tax liability, Part IV. Credits against tax, Subpart D. Business related credits.

〔3〕 Internal Revenue Code, Sec. 38 General business credit.

〔4〕 Internal Revenue Code, Sec. 55 Alternative minimum tax imposed.

regular tax liability）大于 25 000 美元的部分，乘以 25%。其中，净常规纳税义务是指常规纳税义务（the regular tax liability）减除 Subpart A 不可退税的个人抵免和 Subpart B 其他抵免中纳税人可适用的抵免额度后的纳税义务。[1]净所得税是指常规纳税义务与 Sec. 55 规定的替代性最低税之和减除 Subpart A 不可退税的个人抵免和 Subpart B 其他抵免之后的数额。[2]

依据一般规定推知纳税人一个纳税年度内抵免额度的范围后，则可依据具体规定计算当年的抵免金额。纳税人因研发活动发生研究费用支出时，该支出可依法从应纳税额中抵免部分税额。可抵免的金额应依照如下三类计算方法求得：第一，一个纳税年度内符合法律规定的研究费用减除基准数额之后的增量，再乘以 20%；第二，符合 Sec. 41（e）（1）（A）的规定而支出的特定基础研究费用乘以 20%；第三，一个纳税年度内纳税人在贸易和商业经营活动中支付给能源研究组织（Energy Research Consortium）用于能源研究的费用乘以 20%。[3]

（一）符合法律规定的研究费用与基准数额的差额的 20%

1. 符合法律规定的研究费用

《国内收入法典》规定的符合法律规定的研究费用是指一个纳税年度内，纳税人在贸易或商业经营活动中支付的或发生的内部研发费用（in-house research expenses）或合同外包研发费用（contract research expenses）。[4]为避免法条过于原则性和概

---

〔1〕　Internal Revenue Code, Subtitle A Income taxes, Chapter 1 Normal taxes and surtaxes, Subchapter A Definition of tax liability, Part IV. Credits against tax, Subpart A. Nonrefundable personal credits.

〔2〕　Internal Revenue Code, Subtitle A Income taxes, Chapter 1 Normal taxes and surtaxes, Subchapter A Definition of tax liability, Part IV. Credits against tax, Subpart B. Other credits.

〔3〕　Internal Revenue Code, Sec. 41 Credit for increasing research activities.

〔4〕　Internal Revenue Code, Sec. 41（a）.

括性，也为尽可能规范纳税人的避税行为，法典进一步对两类研发费用作出限定。

第一，在贸易或商业经营活动中支付的或发生的内部研发费用须符合以下条件：首先，是支付给提供符合法律规定的劳务或服务的雇员的工资薪金；或在实施符合法律规定的研究活动中支出的或发生的供给费用；或依据部长制定的规章，在实施符合法律规定的研究活动中为获得他人计算机使用权而发生的费用。其次，雇员提供的符合法律规定的劳务或服务包括直接参加符合法律规定的研究活动，或者为前述研究提供的直接的监督管理或直接支持的活动。若一个纳税年度内，纳税人实施的符合法律规定的研究活动以及相关的监督管理和支持活动，实质上由一个个人履行和实施，则该个人履行的全部劳务或服务均属于符合法律规定的劳务或服务。再其次，供给是指有形资产，但排除土地、土地改造、计提折旧的资产。最后，工资薪金须符合法律的相关规定，[1]若为自我雇佣则其工资薪金也应符合法律的相关规定。[2]

第二，在贸易或商业经营活动中支付的或发生的合同外包研发费用是指纳税人向非雇员的第三方支付的，因其开展符合法律规定的研究活动而发生的费用，该费用的 65% 为本节规定的符合法律规定的研究费用。若任一纳税年度内，采用预付方式支付合同外包研发费用，且合同约定的符合法律规定的研究活动未在此纳税年度开展，此时该笔费用应在研究活动实际实施的纳税年度适用税收抵免优惠。[3]

---

〔1〕 Internal Revenue Code, Sec. 3401 Definition, (a) Wages.

〔2〕 Internal Revenue Code, Sec. 401 Qualified pension, profit sharing and stock bonus plans (c) Definitions and rules relating to self-employed individuals and owner-employees.

〔3〕 Internal Revenue Code, Sec. 41 (b) (3).

　　除委托任一非雇员第三方的情形外，《国内收入法典》针对以合同方式将符合法律规定的研究活动委托给特定研究组织或合格小企业、大学、联邦实验室等情形的税收抵免优惠也作出了特别规定。其一，委托合格研究组织支付的费用。纳税人将法定的研究活动以合同方式委托合格研究组织开展时，符合法律规定的研究费用等于因开展符合法律规定的研究活动而发生的费用的75%，而非65%。合格研究组织是指主要以实施和开展科学研究活动为目的的非私人基金类组织，且应符合法定的免税科学研究公司、基金或联合会等的要求。[1]第二，委托合格小企业、大学和联邦实验室支付的费用。纳税人将符合法律规定的能源研究活动委托合格小企业、高等教育机构[2]和联邦实验室[3]开展和实施的，其符合法律规定的研究费用则等于因实施符合法定条件的研究活动而支出的全部费用，不再适用65%的比例。其中，合格小企业中的"合格"专指纳税人与小企业之间的投资关系，即纳税人对其委托的小公司持股不得超过50%；若纳税人委托的是非公司商业企业，则纳税人对该小企业的出资或纳税人享有的利润分配权利不得超过该企业资本总额或总利润分配额的50%。[4]"小企业"是指在近三年的经营年度内，公司的雇员人数保持在500人以下的企业。[5]

---

　　〔1〕　Internal Revenue Code, Sec. 501 Exemption From Tax on Corporations, Certain Trust, etc. , （a）、（c）（3）and（6）.

　　〔2〕　Internal Revenue Code, Sec. 3304 Approval of State laws, （f）Definition of institution of higher education.

　　〔3〕　联邦实验室则专指依据《1980年史蒂文森-威德勒科技创新法案》section 4（6）的规定设立的实验室。

　　〔4〕　Internal Revenue Code, Sec. 41 Credit for increasing research activities, （b）（3）（D）（ⅱ）.

　　〔5〕　Internal Revenue Code, Sec. 41 Credit for increasing research activities, （b）（3）（D）（ⅲ）.

2. 基准数额

基准数额的计算方法如下：纳税人准备适用税收抵免的纳税年度之前的 4 个纳税年度的年平均收入总额（gross receipt），乘以固定基准百分率（the fixed-base percentage）。[1]但任何情形下，纳税年度的基准数额不得低于符合法律规定的研究费用的 50%。[2]

（1）固定基准百分率

除另有规定外，固定基准百分比按如下方法计算：在 1983 年 12 月 31 日之后至 1989 年 1 月 1 日之前的 5 个纳税年度内，纳税人支出的符合法律规定的研究费用的总和与前述 5 个年度内该纳税人收入总额的总和之间的比例。[3]但任何情形下，固定基准百分率不得高于 16%。[4]

此外，若纳税人为创业公司（start-up company），则其固定基准百分率则无法适用前述计算方法。《国内收入法典》规定，创业公司是指 1983 年 12 月 31 日之后的某一纳税年度内，纳税人才开始同时满足产生收入总额和发生符合法律规定的研究费用的；或者在 1983 年 12 月 31 日至 1989 年 1 月 1 日之间的某一纳税年度内，纳税人同时有收入总额和符合法律规定的研究费用少于 3 个纳税年度的。[5]

---

〔1〕 Internal Revenue Code, Sec. 41 Credit for increasing research activities, (c)(1).

〔2〕 Internal Revenue Code, Sec. 41 Credit for increasing research activities, (c)(2).

〔3〕 Internal Revenue Code, Sec. 41 Credit for increasing research activities, (c)(3)(A).

〔4〕 Internal Revenue Code, Sec. 41 Credit for increasing research activities, (c)(3)(C).

〔5〕 Internal Revenue Code, Sec. 41 Credit for increasing research activities, (c)(3)(B).

　　而创业公司的固定基准百分比按照如下方法逐年调整：第一，1993 年 12 月 31 日之后的，纳税人支付符合法律规定的研究费用的第一个 5 年之内，固定基准百分比为 3%；第二，纳税人支付符合法律规定的研究费用的第 6 个纳税年度，纳税人适用的固定基准百分比等于纳税人第 4 年和第 5 年支出的符合法定条件的研究费用总和与第 4 年和第 5 年收入总额之和的比值的 1/6；第三，纳税人支出符合法律规定的研究费用的第 7 个纳税年度，纳税人适用的固定基准百分比等于纳税人第 5 年和第 6 年支出的法定研究费用总和与此二年收入总额之和的比值的 1/3；第四，纳税人支出符合法律规定的研究费用的第 8 个纳税年度，纳税人适用的固定基准百分比等于纳税人第 5 年、第 6 年和第 7 年支出的法定研究费用总和与此三年收入总额之和的比值的 1/2；第五，纳税人支出符合法律规定的研究费用的第 9 个纳税年度纳税人适用的固定基准百分比等于纳税人第 5 年、第 6 年、第 7 年和第 8 年支出的法定研究费用总和与此四年收入总额之和的比值的 2/3；第六，纳税人支出符合法律规定的研究费用的第 10 个纳税年度，纳税人适用的固定基准百分比等于纳税人第 5 年、第 6 年、第 7 年、第 8 年和第 9 年支出的法定研究费用总和与此五年收入总额之和的比值的 5/6；[1]第七，此后纳税年度的固定基准百分比等于在第 5 年至第 10 年纳税人选择的任意 5 个纳税年度内支付的符合法律规定的研究费用的总和与此 5 个年度的收入总额之和的比值。[2]

---

　　〔1〕　依据《国内收入法典》Sec.41（c）（6）的规定，任一纳税年度的收入总额（gross receipts）应据该纳税年度的收入（returns）和补贴（allowance）计算。

　　〔2〕　Internal Revenue Code，Sec.41 Credit for increasing research activities，（c）（3）（B）（ii）.

（2）其他规定

在计算固定基准百分比时，尽管以前年度的申请税收抵免或退税的期限已届满，但在计算固定基准百分比的过程中所涉及的以前年度的符合法律规定的研究费用的范围和判断标准也须与抵免年度该类研究费用的范围和判断标准保持一致。[1]

此外，《国内收入法典》授权部长制定相关规章细化计算方法和步骤，以避免在计算固定基准百分比的过程中，纳税人在计算当年和此前年度的符合法律规定的研究费用或收入总额时，因改变计算方法而引起扭曲。[2]

3. 替代性计算方法

当纳税人在某一纳税年度，若选择适用旨在增进研发活动的税收抵免优惠，并适用该纳税年度内支付的符合法律规定的研究费用减除基准数额后的增量再乘以 20% 的方法计算时，其税收抵免数额还可选择适用该计算方法的一类替代性方法。替代性计算方法仍考虑了两类情形，计算步骤如下。[3]

第一，可抵免的数额等于该纳税年度发生的符合法律规定的研究费用大于此前 3 个纳税年度内所支付的符合法律规定的研究费用的年平均值的 50% 的部分，乘以 14%。

第二，若纳税人在该纳税年度的前 3 个年度内未支出符合法律规定的研究费用，则税收抵免数额等于该纳税年度内纳税人支出的符合法律规定的研究费用的 6%。

非经部长同意，纳税人选择的计算方法不得自行变更。且同一纳税年度内，该计算方法与前述计算方法不得同时适用。

---

〔1〕 Internal Revenue Code, Sec. 41（c）（5）（A）.

〔2〕 Internal Revenue Code, Sec. 41（c）（5）（B）.

〔3〕 Internal Revenue Code, Sec. 41（c）（4）.

4. 符合法律规定的研究的界定

《国内收入法典》Sec. 41 旨在增进研发活动的税收抵免也明确界定了法律所指的研究活动的具体范围，只有为实施符合法定条件的研究活动而支出的费用才属于符合法律规定的研究费用。依据《国内收入法典》，符合法律规定的研究须具备以下条件：首先，此类研究的支出符合 Sec. 174 试验和研究费用中费用扣除的相关规定；[1] 其次，研究的宗旨是发现或揭示科技性信息，且前述信息的功用或应用是以有利于纳税人发展新型的商业要素（business component）或改进已有的商业要素为目的；最后，研究活动实质上须为围绕新的科学研究、技术创新而开展的实验或研究活动。开展研究活动应以发现新功能、改进已有功能、提高执行力、提高可靠性或质量为目的，同时在任何情形下，研究活动不得以改进样式、味道、化妆品、季节性设计要素等为目的。[2]

（1）有关商业要素的限制

符合法定条件的研究活动是以改进或发展纳税人的商业要素为目的的，其设置的条件应贯穿适用于判断纳税人商业经营活动中的每一项商业要素的过程中。[3] 其中商业要素是指纳税人所有的可买卖、租赁、许可或纳税人用于其自身的贸易或商业经营活动的产品、工序、计算机软件、技术、公式或发明。而其中的生产工序是指商业要素的规模化、商业化生产，包括制造流程、机器装置或技术等组成部分。生产工序应视为独立的商业要素，而非生产制造过程中的一部分。

---

　　[1]　《国内收入法典》Sec. 174 规定纳税人可以选择将未进行资本化的、未计提折旧的，在纳税年度内的贸易和商业活动中支付的或发生的研究和实验费用，进行费用扣除。

　　[2]　Internal Revenue Code, Sec. 41 (d).

　　[3]　Internal Revenue Code, Sec. 41 (d) (2).

（2）税收抵免规则排除适用的研究活动

符合法律规定的研究不包括：商业要素开始产品化生产之后实施的相关研究；为特定顾客的要求或需求而实施的对已存在的商业要素的改变研究；与已有的商业要素全部或部分的再生产相关的研究，如已有商业要素自身的物理检测、来自计划、蓝图、详细说明或公开信息等；效率调查、功能或技术的管理行为、市场研究、测试、广告或宣传活动、常规数据收集、常规或正常的质量控制监测或测试等调查或研究；除规章另有规定外，与纳税人为自身利益或自用而开发的计算机软件相关的研究活动，但此处的研究活动若构成符合法律规定的研究活动的一部分或符合《国内收入法典》Sec.41（d）（1）相关限制的生产工艺则属于可适用抵免规则的活动；美国境外开展的研究活动；有关社会科学、艺术、人类学的研究；通过拨款、合同、第三方或政府资助的形式获得资金的研究。

（二）特定基础研究费用的 20%

《国内收入法典》规定，旨在增进研发活动的税收抵免的第二种计算方法是：纳税人支付的符合 Sec.41（e）（1）（A）规定的特定基础研究费用乘以 20%。结合 Sec.41（e）的条文，此类特定基础研究费用特指纳税人支付给符合法律规定的组织的特定费用。[1]

1. 特定基础研究费用的计算

任一纳税年度，纳税人发生与基础研究有关的支付时，依照《国内收入法典》Sec.41（a）（2）规定的要求，前述支付中计入特定基础研究费用的部分，应依照以下方法确定：纳税人发生的与基础研究有关的支付金额大于符合法律规定的组织

---

〔1〕 Internal Revenue Code, Sec.41（a）（2）.

的基准期间数额（base period amount）的部分。[1]此外，纳税人发生的与基础研究有关的支付金额小于符合法律规定的组织的基准期间数额的部分，应视为 Sec.41（a）（1）规定的符合法律规定的合同外包研发费用。

2. 基础研究支付（basic research payments）的定义

《国内收入法典》规定，基础研究支付是指企业在任一纳税年度内，以实施基础研究为目的向符合法律规定的组织支付的金额，同还须符合以下条件：第一，以现金形式支付；第二，企业与符合法律规定的组织之间签订书面协议，并于协议中写明支付金额；第三，除另有规定外，基础研究只能由签订协议的符合法律规定的组织进行。[2]

3. 符合法律规定的组织的基准期间数额的计算

一个纳税年度内，符合法律规定的组织的基准期间数额等于基础研究数额（basic research amount）的最小值加上维持金额（maintenance-of-effort）。[3]

其中，基础研究数额的最小值等于以下两个数额之间的较大值：第一，基准期间（the base period）内支付或发生的任何内部研发费用与合同外包研发费用的总额的平均值，乘以 1%；第二，基准期间内被视为合同外包研发费用的数额。但是，在基准期间内的纳税年度中，纳税人已设立并存续，任一基准期间的基础研究数额最小值不应小于纳税人选择适用《国内收入法典》Sec.41（e）的纳税年度所支出的基础研究支付的50%。[4]

任一相关纳税年度的维持金额等于纳税人在基准期间内，

---

〔1〕　Internal Revenue Code, Sec.41（e）（1）（A）.

〔2〕　Internal Revenue Code, Sec.41（e）（2）.

〔3〕　Internal Revenue Code, Sec.41（e）（3）.

〔4〕　Internal Revenue Code, Sec.41（e）（4）.

向非指定大学支付的捐赠（nondesignated university contributions）的平均值与该纳税年度开始的一个公历年度内生活费用调整（the cost-of-living adjustment）的乘积，大于该纳税年度内纳税人向非指定大学支付的捐赠的部分。其中，非指定大学的捐赠是指纳税人向《国内收入法典》Sec. 41（e）（6）（A）规定的任一符合法律规定的组织支付的任意金额，同时该捐赠还须符合以下条件：可依据《国内收入法典》Sec. 170 扣除，且该捐赠金额不得在基准期间内的任一纳税年度中计算抵免额度时或在计算基础研究支付时包括在内。[1]任一公历年度的生活费用调整依据《国内收入法典》Sec. 1（f）（3）的规定确定。[2]

4. 符合法律规定的组织

依据《国内收入法典》的规定，符合法律规定的组织包括：教育机构、特定的科学研究组织、免税的科学组织、特定的被授权组织。[3]其中，教育机构（Educational Institutions）是指符合法定资格的公立或非营利高等教育机构，并应维持固定范围的教职人员和学生，开展日常教学。[4]

特定科学研究组织（Certain Scientific Research Organization）不同于教育机构，是主要从事科学研究的非私人基金免税组织，且该类组织为非政治性、非营利性、以不影响立法为目的的免征所得税的公司、团体、基金管理机构或基金等。[5]

---

〔1〕 Internal Revenue Code, Sec. 170. Charitable, ETC., Contributions and Gifts.

〔2〕 Internal Revenue Code, Sec. 1（f）（3）, the cost-of-living adjustment for any calendar year is the percentage（if any）by which：（A）the CPI for the preceding calendar year, exceeds（B）the CPI for calender year 1992.

〔3〕 Internal Revenue Code, Sec. 41（e）（6）.

〔4〕 Internal Revenue Code, Sec. 3304（f）Definition of Institution of Higher Education. 同时《国内收入法典》Sec. 170（b）（1）（A）（ii）中具体描述了高等教育机构须有固定数量的教职人员和学生，并开展正常且持续的教学活动。

〔5〕 Internal Revenue Code, Sec. 501（c）List of Exempt Organization.

免税科学组织（Scientific Tax-Exempt Organization）是指符合法律规定且属于非私人基金类的免税组织，该类组织设立和经营的主要宗旨是依据书面协议促进符合法律规定的组织开展科学研究。[1]法律同时对可适用《国内收入法典》Sec. 41（e）中特定基础研究费用抵免规则的免税科学组织的资金状况作出具体要求，具体规定该类组织须耗尽其全部基金，或耗尽其因被授权而接受的基础研究支付或与教育机构签订有关实施基础研究的合同而接受的基础研究支付。[2]

特定被授权组织（Certain Grant Organization）是指，符合法律规定的免税组织且不属于特定科学研究组织或免税科学组织的非私人基金组织，或者由在1981年10月之前成立的前述组织设立或维持的组织。[3]特定被授权组织设立和经营的唯一宗旨是依据书面协议向开展基础研究的教育机构支付相关资金。[4]

此外，法律规定S公司、私人持有的公司、单纯的服务组织不得适用特定基础研究税收抵免优惠的相关规定。[5]

5. 其他规定

基础研究（Basic Research）是指有关先进科学知识的、非商业目的的原创性调查研究，且该类研究须符合以下两个条件：在美国境内开展，非社会科学、艺术或人类学研究。[6]

基准期限（Basic Period）是指从选择适用抵免规则的纳税年度起连续地向前计算3个纳税年度，此期间为基准期限，但

---

[1] Internal Revenue Code, Sec. 501（c）（3）or（6）；Sec. 501（a）.

[2] Internal Revenue Code, Sec. 41（e）（6）（C）.

[3] Internal Revenue Code, Sec. 501（c）（3）；Sec. 501（a）.

[4] Internal Revenue Code, Sec. 41（e）（6）（D）.

[5] Sec. 542 Definition of Personal Holding Company, Sec. 414（m）（3）；service organization means an organization the principle business of which is the performance of services.

[6] Internal Revenue Code, Sec. 41（e）（7）（A）.

基准期限应开始于 1983 年 12 月 31 日之后。[1]

适用旨在增进研发活动的税收抵免优惠的相关规定时，在一个纳税年度内，纳税人适用第一类计算方法，即符合法律规定的研究费用减除基准数额之后的增量再乘以 20% 计算可抵免的额度时，在第二类计算方法中，即特定基础研究的费用乘以 20%，所涉及的基础研究支付金额不应包含在以下费用或数额之内：第一，《国内收入法典》Sec. 41（a）（1）（A）中规定的符合法律规定的研究费用；第二，《国内收入法典》Sec. 41（a）（1）（B）中规定的基准数额。

在适用特定基础研究费用税收抵免优惠的规定时，引用有关符合法律规定的研究费用的界定标准，基础研究支付的具体金额等于纳税人在贸易和商业经营活动中实际支付发生的纳税年度中所支出的具体数额。[2]

（三）能源研究组织用于能源研究的支出的 20%

能源研究组织是以促进和发展公共利益为目的、组织和开展能源研究活动的组织，且为符合《国内收入法典》Sec. 501（c）（3）规定的免税组织。[3]

同时还须符合以下条件：第一，非私人基金。第二，该组织开始运营的纳税年度的公历年度内，至少有五个无关联方为该组织的能源研究活动提供资金；且任一提供资金的无关联方，在该纳税年度所提供的金额，不得超过该能源研究组织在该纳税年度所接受的能源研究资金总额的 50%。第三，能源研究组织的雇员视为关联方。第四，在美国国外开展的能源研究活动

---

〔1〕 Internal Revenue Code, Sec. 41（e）（7）（B）.

〔2〕 Internal Revenue Code, Sec. 41（e）（7）（D）.

〔3〕《国内收入法典》Sec. 501（c）（3）规定了以慈善、宗教、科学、公共安全与测试、文学、教育等为目的而设立的非营利、非政治目的、非立法目的的公司、社会团体、基金或基金会等免税组织。

不得计入能源研究活动中。第五，适用能源研究税收抵免规则时，不得重复适用符合法律规定的研究费用减除基准数额之后的增量乘以 20%或特定基础研究的费用乘以 20%的优惠规定，避免纳税人获得双重税收利益。第六，此处的研究应依据符合法律规定的研究费用中有关研究的条文判断。[1]

（四）适用旨在增进研发活动的税收抵免的其他规定

1. 费用的汇总计算

（1）受控公司集团

受同一机构控制的多个受控公司，在适用税收抵免优惠的相关规定时，应视为一个纳税人。某一受控公司享有的税收抵免额度按照该受控公司支出并计入集团的汇总数额的符合法律规定的研究费、基础研究支付、支出的或发生的能源研究费用的总和占汇总数额的比例计算。受控公司集团是指符合法律规定的母子公司或多个公司被同一主体持有等，且符合 50%的控股比例的要求。[2]

（2）普通受控公司

普通受控中的贸易或商业组织或公司，均分别视为独立的纳税人。每个独立纳税人允许抵扣的额度按照该独立纳税人支出并计入普通受控的汇总数额的符合法律规定的研究费、基础研究支付、支出的或发生的能源研究费用的总和占汇总数额的比例计算。[3]

2. 特定收购中的适用情形

一方（即收购方）从另一方（即被收购方，the predeces-

---

[1]　Internal Revenue Code, Sec. 41（f）（6）.

[2]　Internal Revenue Code, Sec. 41（f）（5）; Sec. 1563（a）Controlled group of corporations.

[3]　Internal Revenue Code, Sec. 41（f）（1）（B）.

sor）处收购一项业务或资产的主要部分或全部（收购业务，ac-quired business）时，在计量期间内（the measurement period），收购方支付的或发生的符合法律规定的研究费用应依据法律规定调增，[1]同时收购方在此期间内的收入总额应依据法律规定调增。[2]

计量期间是指，在收购方选择适用税收抵免优惠的纳税年度之前的与收购业务相关的纳税年度，在计算抵免额度时均须计入期间。[3]

（1）收购方法定研究费用的调增

在收购作出的纳税年度以及收购作出的纳税年度以后的各纳税年度，收购方在收购年度的数额（acquisition year amount）以及其他纳税年度的数额，应将被收购方在计量期间内支付的或发生的与收购业务相关的符合法律规定的研究费用计入收购方的法定研究费用中。

（2）收购方收入总额的调增

在收购作出的纳税年度以及收购作出的纳税年度以后的各纳税年度，被收购方在计量期间内与收购业务相关的收入总额须计入收购方的收入总额中。

（3）收购年度的计算

收购年度的数额等于被收购方在该收购作出的纳税年度内，从收购开始之日至该纳税年度中收购活动持续的最后一日之间支出的或发生的与收购业务相关的符合法律规定的研究费用的数额。[4]

---

〔1〕 Internal Revenue Code, Sec. 41 (f) (3) (A) (ii).

〔2〕 Internal Revenue Code, Sec. 41 (f) (3) (A) (iii)

〔3〕 Internal Revenue Code, Sec. 41 (f) (3) (A) (vi).

〔4〕 Internal Revenue Code, Sec. 41 (f) (3) (A) (iv).

（4）数额的具体分摊计算

一个纳税年度内，被收购方支付的或发生的符合法律规定的研究费用及其收入总额，应在该纳税年度内按照日平均数额，计算该纳税年度的计量期间的法定研究费用和收入总额。[1]

3. 穿透组织的抵免额度

若纳税人为非公司组织或 S 公司、合伙组织、信托的所有人或股东、合伙人、受益人，则该纳税人在任一纳税年度适用旨在增进研究活动税收抵免时，享有的抵免额度不得超过其依据在前述贸易和商业组织或经营中享有的股息、红利分配所承担的所得税税负。如果纳税人某一纳税年度依据《国内收入法典》Sec. 41 享有的抵免额度大于其所得分配承担的税负，则该纳税年度的抵免额度可依据 Sec. 38（C）和 Sec. 39 的规定结转抵免。[2]

4. 规章的制定

《国内收入法典》规定，为实现 Sec. 41 的目的，必要时部长有权制定规章，内容包括以下几个方面：第一，制定规章防止纳税人避税；第二，制定规章以降低遵从成本和账目保存负担；第三，制定与工薪税抵免衔接的相关规章。[3]

三、初创费用和筹建费用扣除

依据《国内收入法典》的规定，纳税人的初创费用（start-up expenditures）应资本化，同时纳税人正式开始贸易或商业经营活动之年的纳税年度，对其从事盈利或生产活动为目的而开

---

〔1〕　Internal Revenue Code, Sec. 41（f）（3）（A）（v）.

〔2〕　Internal Revenue Code, Sec. 41（g）; Sec. 38 General business credits（C）Limitation based on amount of tax; Sec. 39 Carryback and carryforward of unused credits.

〔3〕　Internal Revenue Code, Sec. 41（h）（6）.

展的准备活动，如前期的市场调研、资产购买等创建活动支出的相关费用，可选择作为成本费用进行扣除。纳税人选择初创费用扣除时，应择以下二者之较小者适用：第一，初创费用的实际数额；第二，当初创费用超过 50 000 美元时，可一次性扣除不超过 5000 美元的费用，其余未经扣除的初创费用在贸易和商业经营活动开始之月起，在 180 个月内按比例扣除。[1]

法律还规定了公司纳税人的筹建费用（organizational expenditures）的扣除规则，与初创费用的扣除规则大同小异，如筹建费用的扣除额度、扣除开始期限、余额在 180 个月内按比例扣除等。但筹建费用扣除仅适用于公司纳税人，而初创费用扣除可适用于自然人纳税人和公司纳税人两类。[2]

四、政策评析

美国《国内收入法典》中所得税的立法模式与我国不同。我国税法按照纳税主体的不同分为《企业所得税法》和《个人所得税法》两部法律，而美国的所得税法采用统一的立法模式，仅用《国内收入法典》的 Subtitle A 一个分部规定所得税法的全部内容，个人所得税和企业所得税的计算皆适用，除非法条中明确规定仅适用于个人纳税人或企业纳税人。[3]例如，个人和企业均可适用的旨在促进科学研究和技术研发的所得税优惠包括旨在增进研发活动税收抵免、研究和试验费用扣除、初创费

---

〔1〕 Internal Revenue Code, Subtitle A. Income taxes. Chapter 1. Normal taxes and surtaxes. Subchapter B. Computation of taxable income. Part V. Itemized deductions for individuals and corporations. Sec. 195.

〔2〕 Internal Revenue Code, Subtitle A. Income taxes. Chapter 1. Normal taxes and surtaxes. Subchapter B. Computation of taxable income. Part VIII. Special deductions for corporations. Sec. 248.

〔3〕 V. 图若尼主编：《税法的起草与设计》，国际货币基金组织、国家税务总局政策法规司译，中国税务出版社 2004 年版，第 20—35 页。

用扣除，而筹建费用扣除则属于仅适用于企业的扣除规则。

从美国《国内收入法典》具体条文内容可知，美国促进创新的所得税优惠措施均由法律明确规定，每项优惠措施的适用主体、费用的分类和范围、费用的分摊、计算方法和步骤、替代性计算方法、排除适用范围、集团公司和穿透体的计算方法以及特定情形下的计算方法等细节性的内容均依据所得税法确定。同时法律还对规章的制定权限和事项范围作出明确规定。在法律中明确规定旨在增进研发活动税收抵免、研究和试验费用扣除、初创费用扣除、筹建费用扣除等优惠措施的各项具体内容，而且法律条文的修改和废止均须按照立法程序进行，严格控制征收权对私有财产权可能的剥夺和侵害，在民主法定的立法程序中保障所得税法的公平性。

对促进创新所得税优惠的具体内容进行分析可知，主要优惠措施未从产业行业或纳税人组织形式等角度限制优惠措施的适用范围，而是以创新的特点结合研究和实验的目的、研究和实验行为界定适用范围，符合创新的定义和不确定性的特征，也确保了优惠措施的普适性和税收中性。而且法律明确界定了各项优惠措施的适用关系，例如扣除和摊销的衔接与适用，再如旨在增进研发活动的税收抵免优惠中第一类计算方法与第二类计算方法的配套适用规则以及其中对研究费用的分摊和划定，避免纳税人同一笔支出获取双重优惠利益。同时可以看出，美国促进创新所得税优惠中着重适用税收抵免的激励方法，而且税收抵免优惠额度当年抵免不足的可向其他纳税年度结转，进一步引导纳税人的研发活动。

第二节　加拿大促进创新所得税优惠政策

加拿大《所得税法》第 37 条对纳税人从事科学研究和实验

发展（scientific research and experimental development）而支付的费用，作出扣除规定。[1]同时，第 127 条第 3 款规定了科学研究和实验发展税收抵免规则（scientific research and experimental development tax credit）。扣除和抵免规则均适用于所有纳税人。

一、科学研究和实验发展费用扣除

科学研究和实验发展规定于加拿大《所得税法》中 Division B 中的 Subdivision B，Division B 部分具体细化所得计算的各环节和步骤，其中的 Subdivision B 是有关商业经营或资产的所得或损失。

（一）一般规定

1. 可扣除费用的范围

一个纳税年度内，纳税人在加拿大境内从事商业经营，在计算商业经营所得时，纳税人有权请求扣除商业经营中的科学研究和实验发展费用。依据科学研究和实验发展实施的主体和委托方式的区别，适用扣除规则时可分为三类情形：纳税人直接实施的扣除，纳税人委托第三方以纳税人的名义实施的扣除，纳税人委托第三方实施的扣除。与三类科学研究和实验发展的实施方式相对应的扣除规则略有差别。但在计算纳税人一个纳税年度内科学研究和实验发展扣除总额度时，须将不同情形下支出的费用加总计算。[2]

其中，纳税人直接实施或委托第三方以纳税人名义实施的科学研究和实验活动，均为纳税人实施的科学研究和实验活动，且纳税人对研究和实验的成果享有开发利用的权利。若纳税人委托第三方实施科学研究和实验活动，法律规定依据不同情形，

---

〔1〕 本书中引用的加拿大《所得税法》均为 2019 年 1 月 1 日修订后的版本。

〔2〕 加拿大《所得税法》第 37 条（1）。

对委托对象、实施地、成果归属作出具体限制，可分为如下几类。[1]

第一，委托在加拿大注册的居民公司，且在加拿大境内实施的科学研究和实验，该科学研究和实验应与纳税人的商业经营相关，且纳税人须享有利用科学研究和实验发展成果的权利。

第二，委托经核准的其他组织或公司且对其支付的，在加拿大境内实施的、与纳税人商业经营有关的科学研究和实验发展的费用，仅当纳税人享有利用科学研究和实验发展的成果的权利时，才符合扣除的适用条件。其他组织和公司包括：经核准可实施科学研究和实验发展的社团；或经核准的大学、学院、研究组织或类似机构；或在加拿大注册的公司且符合免税规定；[2]或经核准的可向其他经核准的社团、机构或公司支付科学研究和实验费用的组织。依据所得税法的规定，核准是指经部长（the Minister）审核决定，若部长认为有必要，将与工业部（the Department of Industry）或加拿大国立研究委员会（the National Research Council of Canada）商定。[3]

第三，若纳税人为公司，则其委托某一在加拿大注册且符合免税规定的居民公司实施并向该居民公司支付的，用于在加拿大境内实施的基础研究和应用研究的科学研究和实验发展费用，当其具备下列条件时，可适用扣除的规定：纳税人与直接实施科学研究和实验发展的公司有共同利用研究成果的权利；研究成果中的科学技术具有的应用潜能，虽与科学研究和实验发展的目的不同，但与纳税人其他商业经营相关。

---

[1]　加拿大《所得税法》第 37 条（1）（a）。
[2]　免税公司应符合加拿大《所得税法》第 149 条（1）（i）的规定。
[3]　加拿大《所得税法》第 37 条（7）。

2. 扣除额度的计算

（1）一般规定

依据加拿大《所得税法》的规定，一个纳税年度内，纳税人在当年或1973年之后的以前年度，发生的可扣除的科研和实验发展费用总额度具体包括以下几项。[1]

第一，纳税人直接在加拿大境内实施的与其商业经营活动相关的科学研究和实验发展发生的费用。

第二，直接代表纳税人在加拿大境内实施的与纳税人商业经营活动相关的科学研究和实验发展发生的费用。

第三，纳税人委托他人实施并支付的与其商业经营相关的科学研究和实验发展的费用，且该项费用须符合以下条件：首先，支付对象须为在加拿大注册的居民公司；其次，科学研究和试验发展须在加拿大境内实施；最后，纳税人须有利用科学研究和实验发展成果的权利。

第四，纳税人委托经核准的其他组织或公司在加拿大境内实施的、与纳税人商业经营有关的科学研究和实验发展支出的费用，且纳税人享有利用科学研究和实验发展的成果的权利。

第五，公司纳税人委托在加拿大注册且符合免税规定的居民公司，在加拿大境内实施的基础研究和应用研究等科学研究和实验发展支出的费用。且纳税人与直接实施科学研究和实验发展的公司有共同利用研究成果的权利。如果成果与科学研究和实验发展的目的有差异，若该成果与纳税人其他商业经营相关，也可适用扣除的相关规定。

（2）扣除的特别规定

纳税人计算一个纳税年度内可以扣除的科学研究和实验发展总额度时，须将一般规定与特别规定中各项扣除加总，进而

---

〔1〕 加拿大《所得税法》第37条（1）（a）。

计算总额度。而加拿大《所得税法》第 37 条包括如下几项特别规定。

第一，当纳税人用于科学研究和实验发展的资金源自第三方资助时，根据法律规定，一个纳税年度内，纳税人获取的可计入所得的政府或非政府资助包括，在该纳税年度之内纳税申报期届满之前，纳税人已获得的、有权获得的或合理期待可获得的政府资助或非政府资助，且获取的资助应用于法定的科学研究和实验发展支出。[1]政府资助是指依据加拿大《所得税法》第 127 条（9）的规定，政府机关、自治市或其他公立机构以财政拨款、补贴、可免除贷款、税收扣除、投资减免税或其他形式的资助，但不包括第 127 条（5）和（6）中所规定的有关投资税收抵免。[2]非政府资助是指第 127 条（9）规定的，依据第 12 条（1）（x）激励收入或补偿收入等的规定，纳税人取得的并应计入其所得中的各类资助。[3]

第 37 条（1）（c）则对前述所规定第三方资助的资金的偿还如何计入科学研究和实验发展支出作出细化，纳税人因偿还第 37 条（1）（d）所规定的资金，而在当年或 1973 年之后的以前年度支付的各项科学研究和实验发展费用具体分为：其一，依据第 12 条（1）（v）研究和发展扣除的规定，在计算纳税人所得时计入的数额。即在一个纳税年度末，纳税人分别依据第 37 条（1）（d）至第 37 条（1）（h）的规定计算得出的各项数额的总和，超过该纳税年度末纳税人分别依据第 37 条（1）（a）至（1）（c.1）的规定计算得出的各项科学研究和实验发展支出的总和的部分。其二，以前纳税年度，纳税人依据第 127 条

---

〔1〕　加拿大《所得税法》第 37 条（1）（d）和第 37 条（1）（a）。
〔2〕　加拿大《所得税法》第 127 条（5）、（6）、（9）。
〔3〕　加拿大《所得税法》第 12 条（1）（x）。

（27）投资收回税收抵免〔1〕、第 127 条（29）纳税人可分配的
收回投资税收抵免〔2〕或第 127 条（34）投资收回税收抵免〔3〕
的规定而增加的税负的总和。其三，若为合伙企业，合伙企业
在以前财政年度因超过符合第 127 条（30）税的增加规定的数
额，超量部分之和。

第二，加拿大《所得税法》第 37 条（1）（e）规定的扣除
数额是指，符合第 127 条（5）投资税收抵免的规定，且可合理
地归因于以下条件之一的数额：一是以前纳税年度因指定代理
而支出的科学研究和实验费用；二是以前年度支出的符合第 127
条规定的科学研究和实验支出，且计入当年的；三是受让人第
一个纳税年度确定的数额，而此处"第一个纳税年度"是指依
据第 127 条（13）符合法律规定的支出额度的转让协议中的
（e）规定，为计算确定纳税人科学研究和实验发展符合法律规
定的支出资金池的特定数额而引用的特定年度结束时或结束后
的第一个纳税年度。

第三，依据加拿大《所得税法》第 37 条（1）（f）的规定，
以前纳税年度，纳税人发生的非资本支出，选择以下支出的较
小者从其收入中扣除：在计算纳税人以前纳税年度的所得时，
依据第 61 条（3）居民企业资不抵债扣除的规定可以扣除的数
额；或以前年度，纳税人依据第 37 条（1）的规定申报的扣除
数额超过依据第 37 条（1）的规定实际可扣除的数额。

第四，依据加拿大《所得税法》第 37 条（1）（g）的规定，
纳税人可在当年或以前纳税年度，按依据第 194 条（2）（a）
（ii）的规定计算求得的数额的两倍，作为科学研究和实验发展

---

〔1〕 加拿大《所得税法》第 127 条（27）。
〔2〕 加拿大《所得税法》第 127 条（29）。
〔3〕 加拿大《所得税法》第 127 条（34）。

费用的附加扣除项。第 194 条（2）（a）（ii）规定，如果该公司一个纳税年度享有的科学研究和实验发展抵免额度大于其在该年度已从应纳税额中扣减的科学研究和实验税收抵免的数额，则该公司享有的可申请退还税款额度不得大于按照以下方法计算求得的数额的 50%：在 1983 年 4 月 19 日之后的一个纳税年度及该纳税年度的前一个纳税年度，纳税人依据第 37 条科学研究和实验发展（1）（a）和（b）的规定，从其收入中扣除的且已与收入配比的符合法律规定的科学研究和实验发展支出；与纳税人在前一个纳税年度，依据第 37 条科学研究和实验发展（1）（a）和（b）的规定，从其收入中扣除的且已与收入配比的符合法律规定科学研究和实验发展的支出数额，且该部分支出须同时适用于计算前一个纳税年度的退税额度、从收入中扣除的第 37 条（1）规定的支出数额、计算纳税人最低税额而扣除的数额；前两者的差额部分，加上纳税人在计算一个纳税年度或前一个纳税年度的应纳税所得额时，依据第 37 条（1）的规定从收入中扣除的，并与纳税人依据第 37 条（1）（a）和（b）的规定已与收入配比的符合法律规定的可扣除支出有关联的支出部分，应用两倍计算规则。

第五，依据加拿大《所得税法》第 37 条（1）(h)的规定，若纳税人符合亏损限制的适用条件，则在年度结束之前，纳税人扣除额度应依照第 37 条（6.1）的规定计算。而（6.1）亏损限制情形规定，一个纳税年度结束之前，如果纳税人符合亏损限制情形，则扣除数额为以下两个数值之差，具体应按照如下方法计算：第一步，纳税人在一个纳税年度结束之前，在其商业经营中出现亏损限制情形时，纳税人在该纳税年度依据第 37 条（1）（a）或（c）的规定计算的数额，加上纳税人在前一个纳税年度依据第 37 条（1）(c.1)计算的数额，减去纳税人在前一个纳税年度依据第 37 条（1）（d）至（g）的规定计算的数额，或减去纳税人在前一个纳税年度依据第 37 条（1）的规定从其收入中所扣除的总数额。第二步，如果纳税人在商业经营中，实施的符合第 37 条（6.1）（a）（i）（A）至（C）规定所扣除数额对应的科研活动已产生利润或该纳税年度内合理预期可产生利润，则在纳税人依据第 37 条（1）扣除费用之前的收入，加上如果资产被转让、出租或改进，或服务已被提供，在该纳税年度且在纳税人依据第 37 条（1）扣除之前，纳税人主要源自资产的转让、出租或改进的收入，或者主要来自服务提供的收入，再加上前一个纳税年度纳税人前述方法计算所得收入总额与纳税人依据第 37 条（1）的规定所计算的前一纳税人年度扣除数额中的较小者。第一步计算的数值减去第二步计算的数值所得的数值，则为第 37 条（1）（h）规定的扣除数额。

（二）境外发生费用的适用情形

加拿大《所得税法》规定，对纳税人在加拿大境外支出的与科学研究和实验发展有关的费用，视为在加拿大境内支出的费用。[1]

1. 工资、薪金

一个纳税年度内，纳税人在加拿大境外支出的与科学研究和实验发展相关的工资和薪金，若符合法律规定条件时则视为境内支出。依据加拿大《所得税法》第 37 条的规定，视为境内支出的数额是以下两者中的较小者：第一，2008 年 2 月 25 日之后，一个纳税年度，纳税人为其雇员支付的与科学研究和实验发展相关的全部工资薪金的总和，且雇员须为加拿大居民，科学研究和实验发展须在加拿大境外开展，科学研究和实验发展须由纳税人直接承担，研究和试验与纳税人的商业经营相关，

---

〔1〕 加拿大《所得税法》第 37 条（1.4）和（1.5）。

在境外实施的科学研究和实验发展活动的唯一目的是为纳税人境内的科学研究和实验发展提供支持。第二，一个纳税年度内，纳税人支付给雇员的工资薪金总额的 10%，且雇员须与科学研究和实验发展有关，科学研究和实验发展须在加拿大境内开展、直接由纳税人实施、与纳税人的商业经营相关。[1]

2. 境外研究

在计算纳税人一个纳税年度的商业经营收入时，该年度纳税人因在加拿大境外实施科学研究和实验发展而支出的费用，可以扣除。同时，境外研究费用的扣除仍须符合以下条件之一：科学研究和实验发展须由纳税人直接实施或委托第三方以纳税人的名义实施，且与纳税人的商业经营相关；或者，该费用是纳税人向经核准的团体、大学、学院、研究机构或其他类似机构支付的，用于在加拿大境外实施的科学研究和实验发展的费用，且研究与纳税人的商业经营相关，同时纳税人有利用科学研究和实验发展成果的权利。[2]

（三）科学研究和实验发展费用界定

纳税人的生产经营、科学研究、营销管理等环节，包含众多性质不同的活动，而各类活动之间彼此关联渗透，对科学研究和实验发展活动的界定构成挑战，因此科学研究和实验发展支出的界定也模糊不清。加拿大《所得税法》试图回应这一问题，法律规定，可以促进纳税人商业经营扩展的任何科学研究和实验均涵盖于科学研究和实验发展之中，与之相关的支出具体包括：为科学研究和实验发展而发生的支出；支出的主要部分可归因于实施科学研究和实验发展；依据规章规定，支出的性质直接可归因于科学研究和实验发展；纳税人一个纳税年度

---

〔1〕　加拿大《所得税法》第 37 条（1.5）。
〔2〕　加拿大《所得税法》第 37 条（2）。

内支出的，依据费用的性质可直接归因于或依据费用的性质全部或大部分可归因于实施科学研究和实验发展或为科学研究和实验发展提供设备或支持；费用是因纳税人在加拿大境内直接或以纳税人名义实施科学研究和实验发展而发生的；因支付直接在加拿大境内从事科学研究和实验发展相关工作的雇员的工资薪金而发生的费用；因实施科学研究和实验发展而发生的原材料消耗或转化费用等。[1]

其中有两项例外：第一，当支出涉及雇员的工资薪金时，须注意其中不包括纳税人支付给特定雇员（specified employee）的基于利润而分配的报酬、奖金和红利。特定雇员是指纳税人一个纳税年度内支付给该雇员的工资薪金超过特定数额的一类雇员，特定数额等于计税年度最后一日所在公历年度的年计算退休金的薪金基础最大值的五倍与该计算年度内该雇员拥有特定雇员身份的天数的乘积，除以365。第二，当纳税人的全部或主要收入源自开展实施科学研究和实验发展时，如转让研究成果，则该科学研究和实验发展不视为与纳税人商业经营相关的科学研究和实验发展。[2]

（四）关联关系的适用

1. 关联公司与分摊协议

一个纳税年度最后一日所在公历年度，公司雇佣特定雇员，且此特定雇员在该公历年度内是该公司关联公司的特定雇员，且公司之间的关联关系在该公历年度内存续，则须从该公司及其关联公司在该公历年度发生的实质上用于或直接归因于实施科学研究和实验发展或为其提供设备、原材料或支持的费用中，排除此公历年度内支付给特定雇员的工资薪金，但该公司及其

---

〔1〕 加拿大《所得税法》第37条（8）。

〔2〕 加拿大《所得税法》第37条（9）。

关联公司已向部长申请工资薪金分摊协议的除外。[1]

如果公司及其关联公司向部长申请特定雇员工资薪金分摊协议,则工资薪金总额不得超过以下公式计算所得数值:特定公历年度的年计算退休金的薪金基础最大值的五倍乘以 365 天或雇员在各关联公司之中以特定雇员身份从事工作的总天数之间的较小者,前述乘积除以 365。向部长提交的工资薪金分摊协议须具备以下条件:符合法定格式;有权代表公司纳税人申请并向达成分摊协议的董事提交相关权利证明文件。[2]

若纳税人未在其提交的书面文件中列明分摊条款,或未按照法定形式提交书面证明材料,则特定雇员的工资薪金不得作为科学研究和实验发展费用,进而不得按照加拿大《所得税法》第 37 条的规定扣除。

2. 视同关联公司

为适用关联公司之间特定雇员工资分摊协议的法律规定,以下情形视同特定公司的关联公司:与特定公司有关联的自然人;与特定公司有关联关系的自然人或特定公司的关联公司是合伙关系中的重大利益合伙人;与特定公司有关联关系的自然人或特定公司的关联公司是有限合伙中的非有限责任合伙人。[3]

3. 公平交易原则的排除适用

若纳税人的有关科学研究与实验发展活动是代理其他人或代合伙企业实施的,则不符合公平竞争原则,但如果该活动由其他人或合伙企业实施则为科学研究和实验发展,则纳税人实

---

[1] 加拿大《所得税法》第 37 条(9.2)。
[2] 加拿大《所得税法》第 37 条(9.3)。
[3] 加拿大《所得税法》第 37 条(9.5)。

施的活动视为被代理方的科学研究和实验发展。[1]

二、科学研究和实验发展税收抵免

加拿大《所得税法》针对科学研究和实验发展，除规定可税前列支的费用扣除外，纳税人还可从应纳税额中直接扣减符合法律规定的抵免额。法律规定，一个纳税年度内，纳税人有权从应纳税额中扣减符合法律规定的科学研究和实验发展税收抵免总额度，该年度可抵免的总额度等于该年度的科学研究和实验发展抵免额度加上未使用而结转至下一个纳税年度的科学研究和实验发展的抵免额度。[2]适用科学研究和实验发展税收抵免优惠时，纳税人支付的境外科学研究和实验发展活动的工资薪金的定义与范围依据加拿大《所得税法》第 37 条的规定确定。

（一）科学研究和实验发展抵免额度

一个纳税年度内，纳税人享有的科学研究和实验发展抵免额度等于按照以下方法确定的两个数值之差。

第一，如果纳税人为公司，则为公司所获取的股份、承担的义务或享有的权利的 50%；如果纳税人为自然人且不存在信托关系，则为自然人所获取的股份、承担的义务或享有的权利的 34%。[3]

纳税人所获取的股份、承担的义务或享有的权利是指，公司或自然人依据加拿大《所得税法》第 194 条公司科学研究和实验发展税收抵免的退税中（4）的规定而发行的下列股份、债券等证券：其一，纳税人在取得初次购买人资格的年度内购得

---

[1] 加拿大《所得税法》第 37 条（13）。
[2] 加拿大《所得税法》第 127 条 3（1）。
[3] 加拿大《所得税法》第 127 条 3（2）A。

的记名股份，且纳税人非为破产人或证券交易人身份。其二，纳税人在取得第一人身份的年度内承担的债券债务、公司债务、按揭贷款、抵押债权债务等其他性质类似的债务。纳税人承担的前述债务须为记名债务，且纳税人非为破产人或证券交易人身份。其三，纳税人在取得第一人身份的年度内获取的一项权利，且纳税人非为破产人或证券交易人身份。

第二，须依据合作公司（cooperative corporations）的有关规定，推算在确定纳税人当年的科学研究和实验发展抵免额度的计算过程中应扣减的各项数额之和。[1]合作公司是指，依据加拿大法律注册成立的合作公司，该类公司旨在为其成员或顾客的生产或服务提供原材料、设备或仓库等，或对其成员或顾客销售原材料、设备或仓库等，并负责其成员或顾客产品或服务的市场营销，且合作公司的成员90%以上为自然人。[2]

同时，依据合作公司的有关规定，一个纳税年度内的任一特定时间（particular time），纳税人作为合作公司，当纳税人依据法律规定对应由其支付给第三方的按投资比例分配的股息红利予以部分扣减或扣留时，纳税人从对第三方分配的股息红利中扣减的数额应从总数额（the amount）中减除。[3]其具体的计算方法如下：总数额等于该纳税人在一个纳税年度享有的科学研究和实验发展税收抵免额度，该纳税年度是指该纳税人分配扣减后的股息红利的特定时间所在的年度的前一个纳税年度；[4]总数额超过依据以下计算方法求得数额的总和，其中数额的总和是指，特定时间所在纳税年度之内，特定时间之前的时间内，依

---

〔1〕　加拿大《所得税法》第127条3（5）。
〔2〕　加拿大《所得税法》第127条3（5）。
〔3〕　加拿大《所得税法》第127条3（5）。
〔4〕　加拿大《所得税法》第127条3（5）（a）。

据加拿大《所得税法》第 127 条 3 (5) 的规定所应扣减的各项数额的总和。[1]

第一项计算求得的数值减除第二项计算求得的数值，则等于一个纳税年度纳税人享有的科学研究和实验发展抵免额度。

(二) 未使用的科学研究和实验发展抵免额度

纳税人某一纳税年度的科学研究和实验发展抵免额度，减去以下两个数值之和，则为未使用的科学研究和实验发展抵免额度。第一，纳税人该纳税年度的应纳税额与其最低税额 (minimum amount) 的差额；第二，该纳税年度结束时，纳税人依据加拿大《所得税法》第八部分的规定享有的可退还税款的科学研究和实验发展税收抵免的退税额。其中，最低税额等于纳税人调整后所得额扣减 C $ 40 000 后的差额乘以合理的比例后的数值，再扣减最低税负抵免额度后的数额。

未使用的科学研究和实验发展抵免额度等于，纳税人某一纳税年度科学研究和实验发展抵免额度减去第一项计算求得的差额与第二项求得的退税额之和。

三、可退还税款的科学研究和实验发展税收抵免

(一) 第八部分规定的应纳税额

加拿大《所得税法》第八部分第 194 条 (1) 规定，一个纳税年度内，公司纳税人签订符合第 194 条 (4) 所规定的科学研究和实验发展融资协议并取得的符合法律规定的股权收入、债权债务收入或赋予一项权利而取得的收入，应依据第八部分的规定，按 50% 的比例征税。其中，债权融资包括债券债务、公司债务、按揭贷款、抵押债权债务等其他性质类似的形式。

加拿大的公司纳税人依据科学研究和实验发展融资协议以

---

[1]　加拿大《所得税法》第 127 条 3 (5) (b)。

发行股份、赋予债权或授予一项权利而融资的，在发行股权之日、债权融资之日或授权之日所在月的次月内，须向部长提交书面申请文件。纳税人签订的融资协议中的股份、债权债务或赋予的权利的额度不得超过以下数值：按照前述规定，公司发行股份或债券、赋予权利的，以发行股份为例，公司已发行的股份不得超过政府或其他公立机构提供的资金或补贴购买该类股份的部分。

（二）第八部分退还税规定

可退还税款的科学研究和实验发展税收抵免是指，公司纳税人依据《所得税法》第八部分公司可退还税款的科学研究和实验发展的税收抵免的有关规定所享有的科学研究和实验发展税收抵免的退还税款的权利而申请的退税额度。同时加拿大《所得税法》第 194 条（2）规定，一个纳税年度内，一个公司可依据第八部分申请的可退还税款的额度等于以下数额的较小值。

第一，如果该公司一个纳税年度享有的科学研究和实验发展抵免额度大于其在该年度已从应纳税额中扣减的科学研究和实验税收抵免的数额，则该公司享有的可申请退还税款额度不得大于以下计算所求得的数额的 50%。

在 1983 年 4 月 19 日之后的一个纳税年度及该纳税年度的前一个纳税年度，纳税人依据加拿大《所得税法》第 37 条科学研究和实验发展（1）（a）和（b）的规定，从其收入中扣除的且已与收入配比的符合法律规定的科学研究和实验发展支出；与纳税人在前一个纳税年度，依据第 37 条科学研究和实验发展（1）（a）和（b）的规定，从其收入中扣除的且已与收入配比的符合法律规定科学研究和实验发展的支出数额，且该部分支出同时适用于计算前一个纳税年度的退税额度、计算从收入中扣除的第 37 条（1）规定的支出数额、计算纳税人最低税额而扣除的数额；前两者的差额部分，加上纳税人在计算一个纳税年度或前一个纳税年度的应纳税所得额时，依据第 37 条（1）的规定从收入中扣除的，并与纳税人依据第 37 条（1）（a）和（b）规定的已与收入配比的符合法律规定的可扣除支出有关联的支出部分，应用两倍计算规则。

第二，在一个纳税年度末，公司纳税人依据第八部分公司可退还税款的科学研究和实验发展的税收抵免的有关规定而实际享有的退还税额度。依据第八部分的规定实际享有的退还税额度是指一个纳税年度末，公司依据第八部分的规定计算求得的以前各年度以及本年度的应纳税总额，大于其依据第八部分的规定计算求得的以前各年度的退还税总额的差额。

纳税人依据第一项计算求得的退还税额度，与依据第二项计算求得的退还税额度，二者相比的较小者则为该公司纳税人在一个纳税年度享有的科学研究和实验发展税收抵免的退还税额度。

经过前述分析，加拿大《所得税法》中规定的科学实验和实验发展费用扣除和税收抵免优惠，与美国《国内收入法典》采用相同的立法模式，即由法律规定费用扣除和税收抵免的适用主体、适用情形，以及科学研究和实验发展的定义、费用范围、数额的计算方法和步骤、关联关系中的适用规则等。为避免适用时的冲突与混乱，对扣除与抵免中涉及的科学研究和实验发展定义以及费用范围，法律作出统一的界定。而且法律规定的科学研究和实验发展的扣除与税收抵免优惠同样是以纳税人的科学研究和实验行为、研发目的界定促进创新所得税优惠的适用范围，而非依据产业区别或纳税人组织形式区别等与促进创新关联较弱的因素。此外，加拿大《所得税法》也较多采用税收抵免的方式引导、鼓励纳税人的研发行为，并规定税收抵免可结转或申请退税。美国、加拿大促进创新政策的主要区别在于，美国的政策紧扣纳税人因研发而发生的费用支出，而加拿大的政策则围绕研发资金的投入环节。

第三章
我国促进创新所得税优惠制度的现状分析

第一节　促进创新所得税优惠制度的法源分析

我国促进创新所得税优惠法律制度以《宪法》和《立法法》作为制度的顶层架构，以《企业所得税法》和《个人所得税法》作为基本制度依据，以国务院两部实施条例作为主要配套法规，以财政部、税务总局出台的一系列规范性文件予以细化和补充，它们之间组成层次有别、相互分工、协调衔接的所得税优惠法源结构。

一、《宪法》《立法法》《税收征收管理法》的规定

（一）《宪法》的相关规定

我国宪法以基本法的权威保障科技创新和科技发展，保障纳税人的受教育权，激励劳动者不断提升知识和技术水平，并规定纳税人依照法律承担纳税义务。《宪法》规定，"国家发展自然科学和社会科学事业，普及科学和技术知识，奖励科学研究成果和技术发明创造"[1]，"国家通过提高劳动者的积极性和

---

[1]《宪法》第20条。

技术水平，推广先进的科学技术"。[1]并规定国家发展教育事业，着重发展学前教育、义务教育、中等教育、职业教育和高等教育，提高人民整体的科学文化水平，鼓励引导各行各业劳动者参加文化、科学、技术和职业的教育，通过各种途径创造劳动就业条件。[2]基本法的规定为所得税优惠鼓励、促进创新提供基本法层面的法律依据。同时《宪法》第56条规定"中华人民共和国公民有依照法律纳税的义务"，是税收法定原则的集中体现。

（二）《立法法》的相关规定

延续《宪法》第56条的规定，《立法法》规定，税种的设立、税率的确定和税收征收管理等税收基本制度只能制定法律，[3]同时规定，立法机关可授权国务院先行制定犯罪和刑罚等三类事项之外的其他事项的行政法规。[4]立法机关向国务院授权时不得空白授权，需满足的条件包括：第一，授权时应指明授权目的、事项、范围和期限，并规定实施授权事项的原则；第二，每次授权不得超过5年，且在授权期限届满的6个月以前，被授权机关应向授权机关报告授权决定的实施情况，并由授权机关决定制定法律或继续授权；第三，被授权机关须严格遵循授权决定，且不得转授权。[5]除此之外，《立法法》还规定："授权立法事项，经过实践检验，制定法律的条件成熟时，由全国人民代表大会及其常务委员会及时制定法律。法律制定后，相应立法事项的授权终止。"[6]

---

〔1〕《宪法》第14条。

〔2〕《宪法》第19条。

〔3〕《立法法》第8条第6项。

〔4〕《立法法》第9条。

〔5〕《立法法》第10条、第12条。

〔6〕《立法法》第11条。

（三）《税收征收管理法》的相关规定

《税收征收管理法》规定了征税机关的权利、义务与责任，贯穿于各税种的征收管理实践中，是保障征税机关依法征税、纳税人依法纳税最直接和有效的法律。其还规定，税收的开停征、减税、免税以及退补税依照法律规定执行，法律授权制定行政法规的，遵循行政法规的规定；法律同时从反面强调，任何机关、单位和个人不得违反法律、行政法规的规定，作出与税收法律、行政法规相抵触的减税、免税等决定。[1]

综上所述，《宪法》从一国基本法的高度对大力发展科学技术、受教育权、劳动权、依法纳税的义务、征税权等国家事务和人民的基本权利予以确定，并明确国家对创新和科学技术发展的重视和鼓励。《立法法》从规范立法的角度、《税收征收管理法》从规范征管的角度，明确规定税收基本制度，如税基、税率、纳税人等影响税负轻重大小的基准税收构成要件及税收优惠应由法律予以规定，《企业所得税法》《个人所得税法》等单行税法应当予以遵循和衔接。《立法法》和《税收征收管理法》的内容除进一步确立和界定税收法定原则的适用范围外，对授权国务院立法的方式、期限、范围等授权条件也作出了规范。

由此可见，《宪法》《立法法》《税收征收管理法》为促进创新所得税优惠法律制度提供了基本的立法路径。按照税收法定原则，促进创新所得税优惠法律制度中所包括的具体措施，如改变所得税基准税收构成要件，将影响纳税人税负程度、违背所得税法最初的横向和纵向公平，并将影响所得税职能的实现，干预扭曲经济行为，因此均应由法律规定。而法律未予规定的，可授权国务院制定行政法规，但不得转授权。

---

[1]《税收征收管理法》第3条。

二、企业所得税法及相关规定

（一）《企业所得税法》的相关条文

《企业所得税法》第四章规定税收优惠的相关内容。法律首先概括性地对税收优惠予以规定，第 25 条指出"国家对重点扶持和鼓励发展的产业和项目，给予企业所得税优惠"。随后通过9 个条文对具体的优惠措施予以规定，其中与促进创新相关的优惠措施仅有 7 项，而第 35 条和第 36 条规定了企业所得税收优惠的授权立法的内容。如所得税优惠促进创新的机制机理中所分析的，所得税优惠划分为税基式优惠、税率式优惠和税额式优惠，主要以扣除、税率、抵免等措施引导、鼓励创新。从企业的支出的角度加大与创新有关的成本费用的扣除力度，缩小税基进而降低企业税负；或者规定低税率，直接降低与创新有关的企业的税负水平；或者从收入的角度规定某类收入减征、免征企业所得税；又或者规定特定支出抵免企业所得税额等。

税基式优惠相关的措施包括：减征免征、加计扣除、投资额抵扣应纳税所得额、加速折旧、减计收入。减征和免征优惠针对企业因技术转让等特定行为而取得的收入，法律原则性地规定了五类所得可以减征、免征企业所得税，其中四类所得与创新发展相关，具体包括：从事农、林、牧、渔业生产项目的所得，因投资经营国家重点扶持的公共基础设施项目而取得的所得，因经营符合条件的环保或节能节水项目取得的所得，符合条件的技术转让所得。[1]企业研发新技术、新产品、新工艺而支出的费用可加计扣除；[2]创业投资企业投资国家重点扶持

---

〔1〕《企业所得税法》第 27 条。

〔2〕《企业所得税法》第 30 条。

和鼓励的行业产业，其投资额可按比例抵扣应纳税所得额；[1]因技术进步等原因，企业可选择缩短折旧年限等方法加速折旧固定资产；[2]企业的特定产品的收入可在计算应纳税所得额时减计收入，产品须综合利用资源，且符合国家产业政策的规定。[3]其中，加计扣除、抵扣应纳税所得额、加速折旧等优惠措施是从支出的角度引导、鼓励纳税人的科学研究、技术研发活动的，而减征免征、减计收入则是从收入角度规定的促进创新所得税优惠措施。

我国促进企业创新的税率式优惠主要针对小型微利企业和高新技术企业，旨在鼓励小微企业和国家重点扶持的高新技术企业。法律规定符合法定条件的小型微利企业和高新技术企业，可分别适用 20% 和 15% 的优惠税率。[4]

税额式优惠主要规定了税额抵免，税额抵免则是从支出的角度，分担企业的投资成本。税额抵免是指企业因投资环保、节能节水、安全生产等专用设备的支出可按比例抵免应纳税额。[5]

从法条内容本身可知，法律中对税收优惠的规定过于原则和概括，不具有确定性。首先，法律未明确界定关键概念的定义或范围，例如，国家需要重点扶持和鼓励的创业投资、小型微利和高新技术企业、国家重点扶持的公共基础设施项目等概念，法律均未进一步界定和明确。其次，法律未规定各项优惠措施的具体计算方法和步骤，仅依据法律纳税人无法适用、计算税收优惠金额。法律将权力授予国务院制定行政法规规定税收优惠具体办法，同时法律规定由于经济、社会等突发事件对

---

[1]《企业所得税法》第 31 条。

[2]《企业所得税法》第 32 条。

[3]《企业所得税法》第 33 条。

[4]《企业所得税法》第 28 条。

[5]《企业所得税法》第 34 条。

企业生产经营造成重大影响时国务院有权制定专项优惠政策并报全国人民代表大会常务委员会备案。[1]

(二)《企业所得税法实施条例》的规定

围绕着法律制定的优惠措施,《企业所得税法实施条例》逐一作出了一定程度的细化。

1. 税基式优惠

(1) 减征、免征

法律原则性地规定了四类可减征、免征企业所得税的情形,其中第一类是农林牧渔等农业生产项目,与我国创新驱动发展战略提倡的发展现代农业技术相符,《企业所得税法实施条例》进一步列举了农林牧渔的范围,以及免征和减征的适用项目。[2]

《企业所得税法实施条例》规定了企业投资经营国家重点扶持的公共基础设施项目的具体范围、减征企业所得税的适用方法、禁止适用的经营活动。适用时,公共基础设施项目须符合《公共基础设施项目企业所得税优惠目录》的规定,如机场、铁路、电力、水利等与国计民生息息相关且须由国家提供的公共产品和服务项目。而且企业须投资经营,若仅承包经营或建设《公共基础设施项目企业所得税优惠目录》中的基础设施项目或者仅为自建自用,则不得享受该项优惠措施。具体适用方法是,企业从事符合规定的公共基础设施项目,自此项目第一次取得生产经营所得所在的纳税年度起算,前三个纳税年度中源自此项目的所得免征企业所得税;第四个纳税年度至第六个纳税年度源自此项目的所得减半征税。[3]

从前述规定内容可知,符合规定的公共基础设施项目的减

---

〔1〕《企业所得税法》第35条、第36条。

〔2〕《企业所得税法实施条例》第86条。

〔3〕《企业所得税法实施条例》第87条。

免税优惠的适用期间是，自从事符合规定的公共基设施项目的企业从优惠目录中所规定的基础设施项目中取得第一笔所得所在的纳税年度起算，连续六个纳税年度之内。同时《企业所得税法实施条例》还规定，自企业开始适用此项优惠措施之时起，在该项优惠措施的适用期间内，企业转让符合规定的公共基础设施项目的，自受让之日起至该项优惠措施适用期间届满，受让企业可继续享受剩余期间的减免企业所得税优惠，但受让方与出让方之间不得重复申请适用优惠。[1]而《公共基础设施项目企业所得税优惠目录》的具体内容，则依据《企业所得税法实施条例》的规定，由行政法规授权国务院财政、税务及其他相关部门协商制定，并报国务院批准。[2]

《企业所得税法实施条例》列举了几项可减征、免征企业所得税的环境保护、节能节水项目，如公共污水处理、节能减排技术改造、海水淡化等。其减征、免征的适用方法与重点扶持的公共基础设施项目相同，自企业从符合规定的项目第一次取得所得所在的纳税年度起算，前三个纳税年度该所得免征企业所得税；第四至第六个纳税年度该所得减半征收企业所得税。每个项目的法定条件和范围则授权国务院财政、税务及有关部门规定细化规则，并报国务院批准。[3]此外，在优惠措施适用期间内项目被转让的，转让方和受让方不得重复享受优惠措施。

《企业所得税法实施条例》还对符合条件的技术转让所得减征、免征企业所得税作出细化规定，居民企业源自技术转让的所得，以 500 万元为界，500 万元以下的部分免征企业所得税，

---

〔1〕《企业所得税法实施条例》第 89 条。
〔2〕《企业所得税法实施条例》第 101 条。
〔3〕《企业所得税法实施条例》第 88 条。

超过 500 万元的部分减半征收。[1] 但法律、法规均未对关键概念如技术、转让等作出定义和范围界定。

综合分析减征、免征企业所得税优惠措施具体内容，可知该项措施是围绕着创新发展的重要领域、重大项目以及技术转让环节而展开的所得税优惠激励，再次突显了企业所得税制促进企业创新的目的。但从各法律、行政法规的条文内容和规定细节，可推知其有违税收法定原则，例如居民企业技术转让所得减免税措施，法律、行政法规均未解释技术转让所得中的技术的定义和技术转让所得的范围，而在法律法规具体适用和运行中，必然将由实践部门以规范性文件的方式予以细化。规范性文件对减征、免征企业所得税优惠的适用范围及其他条件作出规定，由于其制定过程难以广泛听取和反映利益相关人的建议和诉求——此处的利益相关人包括可适用优惠措施的纳税人、与该类纳税人具有相同纳税能力的纳税人、与该类纳税人存在竞争关系的纳税人等——在背离税收法定原则的同时也深刻影响市场中的企业、劳动力的切身利益，还可能混淆政府和市场的边界，导致税收对市场经济的过度干预和扭曲。虽然此项优惠措施直接作用于企业的特定所得，但仍有可能违背税收中性原则。而对重点扶持的公共基础设施，环境保护、节能节水，以及技术转让三类重点领域和项目施以减免征收企业所得税的优惠是否符合适当性、必要性和狭义比例原则的要求仍有待考量。

（2）加计扣除

《企业所得税法》规定企业研发新技术、新产品、新工艺而支出的费用可加计扣除。《企业所得税法实施条例》规定的企业

---

[1]《企业所得税法实施条例》第 90 条。

研发费用加计扣除的细化条件包括：研发费用未计入无形资产当期损益的，按研发费用实际发生额的150%计算扣除数额；若计入无形资产，则按成本的150%摊销。[1]但法律和行政法规中，未明确界定新技术、新产品和新工艺的概念和范围，也未清晰划定研发费用的范围。企业的创新研发活动涉及研发人员、研发资金、研发设备、厂房和土地等一系列投入和费用支出，而且加计扣除是最有效的促进企业创新活动的优惠措施，也是影响税基大小、税负程度的关键要件，依照税收法定原则，应由法律法规、行政法规明确规定，以保障其法定性并符合税收中性和比例原则。

（3）加速折旧

与加计扣除优惠类似的一项措施是加速折旧。法律规定，因技术进步等原因，企业可选择缩短折旧年限等方法加速折旧固定资产。行政法规试图进一步限制该措施的适用范围并增强法律法规的明确性，从两方面对加速折旧优惠措施的适用予以规范：首先，规定了两类适用情形，因技术进步而更新换代频率较高的固定资产，或因物理化学特性而易消耗的固定资产，如处于强震动或高腐蚀状态。其次，规定了加速折旧的计算方法，纳税人可选择缩短折旧年限的方法，或加速折旧的方法。选择缩短折旧年限时，不得低于法定折旧年限的60%。[2]选择加速折旧时，可选用双倍余额递减法或年数总和法。[3]加速折旧优惠旨在鼓励企业依据科学技术的进步，不断更新提高企业

〔1〕《企业所得税法实施条例》第95条。
〔2〕《企业所得税法实施条例》第60条规定，固定资产最低折旧年限：房屋等是20年；飞机、火车、轮船、机器、机械和其他生产设备等是10年；与生产经营活动有关的器具等是5年；飞机、火车、轮船以外的运输工具是4年；电子设备是3年。
〔3〕《企业所得税法实施条例》第98条。

的研发和生产能力，确保其对固定资产的有效投资，引导企业投入高端前沿科技领域，但法律法规表述为"因技术进步等原因，确需加速折旧的""产品更新换代较快的"等，未清晰、准确地揭示引导企业创新研发的宗旨。而且法律和行政法规未规定加计扣除与加速折旧之间的适用关系，若企业基于新技术研发，购入固定资产，是适用研发费用加计扣除的规定，还是选择固定资产加速折旧的规定，单从法律法规的内容无法推断。

（4）投资额抵扣应纳税所得额

法律规定，创业投资企业因从事国家重点扶持和鼓励的创业投资而支付的投资额，可按比例抵扣应纳税所得额。《企业所得税法实施条例》规定的具体适用条件包括：须为股权投资，投资对象须是未上市中小高新技术企业，投资期限须满 2 年，抵扣比例为 70%，抵扣时间须为持股满 2 年的当年；但实施条例同时规定，未完全抵扣的，可结转以后纳税年度继续抵扣。[1]纳税人可依据《企业所得税法实施条例》的规定初步确定抵扣的条件、申请时间和数额，但不足是：该条例未界定创业投资企业的条件以及国家重点扶持鼓励的创业投资的范围，而且与法律相比，《企业所得税法实施条例》新增了股权投资的限制。创业投资企业和创业投资的界定影响优惠措施适用的纳税主体范围、优惠对象的范围，进而影响不同组织形式的税负公平。而《企业所得税法》遵循最优所得税的要求并以量能课税为基石，通过税收法定对其公平性予以确认和保障，法律和行政法规未明确规定创业投资企业和创业投资则有违税收法定原则，同时将影响企业所得税进行经济干预时的税收中性问题。虽然投资额抵扣应纳税所得额优惠在促进创新的维度有利于激励资金流入创新创业企业，但在税收法定、税收中性的维度值得进一步检视。

---

[1]《企业所得税法实施条例》第 97 条。

（5）减计收入

《企业所得税法》概括性地规定，企业综合利用资源、生产符合国家产业政策的产品的所得可减计收入。《企业所得税法实施条例》从以下几个方面对法律作出细化：首先，综合利用资源是指企业利用《资源综合利用企业所得税优惠目录》中所规定的资源生产符合行业标准的产品；其次，企业生产中使用的前述资源占生产产品材料的比例须符合《资源综合利用企业所得税优惠目录》的规定；最后，源自该类产品的收入减按90%计税。《资源综合利用企业所得税优惠目录》是经国务院批准，由财政部、税务总局、国家发展和改革委员会、生态环境部联合制定公布的。[1]法律的概括性规定增加了法律的灵活性，但也增加了下位法任意创制新规定的风险。《企业所得税法实施条例》虽为减计收入优惠提供了一定的可操作性，但《资源综合利用企业所得税优惠目录》依据《企业所得税法实施条例》第101条的规定，再次授权国务院财政、税务及其他相关部门协商制定，并报国务院批准。该条规定实质上将法律规定的减计收入优惠的具体适用范围的界定权力赋予国务院财政、税务和相关部委，而法律法规仅对减计收入的具体比例作出明确规定。结合我国实践，尽管须报国务院批准，但《企业所得税法实施条例》再次授权背离了税收法定原则的初衷，部委制定报国务院批准与严格的制定法律或行政法规的立法程序相比较，部门利益将更深刻地牵涉到规范性文件的制定当中，欠缺一个更广泛的公平、公正、民主的视角，更增加了促进创新所得税优惠制度违背税收中性原则和比例原则的风险，与之同时也增加了对最优所得税制、量能课税原则、稽征经济原则违背的可能性。

概括而言，法律、行政法规中规定的促进创新企业所得税

---

[1]　《企业所得税法实施条例》第99条。

优惠措施中，税基式优惠主要包括：减征免征、加计扣除、加速折旧、投资额抵扣应纳税所得额、减计收入五类优惠措施。

2. 税率式优惠

法律对两类企业规定了低税率：符合条件的小型微利企业和重点扶持的高新技术企业，但小型微利企业和重点扶持的高新技术企业的法定条件和范围法律均未作出规定。依据法律授权，《企业所得税法实施条例》对此作出初步的规定。

小型微利企业的界定主要从企业的规模着手，具体又划分为从事非限制和禁止行业的工业企业或从事非限制或禁止行业的其他企业，限定条件围绕着企业的资产总额、从业人数和年度应纳税所得额展开。[1]具体的适用条件和法律规定的优惠税率如表3-1。

表3-1

	资产总额（万元）	从业人数（人）	年度应纳税所得额（万元）	法律规定的优惠税率（%）
工业企业	不超过3000	不超过100	不超过30	20
其他企业	不超过1000	不超过80	不超过30	20

小型微利企业作为市场经济中活跃的商事主体，其灵活性和组织结构单一、决策易于执行的特点为该类企业从事科技创新及其他创新提供优势，但该类企业存在资金不足、融资能力差的问题，结合此处的税率优惠，小型微利企业适用20%的低税率，与其他国家通行的10%左右的小微企业优惠税率相比，仍存在促进创新不足、无法有效分担企业创新成本和风险的问题。若由规范性文件进一步降低小型微利企业的实际适用税率，

---

[1]《企业所得税法实施条例》第92条。

则有违背税收法定原则的可能。

重点扶持的高新技术企业的界定，《企业所得税法实施条例》从知识产权、研发费用、收入、科研人员等方面作出规定。行政法规中规定的高新技术企业的法定条件包括：拥有核心自主知识产权，产品或服务符合国务院科技、财政、税务主管部门制定的《国家重点支持的高新技术领域》的规定，符合规定的研发费用与销售收入比例，源自高新技术产品或服务的收入与总收入之间的比例符合规定，符合规定的科研人员所占比，其他规定条件。[1]

符合前述条件的高新技术企业规定适用 15% 的优惠税率。虽然法律和行政法规列举了高新技术企业的法定条件，但在具体适用该优惠时，关键性的比例限制以及产品和服务的界定和范围仍未规定，条文内容模糊、笼统，未达到明确性的标准。因此，单纯依据法律法规无法认定某一纳税人是否可适用法律规定的税率优惠，须参考相关下位法。而且，规范性文件《国家重点支持的高新技术领域》对产品和服务的限制和有关规范性文件对高新技术企业的限制，对法定的税率优惠的适用范围进行了双重限制，但对纳税主体的限定并非由法律或行政法规作出，值得进一步分析其合法性。

3. 税额式优惠

法律规定企业的专用设备投资支出可按比例抵免应纳税额，而专用设备须限定于环境保护、节能节水、安全生产等方面。但法律并未详细列举专用设备的范围，也未明确抵免比例。《企业所得税法实施条例》从专用设备范围和抵免期间等几个方面对税额抵免优惠予以细化：首先，企业的专用设备投资支出须

––––––––––

[1] 《企业所得税法实施条例》第 93 条，其他规定条件是指高新技术企业认定管理办法中的条件。

为企业实际购买且投入本企业生产经营的专用设备，若购置后5
年之内转让该专用设备，则不再适用抵免优惠并需补缴已抵免
的税额；其次，抵免额度是购置专用设备投资支出的10%；再
其次，抵免期限是企业实际购买并投入使用的当年，当年抵免
不足的，可向后结转5个纳税年度；最后，环境保护、节能节
水、安全生产等专用设备须符合《环境保护专用设备企业所得
税优惠目录》《节能节水专用设备企业所得税优惠目录》《安全
生产专用设备企业所得税优惠目录》的相关规定，目录由行政
法规授权国务院财政、税务及其他相关部门协商制定，并报国
务院批准。[1]

环境保护、节能节水、安全生产是《国家创新驱动发展战
略纲要》的重要内容，税额抵免优惠因适用条件严格存在创新
激励不足的问题，如企业5年之内转让专用设备则须返还已抵
免的税款。而且由规范性文件制定的三类优惠目录是对税额抵
免优惠适用范围的划定，牵涉纳税主体的适用范围，由法律、
行政法规直接明确更妥当。而且环境保护、节能节水、安全生
产等专用设备投资支出的抵免优惠，与研发费用加计扣除、设
备加速折旧、投资额抵扣应纳税所得额以及符合国家产业政策
综合利用资源减计收入等措施之间的适用关系如何确定，法律、
行政法规也未予明确。抵免优惠以及其他促进创新所得税优惠
措施未形成相互协调配套的促进创新所得税优惠体系，仅分别
针对产业中的部分门类、企业的某一生产经营活动规定不同的
优惠措施、适用不同的优惠力度，其促进效果以及是否符合税
收中性原则和比例原则值得商榷。

（三）概括性规定和授权立法

《企业所得税法》及《企业所得税法实施条例》规定的促

---

[1]《企业所得税法实施条例》第100条、第101条。

进创新所得税优惠措施具体包括：减征免征、研发费用加计扣除、设备加速折旧、投资额抵扣应纳税所得额、减计收入、小微或高新技术企业的税率优惠、税额抵免，涵盖税基式优惠、税率式优惠和税额式优惠三类主要的优惠方式。但法律和行政法规中优惠措施的规定，仍缺乏明确性，纳税人无法依据法条内容推算每一项优惠措施可减轻的税负，仍须下位法进一步阐释和明确。而且法律法规稳定性和权威性的另一种表达方式即为法律法规的时滞性，为了法律体系的灵活、有效运行并适应科技经济和社会的发展和变化，法律或法规中未予规定的内容，除法律法规保留的立法权限外，可由下位法律具体细化规定甚至创设新规，但立法过程必须严格遵循《立法法》的相关规定。

《企业所得税法》规定，由国务院具体规定各项优惠措施的适用办法，因此《企业所得税法实施条例》第四章则对 7 项优惠措施进行了细化规定。[1] 例如《企业所得税法实施条例》规定同一企业适用不同优惠措施时，各项措施须单独核算并合理分摊期间费用，否则不得适用优惠规定。[2] 但其中的缺陷是，大量应由《企业所得税法》明确规定的影响企业所得税基准税负的内容，如影响税基大小或税负轻重的加计扣除、加速折旧、减计收入，又或者税率优惠适用的主体范围和税额抵免比例等，均授权行政法规规定。而《企业所得税法实施条例》则再次规定，将应由法律法规规范的优惠措施的内容，甚至实质上属于基准构成要件的内容，交由国务院财政、税务及其他有关部门协商制定。[3]

---

〔1〕《企业所得税法》第 35 条。

〔2〕《企业所得税法实施条例》第 102 条。

〔3〕 典型如《企业所得税法实施条例》第 93 条第 2 款规定，《国家重点支出的高新技术领域》和高新技术企业认定管理办法由国务院工业和信息化、科技、财政、税务主管部门商国务院有关部门制定，报国务院批准；第 101 条规定企业所得税优惠目录由国务院财政、税务主管部门商国务院有关部门制定，报国务院批准。

　　同时考虑到企业所得税法在法律的运行过程中，与企业每一环节的生产经营活动以及市场和科学技术的变化发展紧密相关，法律及行政法规均无法因时制宜、面面俱到，《企业所得税法》概括性地规定了企业所得税优惠的目的是"国家对重点扶持和鼓励发展的产业和项目，给予企业所得税优惠"，同时授权国务院依据国民经济和社会发展的需要制定企业所得税专项优惠政策。[1]

　　结合法律仅设定了 7 项促进创新企业所得税优惠措施，法定的优惠目的和授权立法为企业所得税优惠依据科技、经济和社会的变化，及时调整企业所得税优惠的内容或扩张优惠范围提供了可能性。但依据《企业所得税法》中授权立法的规定，仅可推知授权立法的目的，授权事项、范围、期限和原则等内容未予规定，因此也无法为促进创新企业所得税优惠措施的创制提供可实际执行的依据，如制定优惠措施的法律文件的效力级别、制定优惠措施的宗旨与目标、具体优惠措施的种类等，虽然法律规定须报全国人民代表大会常务委员会备案。这正如硬币的两面，虽然授权立法推动了促进创新企业所得税优惠的灵活制定，但也导致了促进创新企业所得税优惠的繁杂和混乱。

三、个人所得税法及相关规定

（一）《个人所得税法》

1. 个人所得税基准税收构成要件的规定

　　与《企业所得税法》专设一章规定税收优惠不同，《个人所得税法》中并无专门的章节规定税收优惠的内容。企业所得税基准税收构成要件与企业所得税收优惠的界限在法律规定中很明确，即《企业所得税法》第四章税收优惠所规定的扣除、低

---

　　〔1〕《企业所得税法》第 25 条、第 36 条。

税率、抵免为税收优惠的内容；而《企业所得税法》第一章至第三章中规定的税率、计税依据、扣除、摊销、亏损等内容，则属于企业所得税基准税收构成要件。《企业所得税法实施条例》的内容与《企业所得税法》的规定内容相对应。相比之下，《个人所得税法》通篇一章共 22 个条文对个人所得税制作出规定，覆盖了纳税人的界定、纳税年度、所得的定义、税率、减免个人所得税、应纳税所得的计算、外国纳税抵免、纳税调整、扣缴义务和扣缴义务人、第三方机构的协助义务等个人所得税法中的主要制度和内容。因此，有必要在分析促进创新个人所得税优惠之前，界定个人所得税基准税收构成要件。个人所得税基准税收构成要件须普遍而平等地适用于每位纳税人，包括纳税人、税基（计税依据）、税率、纳税期限等，其中税基又包括扣除、计提折旧或摊销、亏损结转等内容。对应《个人所得税法》的规定，属于个人所得税基准税收构成要件的包括第 1 条纳税人的规定、第 2 条所得界定、第 3 条法定税率、第 6 条应纳税所得额的计算等，而第 4 条免征个人所得税和第 5 条减征个人所得税则属于税收优惠的范围。

2. 促进创新个人所得税优惠措施的规定

《个人所得税法》明确规定的与促进科学技术创新相关的税收优惠是，纳税人获得的科学、教育、技术、文化、卫生、体育、环境保护等方面的奖金，免征个人所得税，但颁发主体须是省级人民政府、国务院部委或中国人民解放军军以上单位，以及外国或国际组织。按照国家规定取得的补贴、津贴，也免征个人所得税。[1] 同时法律授权国务院制定其他免税所得，并报全国人民代表大会常务委员会备案。法律规定的减征个人所得税优惠并未规定与促进创新相关的内容，但同样授权国务院

---

[1]《个人所得税法》第 4 条。

制定其他减税措施,并报全国人民代表大会常务委员会备案。[1]虽然法律未规定,但授权国务院制定免税所得、减征优惠措施,为个人所得税法围绕促进创新制定所得税优惠措施、完善促进创新所得税优惠法律制度提供了法律依据。

《个人所得税法》的条文设计和具体内容高度抽象概括,在促进创新所得税优惠方面同样如此。例如免税措施,个人因科学技术、教育文化、环境保护等方面的卓越贡献取得的奖金免征个人所得税,虽涵盖科学、技术、教育等多个方面,但奖金的颁发主体却设定了严格的条件限制,适用范围狭窄。该项优惠措施的适用效果可能只有倡导、鼓励作用,无法实质性地促进创新。与此同时,《个人所得税法》授权国务院制定免征、减征优惠措施,其中优惠目的、内容、适用条件等方面的规定,只能从《个人所得税法实施条例》的规定中加以分析,法律并未明确。

除免税所得和减征优惠外,《个人所得税法》在应纳税所得额的计算中,规定了纳税人公益捐赠扣除。具体适用时:纳税人捐赠给教育等公益慈善事业的支出,可从应纳税所得额中扣减,扣减额度等于捐赠额不超过申报的应纳税所得额的30%的部分,但国务院另有规定的除外。[2]

(二)《个人所得税法实施条例》

《个人所得税法实施条例》中与促进创新个人所得税优惠直接相关,或为进一步制定促进创新个人所得税优惠行政规章或规范性文件提供依据的条文包括:第6条所得界定的授权立法、第7条股票转让所得授权立法、第10条免税所得、第19条捐赠扣除,其中部分行政法规的条文突破了法律规定的范围。例如,

---

[1]《个人所得税法》第5条。
[2]《个人所得税法》第6条第3款。

《个人所得税法实施条例》授权国务院税务主管部门进一步界定和具体化所得的范围，此处存在的质疑是税务主管部门作为征税机关，其职责性质与界定个人所得税税基存在利益冲突。[1]股票转让作为财产转让法律行为，取得的所得由国务院另行规定，同时须报全国人民代表大会常务委员会备案，为制定股票转让所得促进创新优惠措施留下伏笔。[2]《个人所得税法实施条例》将补贴、津贴免税所得中"国家统一规定"具体为"国务院规定"，具体包括政府特殊津贴、院士津贴以及国务院规定的其他补贴、津贴。[3]《个人所得税法实施条例》细化了法律规定的公益捐赠扣除的内容，增加了一项限制条件：纳税人须通过中国境内的公益性社会组织、国家机关进行捐赠。[4]

此外，《个人所得税法实施条例》对法律未予规定综合所得的其他扣除项目作出解释，规定"依法确定的其他扣除"是指个人支付的符合国家规定的企业年金、商业健康保险等费用以及"国务院规定可以扣除的其他项目"。[5]因此，《个人所得税法实施条例》再次为国务院依据国情实际和国际趋势，为促进和提升全社会的整体利益，以促进创新为目标而制定其他扣除项目埋下伏笔。而且《个人所得税法实施条例》详细规定了经营所得应纳税所得额的计算方法，并允许经营所得扣除个人生计费用等项目。法律规定，收入总额减除成本、费用、损失等于经营所得的应纳税所得额。行政法规具体细化成本费用亏损的范围，并规定无综合所得的经营所得纳税人，可在其经营所得中扣减六万元、专项扣除、专项附加扣除和"依法确定的其

---

〔1〕《个人所得税法实施条例》第6条。
〔2〕《个人所得税法实施条例》第7条。
〔3〕《个人所得税法实施条例》第10条。
〔4〕《个人所得税法实施条例》第19条。
〔5〕《个人所得税法实施条例》第13条第1款。

他扣除"。[1]此规定同样为国务院制定促进创新个人所得税优惠措施提供依据,可围绕促进创新制定专门针对合伙企业和个人独资企业的创新活动的个人所得税优惠。

深入分析《个人所得税法实施条例》的具体规定,可以发现如下问题。第一,个人所得税基准税收构成要件与税收优惠之间界限模糊。《个人所得税法实施条例》具体界定了《个人所得税法》规定的9项个人所得的范围,法律明确的所得是个人所得税法的课税对象,也即税基的范围,是个人所得税基准构成要件的重要内容。《个人所得税法实施条例》就难以界定的所得授权由国务院税务主管部门确定。而实践中,财政税务主管部门大多以规范性文件制定所得税法的相关内容,除明显的违背税收法定原则外,将产生两方面问题:一是在实体法的层面上,如何区分个人所得税基准税收构成要件和个人所得税优惠。税收优惠是对基准税收构成要件的加加减减,不可否认基准构成要件与税收优惠之间可因科技、经济和社会的变化发展而相互转化,但在特定的时间段内基准税收构成要件是税收优惠的衡量尺度,只有确立个人所得税基准税收构成要件才有进一步讨论分析促进创新个人所得税优惠的可能。二是实践中纳税主体是依据基准要件主张权利,还是依据税收优惠的规定享受优惠待遇。个人所得税基准构成要件理论上应严格遵循税收法定原则、量能课税原则和稽征经济原则,而税收优惠的部分内容则可由法律法规规定范围、幅度等,具体授权地方立法机关或国务院相关部委制定适用规定。二者的法律效力、保障救济等方面存在差异,若无明确的区分界限将难以设计配套措施和救济制度。第二,不符合税收法定原则的旨意。与企业所得税基

---

[1] 《个人所得税法实施条例》第15条。

准税收构成要件相同，个人所得税基准税收构成要件的具体范围、内容，同样应由法律或行政法规明确规定，使得纳税人可依据法律、行政法规的规定，准确推算税负的大小轻重，也可有效地限制行政权力或征税权的肆意扩张。第三，无法体现对创新的促进。无论是促进创新个人所得税优惠措施的数量，还是促进范围、促进的深度和广度，均无法体现出个人所得税法对创新发展和我国创新驱动发展战略的回应。

（三）《个人所得税专项附加扣除暂行办法》

《个人所得税法》规定，综合所得应纳税所得额的计算过程中应扣减专项附加扣除，同时授权国务院制定各类专项附加扣除的适用范围、标准和步骤。《个人所得税法实施条例》规定，综合所得专项附加扣除的扣除期限不得结转以后年度，同时规定经营所得可扣减专项附加扣除，汇算清缴时扣减。

《个人所得税专项附加扣除暂行办法》于 2018 年 12 月 13 日由国务院发布，效力层级属于国务院规范性文件。该暂行办法中与促进创新、实现我国创新驱动发展战略直接相关的内容包括：子女教育专项附加扣除、继续教育专项附加扣除。在探析促进创新个人所得税优惠之前，首先须明确专项附加扣除的具体内容虽由规范性文件规定，但其是我国个人所得税法中综合所得和经营所得的基准税收构成要件的一部分。确定基准税收构成要件是讨论促进创新个人所得税优惠的前提，原因如下：首先，从立法依据和效力层级上分析，《个人所得税法》关于个人所得税应纳税所得额的计算中明确规定，专项附加扣除包括教育、医疗、住房和赡养老人四类，具体分为子女教育、继续教育、大病医疗、住房贷款利息、住房租金、赡养老人六项。[1]因此，作为影响税基的重要因素，由规范性文件具体规定的专项

---

[1]《个人所得税法》第 6 条第 4 款。

附加扣除，虽有违税收法定原则，但仍是个人所得税基准税收构成要件中的一环。其次，从适用的平等性和普遍性上分析，《个人所得税法》明确规定综合所得应当扣减专项附加扣除，以及《个人所得税法实施条例》明确规定，无综合所得的纳税人，应当从经营所得中扣减专项附加扣除。最后，从扣除的内容和数额上分析，专项附加扣除与纳税人的生存权、发展权等基本人权紧密关联，属于成本费用扣除和生计费用扣除，不属于基于特定的社会、经济目的而制定的个人所得税优惠。

综合分析我国子女教育和继续教育专项附加扣除，《个人所得税专项附加扣除暂行办法》规定，纳税人子女在国内或国外接受全日制学历教育或学前教育的，每个子女每月可定额扣除1000元，由父母一方全额扣除或双方各扣除50%。[1]并且将继续教育又划分为学历（学位）继续教育和职业资格继续教育，其中学历（学位）继续教育在纳税人接受教育期间，每月定额扣除400元，且扣除期限不得超过48个月；同时规定，纳税人接受本科及以下学历（学位）继续教育，符合条件的可选择由父母定额扣除。[2]并规定，职业资格继续教育由纳税人于取得相关证书的当年，一次性定额扣除3600元，职业资格继续教育包括技能人员职业资格继续教育和专业技术人员职业资格继续教育。[3]从教育专项附加扣除的内容和扣除额度中可知，此项扣除的主要目的有两个：一是分担部分纳税人接受教育的成本费用，二是分担部分纳税人承担的相关人接受教育的费用。

教育与科学研究、技术发展直接相关，大学也是科学技术创新的源头，促进创新必然与鼓励引导劳动力不断接受教育、

---

[1] 《个人所得税专项附加扣除暂行办法》第5条、第6条。
[2] 《个人所得税专项附加扣除暂行办法》第8条、第9条。
[3] 《个人所得税专项附加扣除暂行办法》第8条。

更新自身技术和知识相关联。结合创新的特征和促进创新的因素，大学是一国创新发展以及以创新引导社会、经济、科技进步的重要因素，因此围绕鼓励、倡导纳税人接受教育而制定个人所得税优惠措施，也是完善我国个人所得税法促进创新的重要方面。专项附加扣除作为个人所得税基准税收构成要件的一部分，以促进创新为目的制定优惠措施时，须在专项附加扣除的基础上，进一步加大教育费用的扣除范围，或增设教育费用抵免优惠。

四、合伙所得税法及相关规定

（一）法律、行政法规的规定

市场中参与商业经济活动的主要主体包括公司、合伙企业和自然人，其也是所得税主要的纳税主体。实践证明，合伙企业是活跃于市场经济活动中的非法人组织，其中的普通合伙人对合伙企业的债务承担无限连带责任。[1]因合伙企业更突出企业的人合性质，具有有利于企业人力资本的控制和保持、便于制定和调整企业决策和战略目标、可自由约定利润亏损分担比例、组织结构更灵活等特点。国内外多数的中小企业、创新企业、家族企业选择合伙的组织形式。此外，合伙企业的另一重要特征体现在所得税制的适用中。

与合伙的所得税征收有关的学说大致分为两类：归集说（aggregation theory）和实体说（entity theory）。[2]归集说认为合伙组织仅为合伙人的行为和意志的集合，不具备实体地位，合伙组织的所得应穿透合伙组织，视为合伙人直接取得所得，且

---

〔1〕《合伙企业法》第 2 条。

〔2〕［美］休·奥尔特等：《比较所得税法——结构性分析》（第三版），丁一、崔威译，北京大学出版社 2013 年版，第 233—243 页。

所得的性质保持不变。实体说则视合伙组织为实体，应征收企业所得税，并对合伙人征收个人所得税。介于两种学说之间且在实践中各国的通常做法是，在合伙组织层面根据各类所得的性质以及与之相对应的成本费用亏损，并结合合伙协议的约定，计算确定应纳税所得额，将应纳税所得额分配给合伙人进而征收所得税，穿透过程中所得的性质保持不变。[1]但我国所得税法律法规中并未明确规定合伙企业征收所得税的穿透规则，仅确立了合伙企业层面不征收企业所得税。不确立穿透规则，将导致促进创新企业所得税优惠和个人所得税优惠的具体规定均不适用于合伙企业征收所得税的情形。我国现行的合伙企业征收所得税的规则主要确立于规范性文件中，而与合伙企业相关的促进创新所得税优惠也由单独的规范性文件规定，打破了所得税制的整体性，增加了所得税制和所得税优惠的复杂程度。

我国《企业所得税法》规定个人独资企业和合伙企业不适用企业所得税的规定。[2]《合伙企业法》规定合伙企业的生产经营所得和其他所得由合伙人分别缴纳所得税。[3]同时，《合伙企业法》还规定，国有企业、上市公司等五类组织不得成为普通合伙人，其他法人企业可以普通合伙人的身份加入合伙企业。[4]因此，除依据法律规定合伙人可分为普通合伙人和有限合伙人外，合伙人还可划分为自然人和法人。[5]

合伙企业征收所得税的步骤可分为：自然人合伙人适用

---

[1]　叶姗：《合伙企业课征所得税规则之创制》，载《华东政法大学学报》2019 年第 1 期。

[2]　《企业所得税法》第 1 条。

[3]　《合伙企业法》第 6 条。

[4]　《合伙企业法》第 3 条。

[5]　此处的自然人是包含在所得税法中"个人"这个概念中的，相比个体工商户等个人，自然人更典型。

《个人所得税法》及相关规定，法人合伙人适用《企业所得说法》及相关规定。《企业所得税法》规定，企业从各种来源取得的收入为收入总额，并在收入总额的基础上计算企业的应纳税所得额。[1]结合法律、行政法规针对合伙所得税制未明确穿透规则的现状，法人合伙人不论其为普通合伙人还是有限合伙人，按照现行的合伙组织征收所得税的计税规则求得的应纳税所得额将汇入法人的收入总额中，进而适用相应的所得税法的规定。

与企业所得税法的规定不同，《个人所得税法》规定分别列举9项应缴纳个人所得税的所得税目。其中，工资薪金所得、劳务报酬所得、稿酬所得、特许权使用费所得，总称为综合所得。此外，还包括经营所得、利息股息红利所得、财产租赁所得、财产转让所得和偶然所得。综合所得和其他5项所得分别适用相应的扣除规则和优惠措施，因此，个人所得税法中各类所得的基准税收构成要件不同，如税基的计算、税率的规定、税收优惠措施等。但在《个人所得税法》中并未明确合伙企业征收所得税的具体适用问题。《个人所得税法实施条例》规定，经营所得包括合伙企业的个人合伙人来源于境内注册的合伙企业生产、经营的所得。[2]至此，个人合伙人按照经营所得征收所得税这一征收方式有了明确的法律法规依据。而且《个人所得税法实施条例》细化了经营所得计算应纳税所得额时可扣除的成本、费用、损失的定义和具体范围，并规定经营所得纳税人可扣除6万元等4项扣除项目。[3]

合伙企业作为一类商业组织，不适用《企业所得税法》《企业所得税法实施条例》，因此不得直接适用促进创新企业所得税

---

〔1〕《企业所得税法》第2章应纳税所得额，第5条至第21条。

〔2〕《个人所得税法实施条例》第6条第1款第5项。

〔3〕《个人所得税法实施条例》第15条。

优惠的各项规定。同时，合伙企业作为商业组织，在合伙层面聚集人、财、物，开展生产经营投资活动，合伙企业的收入和支出首先流经合伙层面，然后分配给合伙人，合伙人取得的所得性质如何，是否可适用个人所得税的各项促进创新优惠措施，须结合法律法规的内容进一步明确。《合伙企业法》第 6 条规定，"合伙企业的生产经营所得和其他所得，按照国家有关税收规定，由合伙人分别缴纳所得税"，可解释为：须区分合伙企业各类所得的性质，由合伙人依照《企业所得税法》和《个人所得税法》的规定分别缴纳所得税。但是在所得税法及对应的行政法规中，除作出成本费用扣除、亏损弥补等原则性规定外，未明确规定合伙企业征收所得税的具体计算方式和步骤。因此，合伙人取得的合伙所得是否适用《个人所得税法》中相关的促进创新所得税优惠这一问题在法律法规中也未明确规定。合伙人源自合伙组织的所得，是否可通过穿透规则适用促进创新企业所得税优惠，又或者直接或穿透适用促进创新个人所得税优惠，法律、行政法规未予规定。

同时，依据《合伙企业法》的规定，有限合伙人以其认缴的出资额为限对合伙企业债务承担责任，且不得参加合伙事物的执行。[1]有限合伙人仅为单纯的出资而不参与生产经营活动，因此有限合伙人基于对合伙企业的投资而分配的所得通常属于资本利得。[2]与法人有限合伙人（或法人普通合伙人）直接依据法律规定汇入收入总额计算不同，我国个人所得税法及配套的法规、规范性文件并未针对自然人有限合伙人的合伙所得作特殊规定，因此自然人有限合伙人与自然人普通合伙人适用相

---

[1] 《合伙企业法》第 2 条、第 68 条。
[2] ［美］休·奥尔特等：《比较所得税法——结构性分析》（第三版），丁一、崔威译，北京大学出版社 2013 年版，第 314—320 页。

同的征税规定，这无疑增加了资本的税收负担。

综合所得税税制和分类所得税税制均需按照性质对所得分类，不同性质的所得对应不同的扣除规则、亏损弥补规则等，因此各类所得按照性质的不同，承担差别化的税收负担。[1]所得可分为劳动所得、经营所得、投资所得、财产所得和偶然所得。其中劳动和经营所得属于积极所得，通常适用超额累进税率；投资所得、财产所得和偶然所得属于消极所得，一般适用比例税率。对积极所得和消极所得的分类主要基于以下考虑：所得性质不同、反避税规则的制定、鼓励引导投资的政策考量。[2]

（二）规范性文件

合伙企业征收所得税的基准税收构成要件主要规定于国务院和国务院财政税务主管部门制定的规范性文件中，具体包括：《国务院关于个人独资企业和合伙企业征收所得税问题的通知》（国发〔2000〕16号），财政部、国家税务总局制定的《关于个人独资企业和合伙企业投资者征收个人所得税的规定》（财税〔2000〕91号），《财政部、国家税务总局关于合伙企业合伙人所得税问题的通知》（财税〔2008〕159号），《财政部、国家税务总局关于调整个体工商户个人独资企业和合伙企业个人所得税税前扣除标准有关问题的通知》（财税〔2008〕65号）等。

国发〔2000〕16号作为国务院制定的规范性文件，明确规定合伙企业停止征收企业所得税，合伙人的生产经营所得比照个体工商户生产经营所得征收个人所得税。财政部、国家税务

---

〔1〕 荷兰国际财税文献局（IBFD）：《IBFD国际税收辞汇》（第7版），《IBFD国际税收辞汇》翻译组译，中国税务出版社2016年版。

〔2〕 叶姗：《合伙企业课征所得税规则之创制》，载《华东政法大学学报》2019年第1期。

总局制定的《关于个人独资企业和合伙企业投资者征收个人所得税的规定》具体细化国务院的规定，增加规定的执行性。文件的第 4 条确立了合伙企业所得税征收的基本路径，完善了合伙企业所得税的基准构成要件。该条规定合伙人的生产经营所得等于合伙企业每一纳税年度的收入总额扣减成本、费用、损失，其中收入总额等于商品产品销售收入、营运收入、劳务服务收入、工程价款收入、财产出租或转让收入、利息收入、其他业务收入和营业外收入等各项收入的总和。

依据规范性文件规定的征收路径，可知合伙组织应纳税所得额的计算过程与《企业所得税法》中规定的企业所得税应纳税所得额的计算过程类似，而不同于《个人所得税法》依据所得的性质分类，并针对不同性质的所得规定差异化的计税方法，与《合伙企业法》第 6 条的立法原意似有冲突。而且财税〔2000〕91 号第 4 条中规定的生产经营所得将利息收入、财产出租或转让收入、营业外收入涵盖在内，似与"生产经营所得"的概念存在出入。[1]从国发〔2000〕16 号的文字表述分析，合伙人的生产经营所得适用《个人所得税法》中生产经营所得的规定，也未明示将合伙人的非生产经营所得并入收入总额中，适用生产经营所得的相关规定。

合伙组织征收所得税中，除合伙收入适用所得税优惠的问题以及有限合伙的资本利得等消极所得的征税问题外，最有争议的是合伙企业所得税的征收由规范性文件规定是否具有正当性和合法性。[2]结合《企业所得税法》《合伙企业法》的内容，法律仅笼统地规定合伙企业不适用企业所得税法，生产经营所得和其他所得由合伙人分别缴纳所得税，赋予行政机关太过宽

---

〔1〕　任超：《我国合伙企业所得税制的完善》，载《法学》2008 年第 9 期。

〔2〕　魏志梅：《合伙企业所得税制研究》，载《税务研究》2014 年第 4 期。

泛的行政裁量权，且无论合伙企业应纳税所得额计算过程的设计是否合理，合伙企业所得税征收方式由规范性文件确定也与税收法定原则相冲突。且所得税是国家对私有财产的直接征收，是公权力对私权利的直接干预和剥夺，应遵循"法无明文规定即禁止"的限制公权力的思路。具体到税基的确定、税率的适用、税收优惠的适用中，行政机关不得在无法律依据的情形下剥夺公民的财产权和合法利益。例如，将合伙企业中的消极所得并入生产经营所得适用累进税率，无疑增加合伙人的税负，对比自然人的利息股息红利、财产租赁或转让所得等消极所得适用单独的税目和20%的税率；再与《企业所得税法》规定的将各类收入汇总为收入总额扣除成本费用亏损求得应纳税所得额，统一适用25%的税率相比较，合伙企业所得税的征收方式显得更加不合理。[1]

第二节　促进创新所得税优惠制度的现状梳理

一、概论

所得税制中的规范性文件主要用以细化、明确或补充法律法规的内容，甚至是创制新规定，促进创新所得税优惠的内容就大部分规定于规范性文件中。经过法律法规的授权后，行政机关制定的规范性文件细化并提高了所得税法律法规的可操作性，并对纳税人具有普遍的约束力，是所得税法的自然延伸。因此，规范性文件不与上位法相抵触时，则为实质意义的法，

---

〔1〕　崔威：《新〈合伙企业法〉及〈企业所得税法〉对合伙企业所得税制的挑战》，载《法学评论》2009年第2期。

属于所得税法的成文法源。[1]

　　规范性文件规定的促进创新所得税优惠的内容，大体分为企业所得税优惠措施和个人所得税优惠措施，按优惠环节划分为税基式优惠、税率式优惠和税额式优惠。此外，纳税递延虽未在法律和行政法规中规定，但在规范性文件中已有明确规定，具体是指将本纳税年度应予以收缴的税款延迟至以后纳税年度收缴。[2]在延迟缴纳税款的期间内，纳税人可享有税款的时间价值。

　　规范性文件规定的税基式优惠和税率式优惠是对基准税基和基准税率的调整，进而改变纳税人的所得税税负，是对所得税法权威性和确定性的挑战。如前文的论证，法律、行政法规中规定的所得税基准税收构成要件是以最优所得税制、量能课税原则、稽征经济原则为基础制定的，所得税法中的基准税收构成要件符合财政经济学的公平与效率的要求、税法中量能课税原则的横向公平和纵向公平以及遵从成本和管理成本的最小化等的要求，是所得税法实质正义的体现。[3]因此，税基式优惠和税率式优惠在背离基准税收构成要件的同时必须由法律、行政法规明确规定，至少须有符合《立法法》规定的授权立法，授权国务院财政、税务主管部门依据法律、行政法规的规定和授权立法的具体要求制定规范性文件，因此即使有授权立法，规范性文件的内容也应与所得税法、所得税法实施条例规定保持一致。纳税递延同样将导致相同或类似情形纳税人的税负差异，影响所得税法的公平性，理应由法律、行政法规明确规定。

---

　　〔1〕　章剑生：《现代行政法总论》，法律出版社 2019 版，第 233—241 页。

　　〔2〕　早在 1999 年《财政部、国家税务总局关于促进科技成果转化有关税收政策的通知》（财税字〔1999〕45 号）中就已出现。

　　〔3〕　何廉、李锐：《财政学》，商务印书馆 2011 年版，第 251—255 页。

税额式优惠缩小所得税的应纳税额，不直接影响税基、法定税率等构成要件，作用于所得税法规定的基准税收构成要件运行的最后阶段，但仍影响纳税人的税负程度，可在纳税人之间产生税负差别，进而对量能课税原则提出挑战。因此，税额式优惠同样应由法律、行政法规规定或依法授权国务院财政、税务主管部门制定。

此外，背离最优所得税制的促进创新所得税优惠必然面临税收中性原则质疑，而违背量能课税原则和法定的基准税收构成要件也必须经比例原则的检验，税基式优惠、税率式优惠、税额式优惠和纳税递延也不例外。下文将对国务院财政、税务主管部门制定的众多规范性文件首先按照促进创新企业所得税优惠和促进创新个人所得税优惠分类，然后进一步按照税基式优惠、税率式优惠、税额式优惠、纳税递延划分各项措施，最后从法定性、促进创新、税收中性、合比例性四个方面逐一分析。

二、促进创新企业所得税优惠制度的现状

促进创新企业所得税优惠措施主要规定于《财政部、国家税务总局关于高新技术企业境外所得适用税率及税收抵免问题的通知》（财税〔2011〕47 号）、《财政部、国家税务总局关于进一步鼓励软件产业和集成电路产业发展企业所得税政策的通知》（财税〔2012〕27 号）、《财政部、国家税务总局关于完善固定资产加速折旧企业所得税政策的通知》（财税〔2014〕75 号）、《财政部、国家税务总局、科技部关于完善研究开发费用税前加计扣除政策的通知》（财税〔2015〕119 号）等众多由财政部、国家税务总局等制定的税务规范性文件中。

《企业所得税法实施条例》中所规定的促进创新税收优惠是

对《企业所得税法》税收优惠专章中各项促进创新优惠措施的细化和补充，并未突破法律明确规定的优惠范围和明确列举的具体优惠措施。其中，税基式优惠包括减征免征、加计扣除、投资额抵扣应纳税所得额、加速折旧、减计收入；[1]税率式优惠则为小型微利企业和高新技术企业的低税率；[2]税额式优惠包括税额抵免。[3]与《企业所得税法实施条例》形成鲜明对比的是规范性文件规定的促进创新企业所得税收优惠，其中部分优惠措施在法律、行政法规中并无明确列举或概括性规定，因此规范性文件中新出现的促进创新企业所得税收优惠措施并无直接的上位法依据，只可从授权立法的角度阐释其制定程序上的合法性和正当性，而实质上的正当性仍须从促进创新、税收中性、合比例原则的角度分析。下文将按照税基式优惠、税率式优惠、税额式优惠的分类，从税收法定原则、促进创新原则、税收中性原则和比例原则的角度分别展开分析。此外，促进创新所得税优惠中，规范性文件创制的延长亏损结转年限或扣除可向后结转等税收优惠，可归类于税基式优惠中。

（一）税基式优惠

税基式优惠主要包括减征免征、加计扣除、加速折旧、投资额抵扣应纳税所得额、减计收入等，此外，还包括如财税〔2014〕116号规定的非货币性资产投资递延缴纳企业所得税、[4]财税〔2018〕51号规定的职工教育经费税前扣除比例的扩大、[5]财

---

〔1〕《企业所得税法》第27条、第30条、第31条、第32条、第33条。

〔2〕《企业所得税法》第28条。

〔3〕《企业所得税法》第34条。

〔4〕《财政部、国家税务总局关于非货币性资产投资企业所得税政策问题的通知》（财税〔2014〕116号）。

〔5〕《财政部、税务总局关于企业职工教育经费税前扣除政策的通知》（财税〔2018〕51号）。

税〔2018〕76 号规定的延长高新技术企业和科技型中小企业亏损结转年限等。[1]

1. 减征免征

《企业所得税法》第 27 条明确列举了适用免征、减征优惠的五类所得的具体范围,[2]《企业所得税法实施条例》依据法律的规定列举了适用免征、减征优惠的五类所得,进一步细化适用条件和适用方式,并授权国务院财政税务主管部门就法律法规未规定的优惠目录、项目的具体条件和范围等细化条件作出规定。[3]从规范性文件内容可知,近年来国务院财政税务主管部门主要关注企业取得的与技术转让相关的所得,例如《财政部、国家税务总局关于居民企业技术转让有关企业所得税政策问题的通知》(财税〔2010〕111 号)等文件的细化规定。

法律法规规定符合条件的技术转让所得适用免征、减征优惠,但并未定义何为符合条件的技术转让,而财税〔2010〕111 号等几份通知和公告对此作出了细化规定。财税〔2010〕111 号通知规定:技术包括专利技术、计算机软件著作权、集成电路布图设计权、植物新品种、生物医药新品种及财政部和国家税务总局确定的其他技术。除此之外,该通知进一步明确了专利技术的范围,并规定技术转让是指非关联方的居民企业之间转让前述一项或几项技术的所有权或 5 年以上的全球独占许可使用权的行为,且技术转让合同须向省级以上相关部门登记或

〔1〕《财政部、税务总局关于延长高新技术企业和科技型中小企业亏损结转年限的通知》(财税〔2018〕76 号)。

〔2〕《企业所得税法》第 27 条规定的减征免征优惠适用范围包括:从事农、林、牧、渔项目的所得,从事国家重点扶持的公共基础设施项目投资经营的所得,从事符合条件的环境保护、节能节水项目的所得,符合条件的技术转让所得,非居民企业源自中国境内但无实际联系的所得。

〔3〕《企业所得税法实施条例》第 86 条至第 91 条。

审批。[1]国家税务总局公告 2013 年第 62 号补充规定，已在技术转让合同中明确约定的，且与被转让技术同时支付的技术咨询、技术服务、技术培训收入，可计入符合条件的技术转让所得中。[2]财税〔2015〕116 号通知在财税〔2010〕111 号通知的基础之上，将居民企业之间 5 年以上非独占许可使用权的转让纳入符合条件的技术转让的范围之内。[3]与财税〔2015〕116 号通知相配套的国家税务总局公告 2015 年第 82 号则规定，转让 5 年以上非独占许可使用权的居民企业适用免税、减税优惠措施时，必须拥有该项技术的所有权。[4]而且该公告详细规定了技术转让所得的计算方法以及技术转让的收入范围、摊销的计算、相关税费的范围等与所得计算相关的内容。

从技术转让所得减征、免征优惠措施中有关技术的界定和技术转让的界定可知，规范性文件所规定的定义或适用范围从窄到宽，逐步扩大，但仍显激励不足。这一过程虽然符合促进创新的宗旨，同时也遵循了税收中性原则和比例原则，但确定性不断被挑战。

2. 加计扣除

依据《企业所得税法》和《企业所得税法实施条例》的规定，企业研发新技术、新产品或新工艺而支出的费用，未计入

---

　　〔1〕　根据《财政部、国家税务总局关于居民企业技术转让有关企业所得税政策问题的通知》（财税〔2010〕111 号）可知，其他技术是指财政部、国家税务总局确定的其他技术；专利技术是指法律授予独占权的发明、实用新型和非简单改变产品图案的外观设计。

　　〔2〕　《国家税务总局关于技术转让所得减免企业所得税有关问题的公告》（国家税务总局公告 2013 年第 62 号）。

　　〔3〕　《财政部、国家税务总局关于将国家自主创新示范区有关税收试点政策推广到全国范围实施的通知》（财税〔2015〕116 号）。

　　〔4〕　《国家税务总局关于许可使用权技术转让所得企业所得税有关问题的公告》（国家税务总局公告 2015 年第 82 号）。

无形资产的可按150%加计扣除。财税〔2015〕119号通知就研发费用加计扣除的适用范围和条件进一步作出细化规定。该通知从正反两面列举了研究开发费用的范围：[1]

一方面，研究开发费用须为企业为研发新科技、创造性运用新知识或对技术产品的实质性改进而实际发生的费用，具体包括六类：从事研发活动人员的工资薪金、社会保险费和住房公积金，研发活动中直接支出的费用如燃料费、检验费或维修租赁费等，研发设备仪器的折旧费用，用于研发活动的软件、专利权等摊销费用，研发中支出的规程制定费、临床试验费或现场试验费等，以及不超过可加计扣除研发费用总额10%的图书资料费、知识产权申请费等其他与研发活动相关的费用。此外，通知还将创意设计活动划入研究开发活动的范围，因创意设计活动而开发的产品属于新产品，因创意设计活动而发生的费用适用加计扣除规定。该通知中所列举的创意设计活动包括软件开发、工业设计、建筑工程设计、模型设计等具有创意性和突破性的活动。

企业委托第三方而实际支出的研究开发费用按实际发生费用的80%适用加计扣除优惠措施，而委托境外机构和个人实际发生的研发费用不适用加计扣除优惠。

另一方面，从企业生产经营活动的角度出发，确定不属于研发活动的情形包括：产品服务的常规性升级、对科研成果的直接应用、商品化后的技术支持活动、对已有科技或工艺的重复或简单改变、市场调研等行为、社科人文研究、维修测试等常规性或流程性活动。该通知还从更加宏观的角度排除了特定行业适用加计扣除优惠，如烟草制造业、住宿餐饮业、批发零

---

〔1〕《财政部、国家税务总局、科技部关于完善研究开发费用税前加计扣除政策的通知》（财税〔2015〕119号）。

售业等财政部和国家税务总局规定的其他行业不得适用加计扣除优惠。

为有效发挥研发费用加计扣除引导企业创新活动的作用，防止优惠措施被不当利用，财税〔2015〕119 号通知规定了反避税原则，企业委托外部研发时，实际发生的研发费用须符合独立交易原则，若为关联关系则须提供研发项目费用支出明细。而在企业集团内部则须在受益企业之间合理分摊研发费用。

在财税〔2015〕119 号通知的基础之上，财税〔2018〕64 号通知拓宽了研发费用加计扣除的适用情形，该通知将企业委托境外研究开发而实际支出的且符合独立交易原则的研发费用划入适用范围，但不得适用于企业委托境外个人开展的研发活动。委托境外研发计算加计扣除额度时，委托方企业的境外研发费用等于实际支付的费用乘以 80%，且境外合格研发费用总额不得大于该企业境内合格研发费用的 2/3。[1]

财税〔2018〕99 号通知在财税〔2015〕119 号通知和财税〔2018〕64 号通知的基础上，进一步以规范性文件的形式提高了研发费用加计扣除的比例，并规定，企业实际支出的研发费用加计 75% 扣除，形成无形资产的按照 175% 摊销。[2]

国家税务总局公告 2015 年第 97 号以及 2017 年第 40 号则在法律、行政法规、财政部和税务总局联合制定的三个规范性文件的基础上，进一步详细列举了研究开发人员的范围和种类、研究开发费用的划分、分摊和计算方法，委托研发所须凭证、研发支出辅助账的设立等法律和行政法规中未规定的实体和程

---

　　〔1〕《财政部、税务总局、科技部关于企业委托境外研究开发费用税前加计扣除有关政策问题的通知》（财税〔2018〕64 号）。

　　〔2〕《财政部、税务总局、科技部关于提高研究开发费用税前加计扣除比例的通知》（财税〔2018〕99 号）。

序问题。[1]

由于法律、行政法规未规定研发活动的定义、研发费用的范围，财税〔2015〕119 号通知和财税〔2018〕64 号通知补充了法律未规定的内容。但财税〔2018〕99 号通知以规范性文件的形式将行政法规中规定的 50% 的加计比例改为 75%，违背了《税收征收管理法》规定的减免退补税依照法律和行政法规的规定执行，制定规范性文件时不得违背上位法。加计扣除优惠措施的适用范围或加计扣除比例须调整也应通过合法的立法程序，虽然提高加计比例有利于降低纳税人税负，但企业所得税法的确定性、公平性和合比例性仍须立法程序保障。

3. 加速折旧

制定加速折旧优惠措施的法律法规依据是《企业所得税法》第 32 条、《企业所得税法实施条例》第 98 条。法律和行政法规规定固定资产因技术进步、产品更新换代、高腐蚀、高强度等原因可适用缩短折旧年限或加速折旧的企业所得税优惠措施。[2]而具体的细化规定主要集中于《财政部、国家税务总局关于完善固定资产加速折旧企业所得税政策的通知》（财税〔2014〕75 号）等几部税务规范性文件中。财税〔2014〕75 号通知依据企业类别和规模，固定资产的价值、新旧及用途划分加速折旧优惠措施的适用范围和优惠力度，规定了固定资产加速折旧优惠措施基本的范围、分类和计算方法，其余几部规范性文件是对

---

[1] 《国家税务总局关于企业研究开发费用税前加计扣除政策有关问题的公告》（国家税务总局公告 2015 年第 97 号）；《国家税务总局关于研发费用税前加计扣除归集范围有关问题的公告》（国家税务总局公告 2017 年第 40 号）。

[2] 《企业所得税法实施条例》第 60 条规定了固定资产折旧的最低年限，其中房屋、建筑物为 20 年，飞机、火车、轮船、机器、机械及其他生产设备为 10 年，与生产经营活动有关的器具、工具、家具等为 5 年，飞机、火车、轮船以外的运输工具为 4 年，电子设备为 3 年。

财税〔2014〕75 号通知的延伸和扩大适用。

财税〔2014〕75 号通知中，固定资产加速折旧优惠措施依据其适用的主体范围可大体分为两部分，第一部分针对重点鼓励优先发展的特定行业中的企业，第二部分针对所有行业中的企业。具体规定如下。

首先，财税〔2014〕75 号通知规定，特定行业中的企业于 2014 年 1 月 1 日后新购进的固定资产享受缩短折旧年限或加速折旧税收优惠，加速折旧计算方法须符合《企业所得税法实施条例》的规定；[1]同时，特定行业中符合条件的小型微利企业，2014 年 1 月 1 日新购的单位价值不超过 100 万元且共用于研发和生产经营的固定资产，可一次性当期扣除，单位价值超过 100 万元的共用类固定资产可缩短折旧年限或加速折旧。特定行业包括：生物药品制造业，专用设备制造业，铁路、船舶、航空航天和其他运输设备制造业，计算机、通信和其他电子设备制造业，仪器仪表制造业，以及信息传输、软件和信息技术服务业等六类。

其次，财税〔2014〕75 号通知规定，全行业内的企业于 2014 年 1 月 1 日后新购进的单位价值不超过 100 万元且专用于研发活动的固定资产，可一次性当期扣除；单位价值超过 100 万元的且专用于研发的固定资产可缩短折旧年限或加速折旧；单位价值不超过 5000 元的固定资产可一次性折旧扣除。

财税〔2015〕106 号通知进一步扩大特定行业加速折旧优惠的适用范围，增加了轻工、纺织、机械和汽车四个领域重点行业。[2]

---

〔1〕《企业所得税法实施条例》第 98 条规定，采取缩短折旧年限方法的，最低折旧年限不得低于法定基准折旧年限的 60%，采取加速折旧方法的，可采取双倍余额递减法或年数总和法。

〔2〕《财政部、国家税务总局关于进一步完善固定资产加速折旧企业所得税政策的通知》（财税〔2015〕106 号）。

而财税〔2018〕54号通知在〔2014〕75号和〔2015〕106号通知的基础上继续加大加速折旧优惠力度。其主要规定了特定固定资产当期一次性计提折旧的优惠，对于特定固定资产的计提折旧方式并未区分企业的行业和固定资产用途，只规定企业的特定固定资产可一次性当期扣除。特定固定资产是指，企业在2018年1月1日至2020年12月31日间新购进的单位价值500万元以下的固定资产。[1]

企业新购进的单位价值超过500万元的固定资产，则依据《企业所得税法实施条例》、财税〔2014〕75号和财税〔2015〕106号的内容确定折旧扣除的方式。因此，企业新购进的单位价值超过500万元的固定资产具体适用加速折旧优惠措施时，仍须依据行业分类和固定资产用途进行区分。且财税〔2018〕54号特别排除了房屋和建筑物折旧的适用。

如果〔2014〕75号和〔2015〕106号文件是依据法律和行政法规规定的框架，结合科技和经济的发展需要制定细化并创制规则，〔2018〕54号文件规定的所有行业内企业新购进的单位价值500万元以下固定资产一次性计提扣除，则在一定程度上修改了加速折旧优惠的法律规定。

2019年财政部和国家税务总局联合发布66号公告，将财税〔2014〕75号通知和财税〔2015〕106号通知规定的加速折旧优惠措施的适用范围扩大至全部制造业中的企业，不再局限于特定行业。[2]但66号公告未明确与财税〔2018〕54号通知的关系，财税〔2014〕75号和〔2015〕106号通知主要依据企业所

---

〔1〕《财政部、税务总局关于设备器具扣除有关企业所得税政策的通知》（财税〔2018〕54号）。

〔2〕《财政部、税务总局关于扩大固定资产加速折旧优惠政策适用范围的公告》（财政部、税务总局公告2019年第66号）。

在行业和规模、固定资产价格和用途等区别划分加速折旧优惠的优惠程度，而财税〔2018〕54号通知中特定固定资产当期一次性计提折旧优惠则不区分企业所在行业和规模。然而，当纳税人适用时，是否可同时引用两部文件，或依据新法优于旧法或特别法优于一般法的原则仅适用其中一部成为问题。

综上，依据《企业所得税法》《企业所得税法实施条例》以及五部规范性文件的规定，企业适用加速折旧优惠措施时须考量如下因素：固定资产购买时间和年限、企业所处行业类型及企业规模、固定资产在生产经营中的用途等。从《国家创新驱动发展战略纲要》覆盖的产业行业的范围可知，该纲要旨在全面提升国民经济和科学技术的发展，在重点突出的同时全面发展。而从加速折旧优惠措施的历次扩围也可看出企业所得税优惠措施对促进创新的回应和重视。以最初的六大行业为基础，增加四大领域重点行业，又扩大至全部制造业，完全符合创新发展不确定的特性。加速折旧优惠措施在制造业内普遍适用符合税收中性的要求，而适用于所有企业的加速折旧优惠是对企业成本支出的分担，既可有效促进创新，也实现了侵害程度最小，符合比例原则的要求。但这些仍无法回应税收法定原则提出的疑问，加计扣除直接影响税基大小、不同纳税人税负轻重，理应由法律、行政法规规定并明确。

因大力发展软件产业和集成电路产业，财税〔2012〕27号特别规定，企业外购软件的情形下，外购软件被确认为固定资产或无形资产的，折旧和摊销年限不得少于2年；[1]该通知还规定，集成电路生产企业用于生产的设备，折旧年限不得少于3

---

[1]《企业所得税法实施条例》第60条和第67条规定，生产设备固定资产的最低折旧年限为10年，无形资产摊销的最低年限为10年。

年。[1]这两项具体措施的优惠力度，远超出《企业所得税法实施条例》规定的加计扣除优惠中无形资产的摊销年限，以及加速折旧优惠所规定的折旧年限。[2]且〔2012〕27号通知中对企业外购软件的范围界定不明确，其是否属于《企业所得税法》和《企业所得税法实施条例》中的研究开发费用，该通知并未回应。

4. 投资额抵扣应纳税所得额

法律、行政法规规定创业投资企业符合条件的投资额可抵扣应纳税所得额，与之相关的规范性文件包括：《财政部、国家税务总局关于将国家自主创新示范区有关税收试点政策推广到全国范围实施的通知》（财税〔2015〕116号）等一系列文件。

国税发〔2009〕87号通知是对法律、行政法规已规定内容的具体化和未规定内容的补充。该通知首先对创业投资企业和被投资企业的主体资格作出限制：创业投资企业须登记为专业性的创业投资法人并符合《创业投资企业管理暂行办法》和《外商投资创业投资企业管理规定》两部规章的限制；被投资中小高新技术企业则须符合《高新技术企业认定管理办法》和《高新技术企业认定管理工作指引》两部规范性文件的限制，且中小高新技术企业年营业额和资产总额均不得超过2亿元，职工人数不超过500人。[3]而且，该通知规定，纳税人当年未完全抵扣的，可在以后年度结转抵扣。因此，创业投资企业纳税

---

〔1〕《财政部、国家税务总局关于进一步鼓励软件产业和集成电路产业发展企业所得税政策的通知》（财税〔2012〕27号）。

〔2〕《企业所得税法实施条例》第95条规定，研发费用计入无形资产成本的可按150%摊销，后被财税〔2018〕99号提高至175%；第98规定，固定资产加计扣除时不得低于最低折旧年限的60%，而第60条规定的生产设备的最低折旧年限是10年。

〔3〕《国家税务总局关于实施创业投资企业所得税优惠问题的通知》（国税发〔2009〕87号）。

人股权投资未上市中小高新技术企业的，在适用投资额抵扣应纳税所得额的规定时，除抵扣时间、比例可依据法律法规确定外，优惠措施适用主体范围和被投资对象的主体范围的详细规定均由国务院主管部门制定的部门规章或规范性文件细化。

国税发〔2009〕87 号规定的创业投资企业仅限于法人企业，财税〔2018〕55 号则增加了合伙企业。同时财税〔2018〕55 号通知对投资主体和被投资主体的限制条件作出较大修改。首先，该通知修改了被投资中小高新技术企业的限制条件，将"未上市中小高新技术企业"改为"初创科技型企业"，且接受投资时须符合下列条件：为境内设立不超过 5 年且实行查账征收的居民企业，投资时且投资后 2 年内未上市，投资当年及下一年度研发费用与成本费用之比大于 20%，小于 200 人的从业人数且本科以上学历占 30% 以上，资产总额和年销售收入小于3000 万元。由此可以看出，该通知降低了被投资主体企业规模的限制条件，提高了对企业研发活动的要求。其次，该通知对公司制创业投资企业的主体条件作出调整和修改，并首次明确投资额为实缴投资额。公司制创业投资企业的限制条件包括：第一，须在中国境内注册成立；第二，须符合《创业投资企业管理办法》和《私募投资基金监督管理暂行办法》的规定；第三，不得为被投资企业的发起人；第四，投资后两年内持有被投资企业股权比例合计应低于 50%。[1]而对有限合伙制创业投资企业的要求则与公司制的相同。

上述法律、法规和规范性文件所涉及的创业投资企业的组织形式主要为公司，创业投资企业直接征收企业所得税。而财税〔2015〕116 号通知和国家税务总局公告 2015 年第 81 号就有

---

〔1〕《财政部、税务总局关于创业投资企业和天使投资个人有关税收政策的通知》（财税〔2018〕55 号）。

限合伙创业投资企业中的法人合伙人适用投资额抵扣应纳税所得额优惠措施作出可操作的具体规定，财税〔2018〕55 号对部分内容作了更新和调整。[1]〔2015〕116 号通知规定，法人合伙人向有限合伙制创业投资企业出资，且该创业投资企业以法定方式投资的，[2]投资满 2 年之时可从当年有限合伙制创业投资企业分得的应纳税所得额中扣减如下数额：70%×该创业投资企业对符合条件的中小高新技术企业的投资额×合伙协议约定的法人合伙人的出资比例，当年抵扣不足可向后结转。与之相配合的国家税务总局公告 2015 年第 81 号进一步明确，满 2 年是指创业投资企业对被投资企业的实缴投资满 2 年，且创业投资企业的法人合伙人实缴出资满 2 年。[3]该公告还规定，若某一法人合伙人投资于多个有限合伙制创业投资企业，则该法人合伙人从多个创业投资企业分得的应纳税所得额以及抵减额度可合并计算。

创业投资企业为创新型中小企业的研究开发活动提供主要的资金支持，以及大量的生产经营管理方面的经验和渠道，是创新发展中的重要主体。从文件内容的历次修改可知，优惠措施的适用范围和扣减额度的限制在逐渐放宽，以顺应创新驱动发展的要求。其中的疑问点是，法律法规的内容太过笼统，大量的适用条件和限制条件由规范性文件作出，其公平性和合法性有待检视；公司制创业投资企业与有限合伙制创业投资企业

---

〔1〕《财政部、国家税务总局关于将国家自主创新示范区有关税收试点政策推广到全国范围实施的通知》（财税〔2015〕116 号）；《国家税务总局关于有限合伙制创业投资企业法人合伙人企业所得税有关问题的公告》（国家税务总局公告 2015 年第 81 号）。

〔2〕法定方式是指：采用股权投资的方式；投资满 2 年；投资于未上市中小高新技术企业。

〔3〕《国家税务总局关于有限合伙制创业投资企业法人合伙人企业所得税有关问题的公告》（国家税务总局公告 2015 年第 81 号），第 3 条。

以及法人合伙人与个人合伙人之间存在不符合税收中性原则的
现象，干预投资者基于税负程度而对组织形式的选择，而非从
市场和管理的角度选择；不当干预投资者的决策，也存在不符
合比例原则的现象。

5. 减计收入

法律、行政法规规定减计收入优惠，企业以《资源综合利
用企业所得税优惠目录》中所列资源为主要原材料生产产品取
得的收入可减计 10% 的收入，并授权国务院有关部门制定目录
详细内容和主要原材料标准。

财政部、税务总局和国家发展和改革委员会发布的财税
〔2008〕117 号通知列举了共生、伴生矿产资源等，主要原材料
的标准多为 70% 或 100%。[1]《企业所得税法》规定，减计收入
优惠措施的目的是引导企业综合利用资源，并由行政法规确定
企业该项收入的减计比例，但优惠措施适用的主体范围和主要
原材料的判断标准授权主管部门制定，实践中则以规范性文件
的形式确定，可能影响该项优惠措施的普适性，产生不同企业
或不同行业之间的区别对待，有违税收法定原则和税收中性原
则。有限资源的高效利用和循环利用也是创新驱动发展追求的
目标之一，主体适用范围的局限将影响减计收入优惠措施促进
创新的效果。因该项优惠措施在实践中的适用产生的相同或类
似纳税主体之间的税负差异是否具有适当性、必要性和均衡性，
受到质疑。

前述减计收入企业所得税优惠措施是依据法律、行政法规
而制定的，由规范性文件制定细化规则，优惠措施的适用范围
仅局限于企业综合利用资源的收入。为鼓励、支持小微企业发

---

[1]《财政部、国家税务总局、国家发展改革委关于公布资源综合利用企业所
得税优惠目录（2008 年版）的通知》（财税〔2008〕117 号）。

展，财税〔2019〕13 号通知针对小微企业征收企业所得税时的税基和税率作出优惠规定，并且创制了一项与减计收入优惠效果类似的优惠措施。除此之外，该通知将小型微利企业年应纳税所得额分段计算，其中小于 100 万元的部分减按 25%计算，100 万元至 300 万元的部分减按 50%计算，大于 300 万元的部分则全额计算。[1]

小型微利企业应纳税所得额的分段减计优惠，不完全等同于减计收入优惠措施，但应纳税所得额等于收入总额减除成本费用等各项扣减项目后的余额，因此企业综合利用资源的减计收入优惠措施与小微企业应纳税所得额分段减计优惠措施具有相同的效果，均属于从收入角度考虑企业所得税税基式优惠，且对应纳税所得额减计的优惠激励效果更加明显。但法律、行政法规针对小型微利企业仅规定低税率优惠，同时法定的减计收入优惠措施并未专门规定适用主体限制，仅针对企业综合利用资源的收入，因此〔2019〕13 号通知规定的小型微利企业应纳税所得额分段减计征税的优惠措施无法直接从法律法规中得出其合法性依据，只能通过《企业所得税法》第 36 条等规定的授权立法论证其制定依据，可能违背税收法定原则。

6. 规范性文件创制的其他税基式优惠

法律、行政法规中明确规定的税基式优惠措施包括：减征免征、加计扣除、加速折旧、投资额抵扣应纳税所得额、减计收入。除此之外，《国家税务总局关于企业所得税执行中若干税务处理问题的通知》（国税函〔2009〕202 号）等 4 部规范性文件中还创制了新的促进创新企业所得税优惠措施。

国税函〔2009〕202 号通知规定软件生产企业职工培训费

────────

〔1〕《财政部、税务总局关于实施小微企业普惠性税收减免政策的通知》（财税〔2019〕13 号）。

据实扣除；[1]财税〔2012〕27 号通知第 5 条创制了一项不征税收入，[2]第 6 条规定集成电路设计企业和特定软件企业的职工培训费的据实扣除；[3]财税〔2017〕79 号通知规定对技术先进型服务企业加大职工教育经费的扣除力度；[4]财税〔2018〕51号则将职工教育经费扣除优惠推广至全部企业；[5]财税〔2018〕76 号通知针对高新技术企业和科技型中小企业规定了延长亏损结转期的优惠措施。[6]

　　职工培训费属于职工教育经费中的一项，依据《企业所得税法》和《企业所得税实施条例》规定的企业所得税基准税收构成要件，在扣除要件中职工教育经费小于合理据实工资薪金总额 2.5%的部分可扣除，大于的部分可结转扣除。[7]同时《企业所得税法》《企业所得税法实施条例》税收优惠章节并未规定与职工教育经费扣除相关的企业所得税优惠措施。国税函〔2009〕202 号通知和财税〔2012〕27 号通知文件，针对集成电路设计企业和软件生产企业支出的职工培训费创设性地规定可以据实扣除，实践中企业必须清晰划分职工教育经费中的职工培训费用，否则不得适用该项优惠。

　　〔1〕《国家税务总局关于企业所得税执行中若干税务处理问题的通知》（国税函〔2009〕202 号）。

　　〔2〕符合条件的软件企业取得即征即退增值税款并单独核算的，专用于软件产品研发和扩大在生产的可作为不征税收入。

　　〔3〕《财政部、国家税务总局关于进一步鼓励软件产业和集成电路产业发展企业所得税政策的通知》（财税〔2012〕27 号）。

　　〔4〕《财政部、税务总局、商务部、科技部、国家发展改革委关于将技术先进型服务企业所得税政策推广至全国实施的通知》（财税〔2017〕79 号）。

　　〔5〕《财政部、税务总局关于企业职工教育经费税前扣除政策的通知》（财税〔2018〕51 号）。

　　〔6〕《财政部、税务总局关于延长高新技术企业和科技型中小企业亏损结转年限的通知》（财税〔2018〕76 号）。

　　〔7〕《企业所得税法》第 8 条，《企业所得税法实施条例》第 42 条。

财税〔2017〕79 号通知与财税〔2018〕51 号通知将企业支出的可扣除的职工教育经费与工资薪金之比从 2.5%提升至 8%，两份通知的区别在于前者仅适用于经认定的技术先进型服务企业，而后者则适用于全部企业。适用主体范围扩大至企业所得税全部纳税主体，实质上修改了企业所得税基准构成要件。〔2018〕51 号通知是财政部和税务总局发布的，而《企业所得税法》和《企业所得税法实施条例》是由立法机关和最高行政机关经过严谨的立法程序制定发布的，因此〔2018〕51 号通知的优惠措施背离了税收法定原则和《立法法》的规定。从促进创新和税收中性的角度分析，加大职工教育经费的扣除力度有利于提升劳动力的科学技术水平和职业技能，且适用于全部企业所得税纳税人，符合促进创新和税收中性的要求。而且优惠措施适用于企业所得税的所有纳税人，虽然减少了部分税收收入，但有利于提高劳动力技能和科学知识水平，有利于减轻企业负担、释放经济活力，形成持续稳定的创新驱动经济发展模式，符合比例原则的要求。

《企业所得税法》规定，企业亏损可向以后年度结转，结转年限不超过 5 年。[1] 此条规定属于企业所得税基准构成要件的一部分，且法律法规中的税收优惠措施未规定亏损结转优惠措施。财税〔2018〕76 号通知创设了延长亏损结转期的优惠措施，适用条件包括：适用主体须为符合规定的高新技术企业和科技型中小企业；[2] 亏损的范围为 2018 年 1 月 1 日起，之前 5 个纳税年度未弥补完的亏损；亏损结转优惠期限是亏损结转期由 5 年延长至 10 年。针对特定企业延长亏损结转期限，有利于激励此类型企业增加研发、创新发展，但创新的不确定性决定优惠措施须

---

[1]《企业所得税法》第 18 条。
[2]《高新技术企业认定管理办法》（国科发火〔2016〕32 号）、《科技型中小企业评价办法》（国科发政〔2017〕115 号）。

具备公平性和普遍适用性，因此此项优惠措施的适用范围存在质疑。同时该通知存在无法律法规依据直接创设优惠措施的问题，违反了税收法定原则。而如果处于相同情形下的其他纳税人的创新活动无法适用优惠措施，则此项优惠措施的存在将会造成税负不公平，并且选择性鼓励特定类型的企业，有违税收中性原则。

（二）税率式优惠

税率式优惠主要围绕小型微利企业和高新技术企业，法律和行政法规的渊源为：《企业所得税法》第 28 条、《企业所得税法实施条例》第 92 条、93 条，而法律仅规定了法定优惠税率。《企业所得税法实施条例》将小型微利企业划分为工业企业和其他企业，分别就从业人数以及资产总额和应纳税所得额的范围作出限制。《企业所得税法实施条例》规定高新技术企业须从产品、研发费用与销售收入比例、高新技术产品收入与总收入之比、科研人员比例等方面认定，但具体比值和细化条件的制定则再次授权国务院主管部门。涉及的部门规范性文件有《财政部、国家税务总局关于高新技术企业境外所得适用税率及税收抵免问题的通知》（财税〔2011〕47 号）等一系列文件。此外，国家重点激励发展的软件和集成电路行业，同样采用税率式优惠，规定于《财政部、国家税务总局关于进一步鼓励软件产业和集成电路产业发展企业所得税政策的通知》（财税〔2012〕27 号）等文件中。[1]

财税〔2019〕13 号通知修改了《企业所得税法》和《企业

---

〔1〕《财政部、国家税务总局、发展改革委、工业和信息化部关于进一步鼓励集成电路产业发展企业所得税政策的通知》（财税〔2015〕6 号）、《财政部、国家税务总局、发展改革委、工业和信息化部关于软件和集成电路产业企业所得税优惠政策有关问题的通知》（财税〔2016〕49 号）、《财政部、税务总局、国家发展改革委、工业和信息化部关于集成电路生产企业有关企业所得税政策问题的通知》（财税〔2018〕27 号）、《财政部、税务总局关于集成电路设计和软件产业企业所得税政策的公告》（财政部、税务总局公告 2019 年第 68 号）。

所得税法实施条例》的规定。首先，该通知修改了小型微利企业从业人数和资产总额等限制，修改为从业人数不超过 300 人且资产总额不超过 5000 万元、应纳税所得额不超过 300 万元，且并未区分不同行业的企业。[1]其次，通知的内容并未直接修改 20% 的优惠税率，而是将应纳税所得额分段减计后，适用 20% 的低税率。具体规定为小型微利企业年应纳税所得额：不超过 100 万元的部分，减按 25% 计入应纳税所得额；超过 100 万元但不超过 300 万元的部分，减按 50% 计入应纳税所得额。这一规定一定程度上修改了我国企业所得税适用比例税率的立法模式，将符合条件的小型微利企业的适用税率修改为三级超额累进税率。

科技部、财政部、国家税务总局于 2016 年联合发布，并经国务院批准的《高新技术企业认定管理办法》（国科发火〔2016〕32 号）从技术的界定、[2]知识产权、企业创新能力、研发费用与销售收入总额比值、高新技术产品收入占比等方面规定高新技术企业的条件。[3]而财税〔2011〕47 号通知，在高新技术企

---

[1] 《企业所得税法实施条例》规定，工业企业从业人数不超过 100 人，资产总额不超过 3000 万元，年度应纳税所得额不超过 30 万元；其他企业从业人数不超过 80 人，资产总额不超过 1000 万元，年度应纳税所得不超过 30 万元。

[2] 《国家重点支持的高新技术领域》，载中华人民共和国商务部网，http://www.mofcom.cn/article/bh/200805/20080505534363.shtml，最后访问日期：2025 年 2 月 19 日。

[3] 《高新技术企业认定管理办法》（国科发〔2016〕32 号）第 11 条规定："认定为高新技术企业须同时满足以下条件：（一）企业申请认定时须注册成立一年以上；（二）企业通过自主研发、受让、受赠、并购等方式，获得对其主要产品（服务）在技术上发挥核心支持作用的知识产权的所有权；（三）对企业主要产品（服务）发挥核心支持作用的技术属于《国家重点支持的高新技术领域》规定的范围；（四）企业从事研发和相关技术创新活动的科技人员占企业当年职工总数的比例不低于 10%；（五）企业近三个会计年度（实际经营期不满三年的按实际经营时间计算，下同）的研究开发费用总额占同期销售收入总额的比例符合如下要求：1. 最近一年销售收入小于 5000 万元（含）的企业，比例不低于 5%；2. 最近一年销售收入在 5000 万元至 2 亿元（含）的企业，比例不低于 4%；3. 最近一年销售收入在 2 亿

业适用15%的税率优惠的基础之上，创制了一项与优惠税率相关的抵免优惠。该通知规定符合条件的高新技术企业，源自境外的符合条件的所得计算抵免限额时，可按照15%税率计算。[1]经国务院批准的高新技术企业认定条件，虽不完全符合应由法律、行政法规规定的本义，但由行政法规授权，并经国务院批准的做法仍值得肯定。

财税〔2017〕79号通知规定，经认定的技术先进型服务企业适用15%的优惠税率。[2]技术先进型服务企业的范围与认定条件则与高新技术企业的认定管理存在较大差异。实质上，财税〔2017〕79号通知修改了法律法规规定的15%优惠税率适用的主体范围，属于通过部门规范性文件修改《企业所得税法》和《企业所得税法实施条例》规定的适用主体范围。而财税〔2018〕44号通知，则在财税〔2017〕79号通知的基础上进一步扩大了适用15%优惠税率的技术先进型服务企业的范围，增加了文化技术服务等类别的企业。[3]扩大税率优惠适用的主体范围，更符合创新的特征，增加了税率优惠的公平性和合比例性，但通过规范性文件的形式修改行政法规的内容，有违税收法定原则。

此外，企业所得税通过多种方式激励、引导软件和集成电路产业的发展。而企业所得税制中的相关激励规定则主要体现为

（接上页）元以上的企业，比例不低于3%。其中，企业在中国境内发生的研究开发费用总额占全部研究开发费用总额的比例不低于60%；（六）近一年高新技术产品（服务）收入占企业同期总收入的比例不低于60%；（七）企业创新能力评价应达到相应要求；（八）企业申请认定前一年内未发生重大安全、重大质量事故或严重环境违法行为。"

〔1〕《企业所得税法》第23条规定，抵免限额等于境外所得乘以法定税率。

〔2〕《财政部、税务总局、商务部、科技部、国家发展改革委关于将技术先进型服务企业所得税政策推广至全国实施的通知》（财税〔2017〕79号）。

〔3〕《财政部 税务总局 商务部 科技部 国家发展改革委关于将服务贸易创新发展试点地区技术先进型服务企业所得税政策推广至全国实施的通知》（财税〔2018〕44号）。

由规范性文件创制的仅适用于软件和集成电路产业的免税和低税率优惠。综合梳理财政部、税务总局历年来出台的关于软件和集成电路产业企业所得税优惠规范性文件可知，规范性文件中的优惠措施主要以时间、企业类型、企业规模等为限制条件创制低税率优惠，划分企业所得税的优惠力度。具体优惠内容可分为如下四类。[1]

第一，经认定符合条件的企业，自获利年度起，第一年至第二年免征企业所得税，第三年至第五年适用12.5%的低税率征收企业所得税。

第二，经认定符合条件的企业，自获利年度起，第一年至第五年免征企业所得税，第六年至第十年适用12.5%的低税率征收企业所得税。

第三，经认定符合条件的企业，适用15%的低税率征收企业所得税。

第四，国家规划的符合条件的重点企业，未能依据规定享受免征企业所得税优惠的，在符合免征企业所得税条件的当年适用10%的低税率征收企业所得税。

财税〔2012〕27号、财税〔2015〕6号、财税〔2016〕49号和财税〔2018〕27号等由国务院财政税务等主管部门发布的一系列规范性文件规定了优惠措施适用主体的范围和条件。[2]第一类优惠中经认定符合条件的企业包括如下几类：特定的集

---

[1] 《财政部、国家税务总局关于进一步鼓励软件产业和集成电路产业发展企业所得税政策的通知》（财税〔2012〕27号）。

[2] 《财政部、国家税务总局、发展改革委、工业和信息化部关于进一步鼓励集成电路产业发展企业所得税政策的通知》（财税〔2015〕6号）；《财政部、国家税务总局、发展改革委、工业和信息化部关于软件和集成电路产业企业所得税优惠政策有关问题的通知》（财税〔2016〕49号）；《财政部、税务总局、国家发展改革委、工业和信息化部关于集成电路生产企业有关企业所得税政策问题的通知》（财税〔2018〕27号）。

成电路生产企业〔1〕、符合条件的集成电路设计企业〔2〕、符合条件的软件企业〔3〕、集成电路封装测试企业、集成电路关键专用材料生产企业、集成电路专用设备生产企业、新设的特定集成电路生产企业〔4〕、特定的集成电路生产项目〔5〕。第二类优惠主要适用于以下集成电路产业中的纳税主体：经认定的且15年以上经营期的，生产集成电路线宽小于0.25微米的集成电路生产企业；经认定的且经营期15年以上的，投资额大于80亿元或集成电路线宽小于0.8微米（含）的集成电路生产企业；2018年1月1日后新设的集成电路线宽小于65纳米，且经营期在15年以上的集成电路生产企业；2018年1月1日后新设的投资额超过150亿元，且经营期在15年以上的集成电路生产企

---

〔1〕《财政部、国家税务总局关于进一步鼓励软件产业和集成电路产业发展企业所得税政策的通知》（财税〔2012〕27号），特定的集成电路生产企业是指，生产集成电路线宽小于0.8微米的企业，同时该通知给出了集成电路生产企业的定义。

〔2〕 2011年1月1日后设立的且符合《财政部、国家税务总局关于进一步鼓励软件产业和集成电路产业发展企业所得税政策的通知》（财税〔2012〕27号）和《财政部、国家税务总局、发展改革委、工业和信息化部关于软件和集成电路产业企业所得税优惠政策有关问题的通知》（财税〔2016〕49号）规定的集成电路设计企业，《财政部、税务总局关于集成电路设计和软件产业企业所得税政策的公告》（财政部、税务总局公告2019年第68号）进一步延续了符合条件的集成电路设计企业和符合条件的软件企业所适用的此项优惠措施。

〔3〕 2011年1月1日后设立的且符合《财政部、国家税务总局关于进一步鼓励软件产业和集成电路产业发展企业所得税政策的通知》（财税〔2012〕27号）和《财政部、国家税务总局、发展改革委、工业和信息化部关于软件和集成电路产业企业所得税优惠政策有关问题的通知》（财税〔2016〕49号）规定的软件企业。

〔4〕 依据《财政部、税务总局、国家发展改革委、工业和信息化部关于集成电路生产企业有关企业所得税政策问题的通知》（财税〔2018〕27号），此处的集成电路生产企业须同时符合如下条件：2018年1月1日后投资新设的，集成电路线宽小于130纳米，经营期10年以上。

〔5〕 特定的集成电路生产项目是指，财税〔2018〕27号通知规定的项目的主体企业符合集成电路生产企业的条件，且该企业对该项目单独进行会计核算、计算所得，并合理分摊期间费用的。

业。[1]第三类优惠中经认定的符合条件的企业包括两类：集成电路线宽小于0.25微米的集成电路生产企业或投资额大于80亿元的集成电路生产企业。[2]

从规范性文件中涉及的促进创新企业所得税税率式优惠的内容可知，税率式优惠的主要问题包括：第一，规范性文件不断突破《企业所得税法》和《企业所得税法实施条例》的规定，创制低优惠税率、超额累进税率、扩大税率优惠适用的主体范围，有违税收法定原则；第二，规范性文件在随意扩大税率式优惠主体范围的同时，在不同产业之间以及同一产业内部企业之间规定差别化的税率优惠，造成相同或类似纳税主体之间的差别化税收待遇，可能影响市场资源配置，背离税收中性原则；第三，新文件不断修订、扩大旧文件中优惠措施的适用范围，是规范性文件结合我国科技和经济实际，不断校正更新自身规定的过程，也是对旧文件适当性、必要性和合比例性的反思，但新规定仍须符合比例原则的限制。

（三）税额式优惠

《企业所得税法》规定的税额抵免属于促进创新企业所得税中的税额式优惠，其第34条将税额抵免优惠的适用范围仅限于企业支出的用于购买环境保护、节能节水、安全生产等专用设备的费用。《企业所得税法实施条例》的规定将税额抵免的适用范围限定于各类所得税优惠目录中，且行政法规同时授权财政税

---

[1]《财政部、国家税务总局关于进一步鼓励软件产业和集成电路产业发展企业所得税政策的通知》（财税〔2012〕27号）和《财政部、税务总局、国家发展改革委、工业和信息化部关于集成电路生产企业有关企业所得税政策问题的通知》（财税〔2018〕27号）。

[2]《财政部、国家税务总局关于进一步鼓励软件产业和集成电路产业发展企业所得税政策的通知》（财税〔2012〕27号）。

务等国务院主管部门制定所得税优惠目录，报国务院批准。[1]与
税额抵免优惠相关的规范性文件主要包括财税〔2017〕71号和
财税〔2018〕84号通知。[2]这两份通知细化了与税额抵免优惠
措施相关的《企业所得税优惠目录》的内容。税额抵免优惠针
对企业节能节水、环保、安全生产等领域，精准激励纳税人的
特定行为活动，但其适用范围主要由规范性文件明确，有违法
定性，且该项优惠措施是否符合税收中性原则和比例原则同样
存在疑问。

（四）纳税递延

企业所得税的纳税递延是指某一纳税年度应予征收的企业
所得税税款推迟至以后纳税年度征收。[3]具体适用时，是将某
一纳税年度内企业所得税纳税人取得的某一项所得，从当年的
税基中扣减，该项所得在该纳税年度暂不征收企业所得税，推
迟至以后纳税年度征收企业所得税。这一过程可分为两步：第
一步，在纳税主体取得该项所得的纳税年度，应征但对该项所
得暂不征收，从税基中排除；第二步，以后年度对该项所得征
收企业所得税。纳税递延利用货币的时间价值，通过改变不同
纳税年度税基的数额，赋予纳税主体该部分税款的时间价值。
《企业所得税法》和《企业所得税法实施条例》中税收优惠一
章未规定纳税递延优惠措施，但规范性文件中创制了该项所得
税优惠措施，如《财政部、国家税务总局关于非货币性资产投资

---

〔1〕《企业所得税法实施条例》第100条。

〔2〕《财政部、税务总局、国家发展改革委、工业和信息化部、环境保护部关
于印发节能节水和环境保护专用设备企业所得税优惠目录（2017年版）的通知》
（财税〔2017〕71号）；《财政部、税务总局、应急管理部关于印发安全生产专用设
备企业所得税优惠目录（2018年版）的通知》（财税〔2018〕84号）。

〔3〕薛波主编：《元照英美法词典》（缩印版），北京大学出版社2013版，第
388页。

企业所得税政策问题的通知》（财税〔2014〕116号）等文件。

依据财税〔2014〕116号通知，企业以非货币性资产对外投资，实质为财产转让行为。征收企业所得税时，以投资时非货币性资产的公允价值确定企业的财产转让所得，该项财产转让所得可在未来5个纳税年度内均匀分摊并计入企业的应纳税所得额，缴纳企业所得税。[1]

财税〔2016〕101号通知新增了企业以技术成果投资入股适用纳税递延优惠措施的内容。企业以技术成果投资入股，实质为转让该项技术，并获得对价的行为。选择适用技术成果投资入股纳税递延优惠措施时，须同时符合以下条件：以技术成果投资需转让技术的所有权；被投资企业为境内居民企业；被投资方支付方式为股票或股权；技术成果须为专利技术、计算机软件著作权、集成电路布图设计专有权等。符合条件的技术成果投资入股，投资企业转让技术成果取得的财产转让所得当期可暂不纳税，递延至投资企业转让被投资企业股票或股权时缴纳税款。[2]

纳税递延有利于企业之间非货币资源的互通有无，如专利技术或其他隐形的知识科技、股权股票等，为企业获取生产经营资源提供新的渠道，促进企业之间的资源有效配置，有效激发市场发展活力。但纳税递延是由规范性文件创制的，法律、行政法规未予规定，其公平性未经立法程序的审视，并且严重挑战了税收法定原则以及《企业所得税法》的权威性和确定性。

---

〔1〕《财政部、国家税务总局关于非货币性资产投资企业所得税政策问题的通知》（财税〔2014〕116号）。

〔2〕《财政部、国家税务总局关于完善股权激励和技术入股有关所得税政策的通知》（财税〔2016〕101号）。

三、促进创新个人所得税优惠制度的现状

《个人所得税法》和《个人所得税法实施条例》均未设置税收优惠章节，具体的条款内容中所涉及的个人所得税优惠措施少之又少，而促进创新个人所得税优惠则主要规定于各类规范性文件中。内容涉及促进创新个人所得税优惠措施的规范性文件包括：《财政部、国家税务总局关于促进科技成果转化有关税收政策的通知》（财税字〔1999〕45号）、《财政部、国家税务总局关于将国家自主创新示范区有关税收试点政策推广到全国范围实施的通知》（财税〔2015〕116号）、《关于个人非货币性资产投资有关个人所得税政策的通知》（财税〔2015〕41号）等。这几份文件涉及的所得税优惠类型主要为税基式优惠和纳税递延两类。从促进创新的角度分析，其主要从激励科研技术人员和促进创新投资两个方面发力。尽管法律、行政法规中未清晰明确地对合伙企业征收所得税规定穿透规则，但财税〔2018〕55号通知等文件规定了创业投资企业中的个人合伙人适用的优惠措施。

（一）税基式优惠

财税〔2018〕58号通知为科技人员因科技成果转化获取的现金奖励创制了一项税基式优惠措施。该通知规定，现金奖励的颁发主体须为符合条件的公立的或私立的非营利科学研发机构或高校；[1] 科技人员须为前述机构组织中对科技成果作出重大贡献的个人，且科技成果须为专利技术、植物新品种权、生

---

[1] 公立科研机构和高校须利用财政性资金设立，且取得《事业单位法人证书》；私立科研机构和高校须取得《民办非企业单位登记证书》，业务范围须为"科学研究与技术开发、成果转让、科技咨询与服务、科技成果评估"，且须被认定并取得企业所得税非营利组织免税资格。

物医药新品种等国务院主管部委认可的其他技术成果；科技人员取得的现金奖励须是因科技成果转化而取得的，且科技成果转化是指科研机构或高校向第三方转让或许可。[1]科技人员取得现金奖励符合〔2018〕58 号通知所列条件时，可按奖励金额的 50%计入工资薪金所得，是对综合所得计税依据的扣减。

财税〔2018〕55 号对天使投资人和合伙制创业投资企业中的个人合伙人规定了投资额抵扣应纳税所得额优惠措施。天使投资人适用优惠措施时须满足如下条件：须为直接的股权投资，被投资对象为初创科技型企业，投资满 2 年。符合前述条件的天使投资，转让股权时，可在从转让股权收入中计算求得的应纳税所得额之上再扣减符合条件的投资额的 70%，且当期抵减不足时，该抵扣额度可在同一投资项目中向后结转。[2]在特殊情形下，天使投资人享有的投资额抵扣应纳税所得额未完全抵扣的额度，可在不同的符合法定条件的天使投资项目中抵扣。[3]

若为合伙制创业投资企业中的个人合伙人，个人合伙人通过合伙企业投资初创科技型企业，个人合伙人从合伙企业取得的收入属于生产经营所得。此时，个人合伙人所享受的抵减应纳税所得额的优惠额度等于合伙制创业投资企业对初创科技型企业的投资额乘以合伙协议约定的比例再乘以 70%，抵扣不足可向后结转。[4]财税〔2019〕8 号通知虽未改变适用主体的法

〔1〕《财政部、税务总局、科技部关于科技人员取得职务科技成果转化现金奖励有关个人所得税政策的通知》（财税〔2018〕58 号）。

〔2〕《财政部、税务总局关于创业投资企业和天使投资个人有关税收政策的通知》（财税〔2018〕55 号）。

〔3〕《财政部、税务总局关于创业投资企业和天使投资个人有关税收政策的通知》（财税〔2018〕55 号），特殊情形是指办理注销清算的初创科技型企业，自其办理注销清算之日起 36 个月内。

〔4〕参见《财政部、税务总局关于创业投资企业和天使投资个人有关税收政策的通知》（财税〔2018〕55 号）。

定条件、可抵扣投资额的计算方法和比例等主要内容，但从核算方法的角度对〔2018〕55号通知规定的应纳税所得额的计算方法作出较大修改。首先，〔2019〕8号通知规定了两种核算方式：一是单一投资基金核算，二是创投企业年度所得整体核算。核算方式的选择权在于创业投资企业。其次，创投企业选择按照单一投资基金核算个人合伙人的所得时，须向主管税务机关备案且3年内不得变更，因管理该基金而支出的管理费和业绩报酬不可扣除，该基金取得的股权转让所得和股息红利所得适用20%的税率。该基金内不同投资项目的股权转让所得之和与费用和亏损之和之间的差额为个人合伙人的股权转让所得应纳税所得额，若小于零则不得结转。该基金内股息红利所得等于所投资的所有项目的股息红利所得之和。最后，创投企业选择年度所得整体核算时，应在创投企业层面按照经营所得的计税规则计算应纳税所得额，并可扣除6万元等项目。按照经营所得的计税规则，创投企业的年度亏损可向后结转，且有关成本费用可扣除。[1]

（二）纳税递延

纳税递延优惠措施是有效且被频繁采用的促进个人的科学研究和技术研发活动的优惠措施，主要用于股权激励，如科研机构等组织以股权奖励个人转化职务科技成果暂不征收个人所得税。此外，其还适用于中小高新技术企业转增股本和个人非货币性资产投资的情形。但个人所得税法律和法规中未规定纳税递延优惠，而由规范性文件创制。

依据财税字〔1999〕45号通知的规定可知，科研院校职务科技成果转股权纳税递延优惠措施的具体适用条件包括：首先

---

[1]《财政部、税务总局、发展改革委、证监会关于创业投资企业个人合伙人所得税政策问题的通知》（财税〔2019〕8号）。

是主体条件，科研院校是指符合条件的自然科学研究机构和全日制普通高等学校，科研人员是指科研院校在编正式职工。[1]其次，科技成果须为符合条件的职务科技成果。[2]此通知中的纳税递延是指，符合条件的科研人员在国家规定的科研院校中，转化符合条件的职务科技成果并获取相应的股权或股份，其取得股权或股份时暂不征收个人所得税，递延至分配股息红利或转让之时缴纳。[3]综上可知，财税〔1999〕45号通知的适用范围太狭窄，无法有效促进创新。

财税〔2015〕116号第4条规定，高新技术企业科技成果转股权纳税递延优惠，主要适用于高新技术企业对符合条件的技术人员转化科技成果的股权激励。适用的企业范围是指经省级管理机构认定的且实行查账征收的高新技术企业。适用的技术人员范围则指关键核心技术、重大项目、重要工艺流程或主要产品的研发人员，还包括部分贡献突出的经营管理人员。技术人员获取企业奖励的股权时，一次性缴纳个人所得税确有困难的，可在5个纳税年度内分期缴纳。财税〔2015〕116号通知增加了纳税递延优惠措施的适用情形。[4]

财税〔2016〕101号第3条规定个人技术成果投资入股纳税递延优惠，被投资入股的企业是指境内居民企业。在该通知中，纳税递延优惠措施适用的主体范围在前述规范性文件规定的被

---

〔1〕 科研机构须符合《关于科研事业单位机构设置审批事项的通知》（中编办发〔1997〕14号）的规定。

〔2〕 此处职务科技成果须符合《关于以高新技术成果出资入股若干问题的规定》（国科发政字〔1997〕326号）、《〈关于以高新技术成果出资入股若干问题的规定〉实施办法》（国科发政字〔1998〕171号）等规定。

〔3〕 《财政部、国家税务总局关于促进科技成果转化有关税收政策的通知》（财税字〔1999〕45号）。

〔4〕 《财政部、国家税务总局关于将国家自主创新示范区有关税收试点政策推广到全国范围实施的通知》（财税〔2015〕116号）。

投资主体的范围上被进一步扩大至境内居民企业，而对技术成果所有者也无行政性的限制。个人纳税人以技术成果入股之时，选择适用纳税递延优惠的，在取得股权之时暂不征收个人所得税，递延至转让该股权时计算缴纳。该通知区别规定了非上市公司和上市公司股权激励纳税递延优惠。非上市公司适用条件包括：须为境内符合条件的居民企业，[1] 须经股东大会、董事会审议通过，股权激励计划内容须明确具体，[2] 激励股权须为本公司的股权，被激励对象须为企业的技术骨干或高级管理人员且被激励对象累计人数须符合规定。[3] 此外，非上市公司的激励方式采用股票或股权期权的，被激励个人须自授予日起持有股票或股权满 3 年且自行权日持满 1 年，同时期权等待期不得超过 10 年；采用限制性股票的，须自授予日起持有股票满 3 年且解禁后持满 1 年；采用股权奖励的，须自获奖励之日起持满 3 年。符合前述条件的非上市公司股权激励计划，被激励个人在获取权利之时可暂不缴纳个人所得税，递延至转让该权利时缴纳。上市公司实施股权激励计划的情形，被激励个人可在行权日、解禁日或获奖励之日起 12 个月内缴纳个人所得税。[4]

财税〔2015〕116 号通知第 3 条规定了中小高新技术企业转增股本纳税递延优惠，本条规定意在引导企业通过转增股本的方式解决自身资金问题。适用条件包括：符合条件的中小高

---

〔1〕　实施股权激励计划的企业不得为《股权奖励税收优惠政策限制性行业目录》中的企业。

〔2〕　股权激励计划应列明激励目的、对象、标的、有效期、各类价格的确定方法、激励对象获取权益的条件程序等。

〔3〕　被激励对象累计人数不得超过本企业最近 6 个月在职职工平均人数的 30%。

〔4〕　《财政部、国家税务总局关于完善股权激励和技术入股有关所得税政策的通知》（财税〔2016〕101 号）。

新技术企业，[1]以未分配利润、盈余或资本公积向个人股东转增股本，个人股东缴纳个人所得税确有困难。符合前述情形时，个人股东可自转增股本之日起 5 个纳税年度之内，分期缴纳个人所得税。[2]财税〔2015〕41 号通知规定，个人以非货币性资产投资且未取得现金对价的情形，在非货币性资产转让之时缴纳税款确有困难的，个人纳税人须制定合理的个人所得税缴纳计划并报税务机关备案，并于 5 个纳税年度内缴纳。该通知意在鼓励创新投资，多渠道引导资金或资源流入创新领域。[3]

第三节　促进创新所得税优惠制度的问题分析

一、促进创新所得税优惠制度法律法规层面的问题分析

所得税法中，通过最优所得税的论证，并基于税收法定原则、量能课税原则、稽征经济原则而确立的所得税基准税收构成要件，是分析促进创新所得税优惠措施的起点和参照，也是分析促进创新所得税优惠法律制度的逻辑起点。[4]可以在基准税收构成要件的基础之上，围绕促进创新原则，以税收中性原则和比例原则为限制条件，检视已有的所得税优惠措施并构建

---

〔1〕　符合条件的中小高新技术企业是指，实行查账征收，销售额和资产总额不超 2 亿元且从业人数不超 500 人，经认定的高新技术企业，不得为上市或在全国中小企业股份转让系统挂牌的企业。

〔2〕　《财政部、国家税务总局关于将国家自主创新示范区有关税收试点政策推广到全国范围实施的通知》（财税〔2015〕116 号）。

〔3〕　《财政部、国家税务总局关于个人非货币性资产投资有关个人所得税政策的通知》（财税〔2015〕41 号）。

〔4〕　叶金育：《税收构成要件理论的反思与再造》，载《法学研究》2018 年第 6 期。

促进创新所得税优惠法律制度。[1]

　　本章第一节试图从宪法层面出发，通过对《税收征收管理法》《企业所得税法》《个人所得税法》以及配套的实施条例的梳理分析，归纳所得税法律体系中已有的促进创新所得税优惠，而分析所得税优惠的前提是明确确定的基准税收构成要件的规定。正如前面章节的论证，所得税的基准税收构成要件包括纳税人、税收客体和归属、税基、税率，而税基要件中又涵盖了影响税基的各类扣除措施。此外，税收优惠、纳税方式、纳税时间等在实体上和程序上影响纳税人税负大小轻重的要素也须由法律或至少由行政法规明确规定。所得税优惠应遵循税收法定原则，虽并非由法律或行政法规规定税收优惠的每一个细节，但法律和行政法规必须明确目标、原则、范围、限制、期限等要件，为行政机关和纳税人提供清晰的方法步骤、可预测的优惠程度。

　　由法律规定所得税基准税收构成要件，进而分析促进创新所得税优惠法律制度，从这个角度出发，反思现行的所得税法律法规，存在以下问题。

　　第一，从税收法定的角度分析，基准税收构成要件必须由法律、行政法规明确规定，但两部所得税法和配套的行政法规有关构成要件的规定太过笼统、模糊，存在空白授权立法和理应由法律法规规定而未规定的内容。如纳税人无法依据《个人所得税法》计算确定其应缴纳的所得税额。又如合伙所得的征税问题主要由规范性文件规定，自然人合伙人无法依据法律法规计算税负。

　　除所得税基准税收构成要件必须由法律、行政法规明确规定外，直接影响所得税公平性和税负程度的促进创新所得税优

---

　　[1]　熊伟：《法治视野下清理规范税收优惠政策研究》，载《中国法学》2014年第6期。

惠亦须由法律、行政法规明确规定。法律、行政法规规定促进创新所得税优惠措施时，是通过税收法定实现所得税优惠的促进创新、税收中性和符合比例的，从而确保促进创新所得税优惠的正当性和公平性。[1]

第二，从促进创新的角度分析，促进创新所得税优惠缺乏公平性和普适性，无法回应创新不确定和高风险的特征，且存在激励不足的问题。[2]现行促进创新所得税优惠措施覆盖的产业或行业略显狭窄，未精准针对企业的发展阶段和特征制定有效的激励措施，未有效衔接创新的各环节。与其他国家的引导、鼓励纳税人创新活动的所得税优惠相比，我国的加计扣除、税率优惠、税额抵免等措施的优惠力度不够，促进创新不足。

第三，从税收中性的角度分析，所得税制和促进创新所得税优惠存在违背税收中性的问题。源自合伙的所得，包括生产经营所得、财产租赁或转让所得等适用5%—35%的超额累进税率，公司等企业的生产经营所得、财产租赁或转让所得等适用25%的比例税率，而自然人的财产转让或租赁所得、股息利息红利所得适用20%的比例税率，在基准税收构成要件的层面违背了税收中性原则。再如，《企业所得税法》规定技术转让所得减征免征所得税，《个人所得税法》中却无对应的规定，再结合合伙税制未确立穿透规则，该项优惠将导致不同创新主体之间的税收不中性。[3]

第四，从比例原则的角度分析，在法律法规层面的原则性

---

[1] 刘剑文：《将税收法定原则落到实处》，载《人民日报》2016年7月19日，第7版。

[2] 李子姮、姚洁：《税收支持科技创新：理论依据和政策完善》，载《税务研究》2018年第9期。

[3] 王春雷、夏文丽、李晶：《关于税收中性的若干理论问题探讨》，载《财经问题研究》1996年第8期。

规定违背比例原则较少，而规范性文件中存在大量的所得税优惠措施需从比例原则的角度展开检视。

二、促进创新所得税优惠制度规范性文件层面的问题分析

（一）立法位阶不高

按照《宪法》《立法法》的规定，税收基本制度的各项内容须由法律、行政法规规定，例如税种的设立、税率的确定、税收征收管理等。再结合《税收征收管理法》的规定，则又可具体为税收的开停征以及减免退补税遵循法律和行政法规的规定。从法律规定的内容可知，税种、税率、税基以及税收优惠等与开停征、减免退补税密切关联的基准要件应由法律和行政法规规定。而且《立法法》规定，授权立法不得转授权。[1]授权立法时应明确规定授权的目的、事项、范围、期限以及授权事项应遵循的原则，且授权期限一般不得超过 5 年。授权期限届满的 6 个月以前，经国务院向全国人民代表大会常务委员会报告，由授权机关决定继续授权，或制定法律终止授权。因此，促进创新所得税优惠法律制度中的基本原则、基准税收构成要件、制定优惠措施的原则以及具体优惠措施应优先由法律予以规定，若法律无明文规定，则可由全国人民代表大会常务委员会依照法律规定的程序、范围、期限授权国务院制定行政法规，且有关促进创新所得税优惠制定行政法规的授权，须明确规定授权的目的和事项、授权的范围、授权的期限以及制定相应的行政法规应遵循的原则，且不得转授权。

现行的促进创新所得税优惠多数仅由部门规范性文件规定，

---

〔1〕　此处两部法律规定略有不同，《立法法》第 9 条规定，由全国人民代表大会常务委员会授权国务院制定行政法规；《税收征收管理法》第 3 条规定的表述是"法律授权国务院规定的，依照国务院制定的行政法规的规定执行"。

虽在规范性文件中均明确指出依据法律和行政法规的规定而制定，但仍有大量内容值得仔细推敲和斟酌，须进一步检验其对税收法定原则、量能课税原则、稽征经济原则以及促进创新所得税优惠的税收中性原则的背离程度，并基于促进创新原则和比例原则对其正当性和合法性的补足是否充分进行检视。

以企业所得税制为例，其基准税收构成要件的各项内容均由法律、行政法规明确规定，纳税主体、征税对象、税基、税率、不征税收入、扣除、折旧、摊销、亏损等要件以及税收优惠均由法律予以规定。但其仍在法定性方面存在问题：首先，深入分析条文的具体内容，法律、行政法规中使用了大量概括性、原则性用语，内容笼统模糊、缺乏明确性和确定性；其次，授权立法中未规定立法原则，授权目的不清晰，授权无期限和范围的规定；最后，规范性文件中的大量内容突破了法律、行政法规的规定，越权制定促进创新所得税优惠，打破甚至违背法定的企业所得税基准税收构成要件以及税收优惠的规定。

而《个人所得税法》和《个人所得税法实施条例》未设立税收优惠章节，法律法规仅规定税基式优惠，个人所得税制中促进创新所得税优惠主要由规范性文件创制。但法律法规中并无清晰、明确的授权立法规定，多提纲挈领式地作出原则性的授权规定。

（二）促进创新不足

促进创新是制定促进创新所得税优惠的目的，也是其正当性根基之一，因此制定所得税优惠时须以显著有效地促进创新为衡量标准。而显著有效促进创新则须紧扣创新的新颖性、颠覆性、系统性、高效性以及扩散的特性，并围绕创新的科学研究、研发、量产、投入市场等环节制定优惠措施。再结合我国《国家创新驱动发展战略纲要》提出的，完善产业创新系统、培育多元创新主体、促进创新人才，建立现代产业技术体系，实现工业产业和信息技术产业的深度融合，并优先发展信息网络技术、智能绿色制造技术、现代农业技术、现代能源技术、环保技术、先进适用技术、智慧城市和数字社会技术、先进健康技术、现代服务技术、颠覆性技术。反思现行促进创新所得税优惠制度，其虽覆盖了融资、研发、技术转让等环节，但仍存在促进创新不足的问题，主要表现为几个方面：首先，优惠措施限制条件严格、适用门槛高，无法普遍适用于各类创新主体。应适当放宽高新技术企业的认定标准、放宽针对源自知识产权所得的优惠措施的适用范围，以适应创新的不确定等特性。其次，优惠措施类别太少、激励不足，无法有效分担创新风险和成本。应适当放宽高新技术企业等创新主体的亏损结转期限，加大研发费用加计扣除比例，增加研发准备金的扣除等，以应对创新高风险、高成本的特性。最后，对科学研究、技术研发等创新人才的激励不足，可适用的所得税优惠措施种类较少，优惠力度不足。应增加个人研发成本据实扣除或加计扣除、亏损结转等优惠措施，引导、鼓励创新人才的研发活动。

（三）偏离税收中性

税收中性原则不仅是最优所得税制、量能课税原则的延伸，还要求无差别地对待不同的组织形式、生产要素、产业等，因此也符合创新的不确定性的要求。创新是在企业、个人或其他市场主体的不断实践和科学研发中发生的，因此，劳动力和资本等资源依照市场规律自由配置在创新过程中显得尤为重要。制定促进创新所得税优惠时须保持所得税的中性，最大限度避免干预和扭曲资源的自由配置，保障市场中与创新相关的资源的自由流动和有效配置。而现行促进创新所得税制度未实现税收中性原则的要求，主要包括：首先，现行所得税优惠措施的适用范围较为狭窄，适用条件严苛，导致纳税人之间的区别对待，违背税收中性原则，例如减计收入、亏损结转等优惠措施适用时的主体范围太窄。又如，加速折旧优惠依据行业划分而非创新研发行为划分优惠力度。再如，个人所得税制中规定的纳税递延优惠措施对适用主体存在诸多限制。其次，不同组织形式的创新主体之间税负不中性。例如，所得税制未确立合伙组织征收所得税的穿透规则，导致合伙企业须在组织层面计算应纳税所得额，并适用最高35%的超额累进税率，而且计算应纳税所得额的过程中无法适用企业和个人所得税制中规定的促进创新所得税优惠措施。对比企业所得税制规定的加计扣除等各项优惠，以及高新技术企业等适用的优惠税率，合伙组织明显税负偏高，因此合伙组织聚集创新人力资本的优势无法充分发挥。又如，投资额抵扣应纳税所得额优惠中，合伙制创业投资企业的个人合伙人，因企业选择的核算方式的不同，相同的所得将面临不同的扣除规则、亏损弥补规则、抵扣额度结转规则、适用税率和税负程度，违背税收中性原则；而且适用该项优惠措施时，合伙企业无论选择单一投资基金核算还是年度所得整体核算，个人合伙人的征税规则和税负程度均与天使投资人的征税规则和税负程度有所差别。最后，部分所得税优惠措施仅针对某类产业或企业，导致创新驱动发展语境下类似或相同情形的纳税人被区别对待，违背税收中性原则。例如，针对集成电路和软件产业规定的大量的减免税优惠和低汇率优惠，未覆盖其他高新技术产业。

（四）违背比例原则

经实证研究可知，所得税优惠对促进创新具有显著效果，因此通过所得税优惠制度促进创新符合比例原则，但仍须对具体优惠措施如研发费用加计扣除、加速折旧、税率优惠等是否符合适当性、必要性和狭义比例原则作详细分析。研发费用加计扣除可显著促进企业创新，法律法规和规范性文件规定企业符合条件的研发费用均可适用。但对比同样可明显引导企业创新的固定资产加速折旧优惠措施，研发费用加计扣除从企业规模、固定资产价格等方面制定不同的限制条件和优惠力度，导致纳税人之间存在税负差异，在有违公平性的同时增加了优惠措施的复杂程度和征管成本，如此设定优惠措施的适用条件是否符合狭义比例原则存疑。类似的还包括减计收入优惠、税额抵免优惠、集成电路和软件企业职工培训费据实扣除优惠等，虽可有效引导、鼓励纳税人在资源综合利用、环境保护、节能节水、集成电路和软件研发等方面的科技创新研究开发行为，但优惠仅局限于创新过程的某个方面，与优惠措施导致的税负不公相比，是否符合狭义比例原则也存疑。

综上所述，结合第一章对促进创新所得税优惠基础理论的分析可知，所得税优惠是促进创新效果显著且必要的重要手段。基于上述问题，在构建促进创新的所得税优惠法律制度并检验现有的所得税优惠措施时，须在所得税法的建制框架下进行设计，并以底层的创新理论为发力点。首先，促进创新所得税优惠应在最优所得税和所得税法建制基础之上展开论证，须符合并回应公平与效率、税收法定原则、量能课税原则和稽征经济原则对具体优惠措施提出的要求和限制。所得税基准税收构成要件是分析促进创新所得税优惠的起点，无法明确界定法定的所得税基准税收构成要件，则无法分析所得税优惠的正当性和实施效果。所得税基准税收构成要件的界定首先源自最优所得税的推导论证。[1]而所得税法中对量能课税原则的适用是财政

---

〔1〕〔美〕哈维·S. 罗森、特德·盖亚：《财政学》（第八版），郭庆旺、赵志耘译，中国人民大学出版社 2009 年版，第 295—300 页。

学中最优所得税制在税法学中的表达。量能课税原则是制定、修改、适用所得税法的基本原则之一，是检视所得税法良好运行的标准。[1]稽征经济原则为最优所得税制以及经税收法定原则和量能课税原则论证后的所得税法提供程序保障。因此，构建促进创新所得税优惠法律制度最底层的理论基础是财政学中的最优所得税原理和所得税法的三大建制原则——税收法定原则、量能课税原则和稽征经济原则。其次，所得税优惠以促进创新为出发点和宗旨，围绕创新的要素和特征展开，并紧扣《国家创新驱动发展战略纲要》的内容。制定所得税优惠的目的是促进创新，实现科学技术、经济社会的创新发展。而背离所得税基准税收构成要件、违背最优所得税制和量能课税原则的所得税优惠的正当性则根植于促进创新的社会目的。最后，应以促进创新原则、税收中性原则、比例原则为工具，检视促进创新所得税优惠具体措施是否在不同价值和利益的取舍和平衡中实现合理适当，如促进创新与所得税税负的公平负担等。[2]因此，促进创新原则、税收中性原则、比例原则是构建促进创新所得税优惠法律制度时主要考量的原则，作为税收法定原则、量能课税原则、稽征经济原则的下位原则，前述三项原则弥补了已违背最优所得税制和量能课税原则的所得税优惠正当性不足的缺陷，并为所得税优惠措施的制定、修改和实施提供限制和范围。

---

〔1〕 V. 图若尼主编：《税法的起草与设计》，国际货币基金组织、国家税务总局政策法规司译，中国税务出版社 2004 年版，第 20—35 页。

〔2〕 蒋震：《对清理规范税收优惠的一些思考》，载《中国财政》2015 年第 15 期。

第四章
促进创新所得税优惠制度的改革设计

第一节 促进创新企业所得税优惠制度的优化思路

在国家征税权与纳税人财产权的博弈中，税收法定原则为征税权和财产权的博弈提供了民主和理性解决的途径。在"无代表不征税"的思潮下，只有通过民主的立法程序制定的税法，才具有正当性。[1]应遵循税收法定原则，提高企业所得税法和企业所得税优惠措施的法定性和确定性，优化营商环境。[2]以促进创新为目的的企业所得税优惠，首先应符合法定性，即应由法律规定或由《立法法》规定的授权立法规定；其次应符合明确性，即制定促进创新企业所得税优惠时，各具体措施须互相配合互成体系，条文与条文之间须具有严密的逻辑，概念和定义须清晰且统一，优惠措施的目的、内容和范围必须明确，纳税主体可依据法律规定的优惠措施明确计算或预测自身的税负、税收优惠的程度和范围；最后征税应具有合法性，与促进创新企业所得税优惠措施相配套的征收管理程序中的权力、权

---

〔1〕 丁一：《纳税人权利研究》，中国社会科学出版社 2013 年版，第 94—100 页。

〔2〕 V. 图若尼主编：《税法的起草与设计》，国际货币基金组织、国家税务总局政策法规司译，中国税务出版社 2004 年版，第 89—94 页。

利与义务、责任与处罚须由法律或授权立法予以规定。

从对创新的解构和分析可知，影响创新的产生、发展和扩散并最终产生颠覆性效果的因素包括企业、大学、金融、产业创新系统、区域创新系统和国家创新系统。[1]优化促进创新企业所得税优惠制度时，应围绕创新的影响因素展开，须考量创新人才、研发机构、跨国公司等具体的或特殊的涉税主体，[2]围绕创新并紧扣《国家创新驱动发展战略纲要》的要求。[3]

税收中性要求一国的税制对劳动力、储蓄、消费和投资这四类要素所产生的干预和影响应当是一致的，若税收负担不同，则会引导资源向低税负要素聚集，产生税收干预市场经济的效果，进而引发复杂的税负转嫁和超额负担，并产生额外的制度成本。非中性的税收，将产生不公平和无效率的税负转嫁和超额负担，扭曲经济，浪费有限的资源。[4]分析税收中性在所得税中的作用，可从几个方面思考：所得税对不同经济行为产生的所得应保持中性，即对不同类别的所得的中性；所得税对不同商业组织形式保持中性；[5]所得税对产业、行业保持税收的中性；[6]所得税对不同的经济要素保持税收中性。促进创新所得税优惠必然打破最优所得税的设计，但仍应对所得税中涉及

〔1〕 [挪]詹·法格博格、[美]戴维·莫利、[美]理查德·纳尔逊主编：《牛津创新手册》，柳卸林等译，知识产权出版社 2009 年版，第 359—367 页。

〔2〕 朱承亮：《颠覆性技术创新与产业发展的互动机理——基于供给侧和需求侧的双重视角》，载《内蒙古社会科学》2020 年第 1 期。

〔3〕 李娇楠：《创新驱动高质量发展的内在根据探析》，载《领导科学》2020 年第 2 期。

〔4〕 张天犁：《新时期税制改革面临的形势要求》，载《税务研究》2010 年第 10 期。

〔5〕 陈金池：《正确认识税收中性原则》，载《现代经济探讨》2006 年第 5 期。

〔6〕 刘映春：《税收中性原则与我国的税制改革》，载《法学杂志》2001 年第 5 期。

的各类要素、行为、组织保持中性，才可全面促进创新，应对创新无法预见的不确定性。[1]

以比例原则检视促进创新企业所得税优惠制度和具体优惠措施时，首先，须从经济学、税收学等多学科的角度分析研究企业所得税优惠法律制度或某项企业所得税优惠措施可否实现促进创新和创新驱动发展的目的，即企业所得税优惠与促进创新之间是否具有适当性。[2]其次，须分析与其他具有相同作用效果的非财政的或财政的激励手段相比，企业所得税优惠制度或具体优惠措施对促进创新、实现创新驱动发展的刺激效果是否更显著、更具优势，且对纳税人和市场经济的侵害或干预更小，论证企业所得税优惠与促进创新之间的必要性，即对创新的激励效果更显著且侵害和干预最小。[3]最后，须论证企业所得税优惠制度或具体优惠措施是否符合狭义比例原则。促进创新企业所得税优惠打破基准税收构成要件，意味着违背公平、效率、量能课税等所得税追求的价值。但由创新尤其是科技创新所具有的颠覆性和扩散效应，以及各国之间掀起的以创新为发展动力的国力竞争可知，通过企业所得税优惠促进创新是基于重大公共利益的考量。企业所得税优惠降低纳税人在创新过程中的税收负担，形成良性促进激励机制，促进创新的投入和产出，提升整体的经济效益，最终将全面提升社会的整体福利。

---

〔1〕　刘小平：《论税收中性的相对性》，载《财经论丛（浙江财经学院学报）》1997 年第 3 期。

〔2〕　欧阳天健：《论上海自贸区税收优惠法律制度的完善》，载《北京理工大学学报（社会科学版）》2016 年第 6 期。

〔3〕　李刚：《论税收调控法与税法基本原则的关系》，载《厦门大学学报（哲学社会科学版）》2008 年第 3 期。

一、提升促进创新企业所得税优惠制度的立法位阶

确定性和权威性是法律实现既定目标和宗旨的保障，税收法定原则是促进创新企业所得税优惠确定性和权威性的基石。美国、加拿大所得税制中旨在鼓励、引导纳税人创新研发、改进工艺的优惠措施，主要由美国《国内收入法典》、加拿大《所得税法》规定，且纳税人可依据法律明确规定的适用范围和条件、计算步骤和方法推知优惠数额。不具有确定性和权威性的优惠措施，不仅会造成企业所得税优惠制度的混乱、冲突和复杂，还会增加纳税人的遵从成本和税务机关的征收管理成本，无法为各项促进创新企业所得税优惠措施实现预期目的提供有效途径。促进创新企业所得税优惠的完善首先应依据税收法定原则的要求检视已有规定并构建制度。

（一）基本法层面

1. 《宪法》和《立法法》

所得税直接将纳税人的私有财产强制征收为国家的财政收入，这一过程包含两个基本方面：所得税法对纳税人私有财产权的保护和所得税法赋予国家征收所得税的权力。宪法规定权力机关、行政机关和司法机关管理各项国家事务，保障纳税人的私有财产权，并规定纳税人依法履行纳税义务。严格遵循税收法定原则是平衡纳税人财产权和国家征税权之间冲突的最有效的路径。税收法定原则在保护纳税人权利的同时确保其依法承担缴纳所得税的义务，且在赋予税务机关依据法律、行政法规的规定征收税款的权力的同时要求税务机关承担保障纳税人权利的职责。[1]税收法定原则是所得税法运行过程中赋权和控

---

[1] 刘剑文、耿颖：《税收法定原则的核心价值与定位探究》，载《郑州大学学报（哲学社会科学版）》2016 年第 1 期。

权的唯一准绳，因此应由《宪法》明确规定税收法定原则。[1]

与税收法定原则同等重要，体现所得税实质正义的量能课税原则和程序正义的稽征经济原则同样应由《宪法》明确规定。形式正义税收法定原则贯穿所得税法和促进创新所得税优惠法律制度的立法、执法和司法每一环节，而所得税法中纳税主体的选择、计税依据的大小、税率的高低等一系列切实影响纳税人实体权利义务和财政收入数额等问题的论证则由量能课税原则决定。所得税立法之前的环节是最优所得税制的论证，最优所得税制确立后所得税法中纳税人支付能力的衡量等一系列实体问题必须以量能课税原则为准绳。程序正义经济稽征原则是实质正义量能课税原则和形式正义税收法定原则在所得税征收管理程序中的延伸，其从纳税人遵从成本和税务机关的征管成本出发，围绕着经量能课税和税收法定论证推导的所得税制，构建所得税征收管理程序，以程序正义确保实体正义的实现。

《立法法》是重要的宪法性法律，第 8 条规定税收基本制度只能制定法律，第 9 条则明确除特定事项外，未制定法律的可由立法机关授权国务院先行制定行政法规。税收法定原则、量能课税原则和稽征经济原则作为税法的建制基础，是《立法法》所规定的税收基本制度的基石，是所得税制和构建促进创新所得税优惠法律制度的底层逻辑和基础理论。因此，为维护国家法律的权威并保障财政收入，保护纳税人的切身权益，应由《宪法》《立法法》明确规定所得税法的三大建制原则。[2]

---

〔1〕　张旭：《税收法定原则的宪法植入方式》，载《税务与经济》2020 年第 1 期。

〔2〕　刘剑文：《落实税收法定原则的现实路径》，载《政法论坛》2015 年第 3 期。

2. 与基本法衔接的税法规定

承袭《立法法》中税率等税收基本制度只能制定法律的立法要求，《税收征收管理法》进一步明确开征、停征、减免退补税依照法律规定执行，同时也明确规定法律可授权国务院制定行政法规。《税收征收管理法》是贯穿适用于各税种的程序法，其中界定了税收债权的确定和生效时间、征收管理的程序步骤、征管机关的职责与权限，在目前未制定税收基本法的情形下，其确定的原则普遍适用于各部税收法律。对照两部法律对必须由法律规定的内容的界定可知，只能制定法律的税收基本制度应定义为直接与税负有无以及轻重相关的基准税收构成要件和税收优惠、原则和配套制度，具体到所得税法的范畴则应包括：纳税主体（纳税人）、税率、计税依据（税基）、扣除、宽免额、不征税收入、免税收入、纳税年度等所得税基准税收构成要件和所得税优惠，以及贯穿所得税法的基本原则和制定所得税优惠应遵循的原则。同时，在符合《立法法》和法律规定的授权的情形下，税收基本制度的内容可由国务院制定行政法规予以规定。

（二）法律法规层面

《企业所得税法》和《企业所得税法实施条例》是企业所得税制中最重要的正式法律渊源，企业所得税制中各项基本制度均应由法律法规规定，其中也必然包括促进创新企业所得税优惠的原则和具体措施。具体分析，由法律、法规规定企业所得税基本制度，须在法律法规中明确规定以下内容：法定的基准税收构成要件、明确的构成要件内容、促进创新企业所得税优惠制定原则、促进创新企业所得税优惠的各项具体措施及内容；并实现企业所得税纳税人可依据法律和行政法规的条文内容明确每项基准构成要件的范围、数额、计算方法和步骤等，清晰地推算所应缴纳的应纳税额，以及依据促进创新企业所得税优惠措施的规定计算减少的税负。[1]参考现行的具体条文内容可知，法律和行政法规涵盖了企业所得税基本制度的内容，包括基准税收构成要件中的纳税主体、税率、计税依据和扣除等，以及税收优惠和征收管理等。促进创新企业所得税优惠的具体措施已规定于法律法规中，如减征免征、加计扣除、抵扣应纳税所得税额、税率优惠等。

从前一章节对促进创新企业所得税优惠的梳理中可知，《企业所得税法》和《企业所得税法实施条例》虽对基准税收构成要件和促进创新企业所得税优惠措施予以规定，但仍须结合规范性文件的内容，明确各基准要件的范围和确定方法、税收优惠措施的适用范围和计算方法等，因此纳税主体无法仅依照法律、行政法规的规定得出实际的应缴纳税额和优惠数额。针对其中的问题和不足，围绕着促进创新，《企业所得税法》和《企业所得税法实施条例》可从如下几个方面进行调整。

第一，在《企业所得税法》的层面，首先，须沿袭《宪法》《立法法》《税收征收管理法》的内容，在《企业所得税法》中重申税收法定原则、量能课税原则和稽征经济原则，并确立三大原则在构建合法正当的企业所得税制中的重要作用。此外，在《企业所得税法》现行规定的基础之上，应依照《立法法》的规定调整并细化授权立法规定，增加原则、目的、事项、范围、期限等授权立法条件。[2]例如，《企业所得税法》第20条授权国务院财政、税务主管部门具体规定收入和扣除的内容，而现行法律对企业所得税中的基本法律制度只作出高度

---

〔1〕　陈清秀：《税法总论》，元照出版有限公司2016年版，第30—39页。

〔2〕　熊伟：《法治财税：从理想图景到现实诉求》，载《清华法学》2014年第5期。

概括性的规定，企业所得税基准构成要件中的各项内容均只作出原则性规定，依据法律条文纳税人无法清晰计算应纳税额甚至无法推算税负的范围。法律直接授权国务院部委制定或创制下位法律，有违税收法定原则和量能课税原则。而反观现行的一些企业所得税规范性文件，其中有不少内容冲击了企业所得税制的公平性、合法性和正当性。

其次，在由法律明确规定企业所得税基准税收构成要件的同时，须明确各项要件的概念、具体项目的界定与范围、适用条件和限制、计算方式和步骤、数额或比例等内容。以职工教育经费扣除为例，法律层面仅规定了合理且与获取收入相关的成本、费用准予扣除，但未明确且完全列举每一项法定准予扣除的成本或费用项目，法律规定留下太多的立法空间却未提供充足的下位法制定依据和原则；[1]行政法规在法律的原则性规定的基础上，规定企业的职工教育经费当年可以扣除的部分不得大于合理据实工资薪金总额的 2.5%，未扣除的经费支出可结转；[2]而《财政部、税务总局关于企业职工教育经费税前扣除政策的通知》（财税〔2018〕51 号）在法律法规未作出修改的情形下，将 2.5%调整为 8%。[3]依据税收法定和量能课税原则的要求，企业所得税基准税收构成要件须由法律规定。扣除作为重要的基准构成要件，应由《企业所得税法》明确列举合理且与获取收入相关的成本费用的具体项目，包括职工教育经费扣除项目；且职工教育经费所涵盖的费用范围、计算方法和比

---

〔1〕《企业所得税法》第 8 条。

〔2〕《企业所得税法实施条例》第 42 条。

〔3〕《企业所得税法》第 20 条规定："本章规定的收入、扣除的具体范围、标准和资产的税务处理的具体办法，由国务院财政、税务主管部门规定。"《立法法》规定，授权立法不得转授权。本条文直接由法律规定将立法权授权于国务院主管部委，是否合法，值得深思。

例等内容也须由法律规定；同时法律可对技术性或灵活性较强
的内容规定一定的幅度，授权行政法规予以明确细化。[1]再以
税率优惠措施为例，税率和税收优惠作为税收基本制度均属于
须由法律明确规定的内容。《企业所得税法》第 28 条、《企业所
得税法实施条例》第 92 条和第 93 条针对符合条件的小型微利
企业和高新技术企业规定了 20% 和 15% 两档低税率，而且《企
业所得税法实施条例》从企业类型和规模、企业生产经营管理
等行为性质来界定税率优惠措施适用的主体范围。财税〔2019〕
13 号文件则大幅度修改了法律法规的现行规定，在企业所得税
制中创造性地增设了超额累进税率。[2]该文件并未直接修改
20%的优惠税率，而是以小微企业应纳税所得额的数值为依据，
调整应纳税所得额实际计税的比例，在应纳税额等于应纳税所
得额乘以税率的计算方法下，调整应纳税所得额计税比例的实
质是修改法律法规确定的优惠税率。[3]根据税收基本制度须由
法律规定的立法原意，应在《企业所得税法》现有的税率优惠
条文的基础之上，将该项优惠措施的适用条件，如企业规模、
企业类型规定在法律中，并由法律针对不同规模和性质的企业
设置几档不同的低税率。

　　再其次，在《企业所得税法》中明确规定促进创新企业所
得税优惠的制定原则，将促进创新原则、税收中性原则、比例
原则以法律的形式予以确定，为行政法规、规章和规范性文件
制定促进创新企业所得税优惠措施提供依据和准绳，也为分析

　　〔1〕　熊伟：《法治视野下清理规范税收优惠政策研究》，载《中国法学》2014
年第 6 期。
　　〔2〕　《财政部、税务总局关于实施小微企业普惠性税收减免政策的通知》（财
税〔2019〕13 号）。
　　〔3〕　应纳税所得额等于收入总额扣减成本、费用、亏损、折旧和摊销、可扣
减的税金等项目。

评价促进创新企业所得税优惠的实效提供方法和路径。

最后，法律仅规定了减征免征、加计扣除、加速折旧、投资额抵扣应纳税所得额、减计收入、税率优惠、税额抵免等几类促进创新优惠措施，而且对每项措施的规定均未达到明确的程度。因此，《企业所得税法》应围绕促进创新，增加企业所得税优惠措施的种类，并将促进创新企业所得税优惠的具体措施的适用范围、适用期限、计算方法、数额或比例等内容由法律明确规定。例如，法律仅概括性地规定因新技术、新产品和新工艺支出的研发费用可适用加计扣除优惠措施，未界定何为新技术、新产品和新工艺，会影响适用主体和范围等相关要件。对研发费用范围的界定也会影响该项优惠措施的公平性和税收中性，以及是否符合比例原则。《企业所得税法实施条例》补充规定了加计扣除措施的加计比例为 50%，后被规范性文件修改为加计 75% 的比例。[1]研发费用的范围以及新技术、新产品和新工艺的界定则在几部规范性文件中规定。[2]促进创新企业所得税优惠措施应由法律规定并由法律明确，因此《企业所得税法》在原规定的基础之上，应将加计扣除措施中新技术等概念的界定、境内研发费用的范围、境外研发费用的范围、费用的计算方法和比例额度、加计扣除的比例幅度等内容增加到法律的规定当中。《企业所得税法实施条例》则在法律规定的基础之上，规定新情形或新趋势下法律未规定的内容，在法定幅度和

---

〔1〕《财政部、税务总局、科技部关于提高研究开发费用税前加计扣除比例的通知》（财税〔2018〕99号）。

〔2〕《财政部、国家税务总局、科技部关于完善研究开发费用税前加计扣除政策的通知》（财税〔2015〕119号）、《财政部、税务总局、科技部关于企业委托境外研究开发费用税前加计扣除有关政策问题的通知》（财税〔2018〕64号）、《财政部、税务总局、科技部关于提高研究开发费用税前加计扣除比例的通知》（财税〔2018〕99号）。

范围之内明确具体数值等。

　　同时，应在《企业所得税法》现有促进创新优惠措施的基础上，增加免税收入优惠措施的适用情形，增设延长亏损结转期优惠、企业所得税纳税递延优惠等一系列由规范性文件创制的并可有效促进创新的措施。免税收入即暂时免于征收企业所得税的收入，《企业所得税法》第 26 条列举了 4 项免税收入，如国债利息、合格非营利组织收入等，并由《企业所得税法实施条例》细化其具体内容。但现行免税收入优惠措施均不直接涉及促进创新的内容，值得注意的是，财税〔2012〕27 号创制了一项与企业研发有关的不征税收入，具体内容为：符合规定条件的软件企业，将即征即退增值税款单独核算并用于研发和扩大再生产时，该税款属于不征税收入。[1]《企业所得税法》可将财税〔2012〕27 号文件所指的收入增加到税收优惠章节的免税收入中。此外，在法律规定中，围绕促进创新的社会目的可进一步扩大免税收入的范围，如在一定期间内将企业销售自行研发的高科技产品获取的收入规定为免税收入，并由《企业所得税法实施条例》细化规定期限和收入范围、条件等内容。《企业所得税法》和《企业所得税法实施条例》规定的亏损结转期限不得超过 5 年，但法律、行政法规中制定的促进创新企业所得税优惠措施中并未涉及亏损的扣除。财税〔2018〕76 号针对高新技术企业和科技型中小企业，将亏损结转期延长为最多不超 10 年。[2]亏损的扣除将直接影响企业应纳税所得额的数值，是企业所得税基准税收构成要件中的一项，属于需制定法

---

　　[1]　不征税收入是指不具有可税性的收入，如《企业所得税法》第 7 条规定的财政拨款、行政事业性收费等收入项目。不征税收入与免税收入不同，不属于税收优惠措施，是经济上不具有可税性的收入。

　　[2]　《财政部、税务总局关于延长高新技术企业和科技型中小企业亏损结转年限的通知》（财税〔2018〕76 号）。

律的税收基本制度中的内容。针对创新主体科技企业规定与亏损扣除相关的税收优惠措施，理应制定法律。而且依据税收法定原则，税收优惠应由法律规定。因此，财税〔2018〕76号文件针对科技企业创制的延长亏损结转期限企业所得税优惠措施，须在《企业所得税法》"税收优惠"一章中规定。具体制定时，可由法律规定适用的主体范围、延长亏损结转年限范围等，并由《企业所得税法实施条例》依据科技、经济、社会的发展和变化，在法定的范围和幅度内制定细化规定。此外，法律中还可增设职工培训费的据实扣除优惠，旨在引导提升劳动力的知识和技能。[1]

第二，在《企业所得税法实施条例》层面，首先，须根据科技、经济和社会的发展变化，及时调整已有的促进创新优惠措施。例如，将加计扣除优惠的加计比例调整为75%。其次，与《企业所得税法》呼应，增加促进创新企业所得税优惠措施的种类，并对新增优惠措施作出详细而明确的规定。例如，在《企业所得税法实施条例》"税收优惠"章节增加免税收入的适用情形、纳税递延、亏损弥补期限延长。最后，在法律未规定的情形下，依据法律授权，制定新的促进创新企业所得税优惠措施。法律具有滞后性，修改程序复杂漫长，而行政法规可弥补法律滞后的缺陷，例如，可先行在《企业所得税法实施条例》中规定企业创新研发准备金税前扣除优惠。

通过对《企业所得税法》和《企业所得税法实施条例》中促进创新企业所得税优惠内容的重新构建，应实现企业纳税人中的创新主体依据法律和行政法规的条文内容，可清晰地计算

---

〔1〕《财政部、国家税务总局关于进一步鼓励软件产业和集成电路产业发展企业所得税政策的通知》（财税〔2012〕27号）、《国家税务总局关于企业所得税执行中若干税务处理问题的通知》（国税函〔2009〕202号）。

应纳税额、促进创新企业所得税优惠数额以及实际应缴纳的企业所得税额。

（三）规范性文件层面

在最优所得税制的框架下，经量能课税原则的进一步检视，并经立法程序确立的企业所得税法，在保障税收收入的同时力求实现企业所得税制的正当性、公平性和合法性。就正当性而言，企业所得税是国家提供公共产品和服务、履行公共管理职能的重要财政收入，而《企业所得税法》是经正当的立法程序并依据量能课税原则和最优所得税制确立的法律；就公平性而言，在企业所得税的立法、执法和司法中须实现纳税人之间的横向公平和纵向公平；就合法性而言，企业所得税的基本制度应由法律法规规定并明确，制定程序和条文内容应遵循税收法定、量能课税和稽征经济原则。规范性文件依据法律、行政法规的内容作出细化规定，增强法律法规的适用性和执行性。[1]

科技和经济结构的快速变化，创新的不确定性、系统性和高风险性与法律的权威性和滞后性无法妥当协调，法律法规有必要授权国务院财政税务主管部门制定或创制促进创新企业所得税优惠。法律法规未规定时，规范性文件可适当创制新规定，但不得违反上位法或与法律、法规和规章的内容冲突。[2]创制性的规范性文件应以法律、法规的立法目的、原则为基础，围绕促进创新制定，并实现税收中性原则和比例原则。

梳理现行的促进创新企业所得税优惠规范性文件，应从以下几个方面作出调整和修改：首先，实质改变企业所得税基准

---

[1] 侯卓：《税收法定的学理阐释及其进阶路径》，载《学习与实践》2019年第7期。

[2] 目前与促进创新所得税优惠有关的法律渊源中，还没有一部规章，而事实上与规范性文件的数量相比，与所得税有关的规章数量也微乎其微。

税收构成要件的规范性文件，可结合创新驱动发展的需求，将文件内容经正当程序上升为法律规定。其次，实质修改了应由法律法规规定的优惠措施的，可结合科技、经济和社会的发展变化，经立法程序上升为法律、法规的规定。再其次，现行由规范性文件创制的优惠措施，并实质影响企业所得税法横向公平和纵向公平，在不同纳税人之间导致税负程度不公平的，应经过正当的立法程序制定为法律，并由行政法规细化。最后，规范性文件可在不违背企业所得税法量能课税原则的基础上，也即在不产生税负不公平的情形下，创制新规定。[1]国务院主管的行政机关制定的规范性文件，目的是细化、执行法律和行政法规的规定内容，其立法权的权力来源是立法机关和上位法，因此，规范性文件应以细化和执行法律、法规的规定为主，并辅之以特定条件下围绕创新制定新类型的企业所得税优惠措施。

二、增强促进创新企业所得税优惠制度的功能

促进创新企业所得税优惠的完善，顾名思义须围绕创新的特点、创新环节、创新因素以及我国的创新发展战略，以促进创新为目标和宗旨架构企业所得税优惠。现有的促进创新企业所得税优惠存在诸多问题，如概念界定模糊、激励不足、措施单一、范围有限、限制条件太高等，无法适应创新的不确定性和高风险的特点。

一国的科技创新能力已成为该国政治、经济、社会发展进步的底层能力，决定了一国在世界体系中的地位和影响力。创新具有新颖性、颠覆性、不确定性、外部性、系统性、高效性以及扩散的特征。创新因素包括大学、科研人员、企业、研发

---

〔1〕 刘剑文：《对落实税收法定原则的两点建议》，载《经济研究参考》2017年第 60 期。

人员、金融资源、产业创新系统、区域创新系统和国家创新系统。创新大致可划分为科研、研发、量产和市场四个环节，科研环节通常由大学和专门的科研机构负责新科技和基础研究的探索发现，研发环节由企业的研发机构将新科技产品化和市场化，量产环节则由生产制造部门大规模生产新科技产品并最终投入市场，进入市场环节。围绕创新发展的世界趋势，《国家创新驱动发展战略纲要》中的部署涵盖了制造业、环保业、信息网络产业等产业，重点突出颠覆性技术和先进技术等关键技术。因此，制定促进创新企业所得税优惠措施时，须以企业所得税制中涵盖的创新的因素为依托，紧扣创新的特征，制定覆盖创新各环节和各产业的企业所得税优惠措施。

（一）增强税基式优惠对创新的促进

我国现有的促进创新企业所得税优惠主要围绕集成电路产业、软件产业、节能环保产业等有限范围，无法有效地回应创新的不确定性、系统性、高风险和颠覆性等特征，甚至无法有效地与创新驱动战略目标和部署相衔接。企业作为创新的关键主体，新科技的有效研发、有效规模化生产并大批量投入市场均由企业承担。因此，须进一步扩大现有的企业所得税优惠的适用范围，以现行的企业亏损结转年限为例，法律法规规定为 5 年结转期限，同时财税〔2018〕76 号针对高新技术企业和科技型中小企业创制了 10 年期的亏损结转优惠措施。[1]针对该项优惠措施首先应由法律法规明确规定，其次参考通行的亏损结转年限和市场中企业经营活动实际的亏损概况，可将 10 年的亏损结转年限扩大适用于各行各业的企业纳税人，再针对高新技术企业和科技型中小企业规定 20 年的结转年限，甚至是无限期结

---

〔1〕《财政部、税务总局关于延长高新技术企业和科技型中小企业亏损结转年限的通知》（财税〔2018〕76 号）。

转亏损。[1]再如减计收入优惠措施，现行的减计收入优惠主要适用于能源产业和再生资源中，目的是通过限制企业原材料的使用促进资源综合利用，可在已有规定的基础上，扩大减计收入措施适用的技术或产业类型，将 5G 产业、生物医药、人工智能和机器人、绿色制造技术、量子通信技术等高新科技和产业加入其中。

除进一步扩大已有促进创新优惠措施的适用范围外，还应围绕创新的研发、量产和市场环节制定新类型的企业所得税优惠措施，例如，增设企业研发准备金的税前扣除优惠，缓解企业研发所需资金的来源难题；或者可针对企业销售新科技产品取得收入规定减计收入优惠措施，部分分担企业前期支出的大量研发费用。

（二）加强"专利盒"优惠的促进作用

"专利盒"优惠制度主要对源自各类知识产权的所得规定了税率优惠。我国现行的促进创新的税率优惠主要围绕高新技术企业和小型微利企业制定，其中对小型微利企业已修改为适用分段计算的超额累进税率，以 100 万元、300 万元的应纳税所得额为界分别适用 5%、10% 和 20% 的优惠税率，但对符合条件的高新技术企业的税率优惠未作修改。在创新驱动经济、社会发展的世界性趋势下，应进一步强化税率优惠促进创新的作用，放宽高新技术企业的认定门槛并适当降低优惠税率。[2]例如，为有效促进企业创新并防止所得税优惠被滥用，可在放宽适用门槛的同时引入"关联法"，重点衡量企业开发知识产权过程中

---

〔1〕 马莹、王永琦：《普惠性小微企业税收优惠政策的系统构建》，载《税务研究》2019 年第 5 期。

〔2〕 陈远燕、张鑫媛、薛峰：《知识产权税收激励的国际借鉴与启示——基于符合 BEPS 行动计划的新专利盒制度》，载《国际税收》2018 年第 10 期。

自主研发支出与研发支出总额之间的比例，以该比例作为适用税率优惠的限制，且优惠税率可修改为 10% 左右。此外，还可以拓宽技术转让优惠的适用范围。[1]

（三）增设科技创新税收抵免优惠措施

现行企业所得税制中促进创新税收抵免优惠主要包括企业节能环保专用设备支出税额抵免优惠，而且由规范性文件限定了适用范围，无法有效引导纳税人的创新研发活动。税收抵免优惠可有效分担企业的创新成本、增加企业的创新资金，因此可通过增设与科技创新相关的税收抵免优惠鼓励纳税人创新。例如，以科技创新和研究开发活动为核心概念和适用时的主要限制条件，在《企业所得税法》和《企业所得税法实施条例》中增设适用于所有企业的研究开发支出税收抵免优惠，并在法律法规中规定符合条件的研究开发支出的范围和计算方法、研究开发活动的定义和排除适用、税收抵免的计算步骤等核心条件。

三、实现促进创新企业所得税优惠制度的中性

促进创新企业所得税优惠的制定背离最优所得税制和量能课税原则，各项优惠措施将影响纳税主体的经济决策，进而干预和扭曲经济、重新配置市场资源，对经济的发展趋势产生深刻的影响。同时优惠措施的制定打破了企业所得税法原有的横向公平和纵向公平。在创新驱动的大背景下，这种背离应遵循税收中性原则所要求的限度和范围。税收中性意味着在以促进创新为目的和宗旨制定企业所得税优惠措施时应保持克制，尽量降低优惠措施对企业行为和决策、市场资源配置的扭曲和干

---

〔1〕朱为群、李佳坤：《激励科技创新的"专利盒"优惠税制的发展特征及启示》，载《税务研究》2019 年第 11 期。

预，即企业所得税法应平等对待不同形式的企业、不同规模的企业、不同产业或行业，保持税负一致，避免市场主体单纯基于企业所得税法的规定而决策其经济行为。参考美国《国内收入法典》和加拿大《所得税法》的立法模式，法律规定的研发费用扣除和税收抵免优惠均无差别地适用于所得税的税收主体，围绕创新和研发制定优惠措施，除能源产业外不以产业、组织形式等为限制条件。综合分析，税收中性原则在促进创新企业所得税优惠的立法过程中，应从如下三个方面考量。

首先，优惠措施须尽量克制对不同生产要素的差别待遇。《企业所得税法》及配套的行政法规、规范性文件中制定促进创新企业所得税优惠措施时，须尽量避免单纯依据组织形式的差别制定优惠措施，而应根据纳税主体的科学研究、技术研发、调查研究等围绕着创新而展开的活动或行为，针对其支出的费用和取得的收入设计具体的优惠措施。美国《国内收入法典》和加拿大《所得税法》在以研发支出为基础规定扣除和抵免优惠时，充分兼顾税收中性原则，在法律规定中以纳税人的研发活动为主要的限制衡量标准，依据科学研究、技术研发的性质判断纳税人行为的性质，进而适用相关法律规定。我国促进创新企业所得税优惠中，以加计扣除措施为例，依照法律规定，该项优惠是针对纳税主体的研究开发行为而制定的。制定时，相关法律法规主要围绕研发行为的界定、研发支出的范围而展开条文内容。对比减计收入优惠，该措施针对企业综合利用资源的生产行为而设计，旨在引导纳税主体节能环保。但财税〔2008〕117号制定细化措施时，将企业利用符合规定的原材料所生产的产品也作为一项适用条件规定其中，在不同产品之间违背了税收中性的要求，并可能产生通过产品类型限制优惠措施的适用范围的效果。[1]促进创新企业所得税收优惠在挑战税收中性原则的同时，仍应在实现优惠措施的目的之内，最大范围地保持税收中性。

其次，优惠措施须尽量保持不同纳税主体之间的平等竞争。以加速折旧措施为例，法律法规规定，企业因技术进步等原因而购进的固定资产可加速折旧。而现行的与加速折旧优惠有关的规范性文件，财税〔2014〕75号、财税〔2015〕106号、财税〔2018〕54号通知则规定了诸多限制，依据企业的行业类型、企业的规模、固定资产的用途、固定资产的价格等具体情形细分加速折旧优惠措施的适用方法和优惠程度，设置较高的适用门槛，每一项分类和区别对待均将在纳税主体之间产生税负差异，可导致情况类似的纳税主体之间因是否可适用加计扣除优惠以及不同的优惠程度而具有不同的竞争力，违背税收中性原则。[2]结合创新的特点和税收中性的要求，制定加计扣除优惠措施的适用条件时，应打破行业限制，以固定资产的购买目的和实际用途为主，并结合企业规模和固定资产的价格进行考虑。财政部、税务总局公告2019年第66号则初步修改了旧规定适用门槛高、区别对待企业纳税人的问题，将财税〔2014〕75号文件和财税〔2015〕106号文件的适用范围扩大到全部制造业。[3]

最后，优惠措施应尽量避免影响或干预企业所得税纳税主体的经济决策。例如，主要由规范性文件创制的仅适用于集成

---

〔1〕《财政部、国家税务总局、国家发展改革委关于公布资源综合利用企业所得税优惠目录（2008年版）的通知》（财税〔2008〕117号）。

〔2〕《财政部、国家税务总局关于完善固定资产加速折旧企业所得税政策的通知》（财税〔2014〕75号）、《财政部、国家税务总局关于进一步完善固定资产加速折旧企业所得税政策的通知》（财税〔2015〕106号）、《财政部、税务总局关于设备器具扣除有关企业所得税政策的通知》（财税〔2018〕54号）。

〔3〕《财政部、税务总局关于扩大固定资产加速折旧优惠政策适用范围的公告》（财政部、税务总局公告2019年第66号）。

电路产业的免征优惠和 12.5%或 15%低税率优惠。集成电路产业是科技发展的核心产业，但科技飞速变化，其他高端前沿科学技术同样需要引导和激励。仅围绕集成电路规定企业所得税优惠，且优惠程度远超过其他产业，势必影响相关纳税主体的投资决策，干预市场中资金的投资方向，违背中性原则的同时将限制创新。

此外，由于穿透规则的缺位、《企业所得税法》的排除适用、规范性文件创制合伙所得税制等原因，合伙组织无法适用除创业投资额抵扣应纳税所得额优惠外的其他各项促进创新所得税优惠，尤其是企业所得税制中的优惠。同时也加剧了公司、合伙组织、个人之间税收的不中性问题，降低了创新主体设立合伙组织的意愿，而合伙组织可有效地聚集科技创新中的人力资本。对此，须确立穿透规则，将合伙组织视为"穿透体"，规定合伙组织中的法人合伙人可适用企业所得税制的促进创新优惠措施。[1]

四、制定合比例的促进创新企业所得税优惠措施

比例原则具体引入促进创新企业所得税优惠的立法、执法等环节时，以维护量能课税原则和保障纳税主体的权利为宗旨，力图实现企业所得税优惠措施在公平性和促进创新目的之间的平衡。围绕促进创新制定企业所得税优惠措施时，应遵循适当性、必要性和狭义比例原则的要求。适当性原则强调企业所得税优惠与促进创新之间的关联，必要性原则强调企业所得税优惠措施之间，以及与其他促进激励措施之间的促进创新效果比较，狭义比例原则强调企业所得税优惠措施造成的侵害或损失

---

〔1〕 崔威：《新〈合伙企业法〉及〈企业所得税法〉对合伙企业所得税制的挑战》，载《法学评论》2009 年第 2 期。

最小。

经前几章节的梳理和论证可知，税收优惠与其他财政措施相比可更有效地促进创新，其中企业所得税优惠与其他优惠措施相比促进创新的效果更加显著，且美国和加拿大均以法律规定的形式采用企业所得税优惠措施促进创新。此外，在保障企业所得税实现组织适当的财政收入的职能和最优所得税的双重限制下，企业所得税法遵循了横向公平和纵向公平的限制，符合量能课税原则的要求，每个纳税主体公平地承担企业所得税税负。而促进创新企业所得税优惠是通过降低、减轻部分纳税主体的税负促进创新的，通过创新驱动发展实现公共利益和福利的整体提升。这虽然侵害了企业所得税当下的公平性，但在减轻部分税负的同时未加重其他纳税人的税负，符合狭义比例原则的要求。因此，促进创新企业所得税优惠的制定具有适当性、必要性，并符合狭义比例原则。

进一步分析制定具体的促进创新企业所得税优惠措施，仍须围绕手段、目的、侵害最小三个方面对具体的优惠措施展开检视。以投资额抵扣应纳税所得额优惠为例，[1]首先，该项优惠措施的制定目的是引导、鼓励资金流向科技型企业，[2]通过企业所得税优惠的方式分担投资企业和科技型企业的创新风险，激励资本投向科技研发并鼓励、支持科技型企业的研发活动。科技创新的不确定性和外部性，导致科技创新具有高风险，并且企业无法获得创新科技的全部收益，因此只有有限的资金流

---

〔1〕 《财政部、国家税务总局关于将国家自主创新示范区有关税收试点政策推广到全国范围实施的通知》（财税〔2015〕116号）、《国家税务总局关于实施创业投资企业所得税优惠问题的通知》（国税发〔2009〕87号）、《财政部、税务总局关于创业投资企业和天使投资个人有关税收政策的通知》（财税〔2018〕55号）。

〔2〕 科技型企业即为符合《高新技术企业认定管理办法》和《高新技术企业认定管理工作指引》规定的中小高新技术企业。

向科技创新领域。企业所得税法规定以创业投资企业的投资额抵扣该企业的应纳税所得额，降低投资企业税负，引导资金流向科技型企业，鼓励创新研发活动。其次，与其他优惠措施相比，投资额抵扣应纳税所得额优惠聚焦于科技型企业的融筹资环节，缓解科技型企业的资金难题。而其他措施多集中于企业的研发或生产经营环节，是针对企业支出的优惠，因此该项优惠措施可有效助力科技型企业的设立和初期的研发。最后，投资额抵扣应纳税所得额优惠措施在降低创投企业的所得税税负的同时，并未增加其他纳税主体的税负，且可有效激励资金流入科技型企业，激励研发活动。因此，投资额抵扣应纳税所得额优惠措施符合比例原则的要求。

第二节　促进创新个人所得税优惠制度的优化思路

严格遵循税收法定原则的个人所得税法是人民意志的体现，也是国家法治的象征，具有正当性和合法性。反之，对税收法定原则的背离则需被质疑和检视。促进创新个人所得税优惠是对最优所得税制的背离，也是对个人所得税基准税收构成要件的背离，因此制定促进创新个人所得税优惠措施时，税收法定是分析具体优惠措施的正当性和合法性的重要维度。无论是立法机关直接立法还是授权立法，优惠措施须在实质上和形式上均符合税收法定的要求。进一步具体分析，最优所得税基本要件包括：纳税人、税基、税率、免税额、扣除等；个人所得税基准构成要件包括：税收主体、税收客体、税基、税率、纳税期限、纳税地点、纳税方式等实体性和程序性要件。由此可见，最优所得税各要件须通过立法程序上升为法定的基准税收构成要件，进而围绕各基准要件制定促进创新优惠措施，二者均须符合法定性、明确性和合法性。应结合创新的不确定性、新颖性、高效性、颠覆性等特性，以及科技日新月异的变化、全球产业链的深度融合等实际，基于基准税收构成要件制定促进创新个人所得税优惠，进而依据法定程序调整基准要件。[1]税收优惠的初衷是引导纳税人的决策和行为，促进创新个人所得税优惠亦然。以劳务报酬所得与生产经营所得为例，对性质相同的两类所得适用不同的税率，纳税人将因可能产生的税收利益而改变投资偏好，进而改变原有的效用曲线，这一过程将进一步提升超额负担和税负转嫁。[2]税收中性要求对各类所得实现无差别对待，保障市场经济中各要素的自由流动和配置，尽量遏制因税收而产生的超额负担和税负转嫁。[3]税收中性原则从经济学的角度为制定促进创新个人所得税优惠措施提供准绳，而比例原则则从法学角度提供标准。促进创新个人所得税优惠是基于公共利益的考量对个人所得税基准税收构成要件的背离，打破了经立法程序确立的符合最优所得税制和量能课税要求的所得税制的原有状态，而比例原则是平衡单个或部分纳税人权利和公共利益的标准和尺度。在依据科技创新发展趋势制定个人所得税优惠措施时，应以适当性、必要性和狭义比例原则为标准，对国家权力、公民权利、政府与市场的关系进行再平衡。[4]

---

〔1〕 雷家骕：《创新引领发展：稳增长、提质量应有的逻辑》，载《内蒙古社会科学》2020 年第 1 期。

〔2〕 周海涛、李锋森：《商业银行贷款损失最佳税前扣除比例计算——基于税收中性原则的分析》，载《财会月刊》2010 年第 30 期。

〔3〕 蒋文超、周丽颖：《税法普适性、税收中性与税制改革——以杭州惠丰公司吸收合并事项为例》，载《财会通讯》2016 年第 10 期。

〔4〕 叶金育、顾德瑞：《税收优惠的规范审查与实施评估——以比例原则为分析工具》，载《现代法学》2013 年第 6 期。

一、提升促进创新个人所得税优惠制度的立法位阶

(一) 法律法规层面

依据税收法定原则的要求，作为促进创新个人所得税优惠的参照标准，个人所得税基准税收构成要件均须由法律、行政法规予以规定并明确，且须明确界定每一要件的范围、期限、适用条件、计算方法与步骤等细节性的内容。法律和行政法规的条文内容应清晰、明确，不得过于笼统、含糊不清，使得每一纳税人可依据法律和行政法规的规定清晰地判断个人所得税的税额。条文规定中使用不确定性的用语时，应尽量保证纳税人可依据法律、法规的规定推知自身的所得税税负和优惠程度。而个人所得税优惠制度同样属于个人所得税制中的基本制度的范畴，应由法律、法规规定并明确。针对个人合伙人征收所得税的基本规则和促进创新的优惠措施也应涵盖在促进创新个人所得税优惠制度之内，由法律规定。

1. 个人所得税的基准税制

综观个人所得税制中涉及的法律、法规和规范性文件的规定内容可知，个人所得税制的基本制度以及个人所得税基准税收构成要件由《个人所得税法》《个人所得税法实施条例》《个人所得税专项附加扣除暂行办法》共同规定。但法律法规中未规定的重要的个人所得税基本制度包括：所得税法共同的建制基础——税收法定原则、量能课税原则和稽征经济原则；制定促进创新个人所得税优惠的原则——促进创新原则、税收中性原则和比例原则；促进创新个人所得税优惠制度；等等。

提升促进创新个人所得税优惠制度的立法位阶须以个人所得税的建制原则和制定促进创新所得税优惠的特别原则作为理论依据，并在法律中构建完整的个人所得税基本制度。因此，

首先应将法律中未涉及的基本原则和基本制度，明确规定于法律条文中。例如，可参考《企业所得税法》的立法模式，改变《个人所得税法》单一章节的结构，在法律中设立多个章节，分别规定个人所得税的基本制度。设立总则一章，由总则确立制定个人所得税法必须遵循的税收法定、量能课税和稽征经济原则；并在总则中明确制定促进创新个人所得税优惠措施时须遵循的促进创新原则、中性原则和比例原则；同时在《个人所得税法》中设立专门的税收优惠章节，形成个人所得税基准税收构成要件与促进创新个人所得税优惠的分立模式，以便参照基准税收构成要件制定或分析促进创新个人所得税收优惠措施。

其次，法律明确了个人所得税法的各项原则和立法模式后，应严格依据《立法法》和《税收征收管理法》的规定，由法律和经合法授权的行政法规规定个人所得税基准税收构成要件和促进创新个人所得税优惠措施。现行的个人所得税制中的基本制度是由法律作出提纲挈领式的规定后，主要由行政法规创制规定法律未规定的内容并具体化法律已有内容，而国务院规范性文件则对法律法规中确立的专项附加扣除作出细化规定。而我国现行法律规定，个人所得税制中的基本制度如开征、停征、减税、免税、退税、补税须由法律或经合法授权的行政法规规定。法律虽未明确指明个人所得税基准税收构成要件应由法律、行政法规规范，但减免退补税必然是以制定、修改或调整个人所得税的各项基准税收构成要件来实现的。[1]而从另一个角度分析，由法律或行政法规制定减免退补税的前提是由法律或行政法规规定基准税收构成要件。因此，个人所得税法涵盖的各类所得的基准税收构成要件应由法律或行政法规规定，同时促

---

[1]《税收征收管理法》第3条规定，税收的开征、停征依照法律或行政法规执行，但并未具体细化至基准税收构成要件的法定性层面。

进创新个人所得税优惠作为减免退税中的内容，也应由法律或行政法规规定。

就个人所得税基准税收构成要件而言，正如第三章中对现行法律、法规和规范性文件的梳理分析，所得的概念和分类由法律作出概括性、原则性的规定之后，由《个人所得税法实施条例》对各类所得的定义、所得范围、定量计算方法等内容作出具体规定。但仅依据法律法规的条文内容，纳税主体只能推测个人所得税的税负范围，大量的所得界定、扣除规则等内容由规范性文件规定。且《个人所得税法实施条例》作出授权规定，实践中出现的难以界定类型的所得由国务院税务主管部门确定，例如由税务规范性文件将提供担保取得的收入、房屋赠与收入等界定为偶然所得，适用偶然所得的计税规则。[1]但依据个人所得税的建制原则，所得的概念和定义、范围界定、定量计算方法应当由法律规定，法律未规定的内容可授权行政法规制定，且不得转授权。另一个突出的问题是关于应纳税所得额的计算，个人所得税应纳税所得额是税基减除可扣除的成本费用项目，扣减生计费用、弥补亏损等项目后的余额。应纳税所得额的计算过程中，涉及的个人所得税制的基本制度包括计税依据的确定、扣除规则、亏损弥补规则、资产处理规则、税收优惠制度等，均应由法律法规规定。我国个人所得税制采用综合加分类的混合税制模式，工资薪金、劳务报酬、稿酬和特许权使用费适用综合所得的征收规则，对经营所得、利息股息红利、财产转让等五类所得分别规定单独的征收规则。因此，每一类所得的计税依据、扣除、亏损弥补等具体规则存在差别。现行法律规定过于概括，行政法规虽对法律规定作出有效的填

---

〔1〕《财政部、税务总局关于个人取得有关收入适用个人所得税应税所得项目的公告》（财政部、税务总局公告 2019 第 74 号）。

补和具体化，但仍有大量内容由规范性文件规定，这样的立法模式欠缺合法性。完善促进创新个人所得税优惠制度时，应提升所得的界定和范围、扣除规则等基本制度的立法位阶，优先由法律规定，必要时可授权制定行政法规。

就促进创新个人所得税优惠而言，可在《个人所得税法》中设立独立的税收优惠章节，在该章节中规定促进创新个人所得税优惠的各项措施，并授权国务院制定促进创新个人所得税优惠的具体内容。例如，将对个人因科学技术成就而获得的奖金予以免征个人所得税的内容，规定于税收优惠一章中。与法律的立法体例相对照，在《个人所得税法实施条例》中设立税收优惠章节，对法律已规定的措施予以进一步阐明，对法律未规定的措施依据授权予以制定。《个人所得税法实施条例》围绕促进创新细化、制定个人所得税优惠措施时，不得与上位法冲突，或违背上位法的规定。同时，还可在法律和行政法规中增设减计收入、投资额抵扣应纳税所得额、纳税递延等促进创新个人所得税优惠。

2. 个人合伙人征收所得税

所得税作为组织财政收入、具有再分配职能的重要税种，在所得税实体法的规定中和征收管理中应保持克制，不应过分干预市场主体对商业组织的选择。合伙组织的优势在于对组织内人力资本的有效管理和控制，聚焦于合伙企业征收所得税的问题上，所得税法须尊重合伙组织的人合特征，并尽可能保持合伙企业基于其组织特征而具备的市场和商业优势，避免所得税法对合伙组织形式的干预。具体而言，应在个人合伙人所得税的征收规则中明确穿透规则的适用。[1]合伙企业作为一类重

---

〔1〕　〔美〕休·奥尔特等：《比较所得税法——结构性分析》（第三版），丁一、崔威译，北京大学出版社 2013 年版，第 415—427 页。

要的商业组织形式，其合伙人的税负应由法律、行政法规明确规定，具体到个人所得税制中，对个人合伙人征收所得税的各项要件必须由法律、法规明确规定，其中涉及幅度、范围或其他技术性和专业性较强的内容可主要由行政法规细化和规定，使纳税人可依据法律、行政法规的规定，明确推算所得税每一纳税年度的税负程度。因此，须在《个人所得税法》中设立专门章节规定个人合伙人征收所得税的征收原则和具体的适用规则。同时在《个人所得税法实施条例》中作出对应的具体规定，并依据法律的合法授权填补法律空白。

个人合伙人所得税的征收规则，除《个人所得税法》和《个人所得税法实施条例》规定适用经营所得以及成本费用亏损的扣除外，主要在规范性文件中构建和规定，且未明确确立合伙的穿透规则，仅由规范性文件针对部分类型的所得规定适用穿透规则。分析规定合伙税制的规范性文件的条文内容可知，我国个人合伙人适用《个人所得税法》时的总体思路是，除股息红利利息所得有特殊规定外，各类性质的收入计入收入总额，适用经营所得税目下的具体征收规则，包括创新投资合伙企业中的有限或普通个人合伙人取得的收入。[1]对个人合伙人征收所得税时，由于穿透规则的缺位，会出现同一类性质且相同数额的所得承担不同的所得税税负的情况，违背量能课税原则的同时扩大了所得税制对经济的干预扭曲程度。例如，合伙制创新投资企业中的法人合伙人从投资公司取得的分配，与合伙制

---

[1]《国务院关于个人独资企业和合伙企业征收所得税问题的通知》（国发〔2000〕16号）；财政部、国家税务总局制定的《关于个人独资企业和合伙企业投资者征收个人所得税的规定》（财税〔2000〕91号）；《国家税务总局关于〈关于个人独资企业和合伙企业投资者征收个人所得税的规定〉执行口径的通知》（国税函〔2001〕84号）；《财政部、国家税务总局关于合伙企业合伙人所得税问题的通知》（财税〔2008〕159号）等。

创新投资企业中的个人合伙人从合伙投资企业中取得的分配相比，前者适用25%的税率，后者适用最高为35%的五级超额累进税率，而天使投资人取得的分配收入适用20%的税率。而且由于法律法规中穿透规则的缺位，依据现行的由规范性文件确立的征收规则，合伙组织直接将应纳税所得额分配给个人合伙人，则该部分分配可能面临无法适用促进创新个人所得税优惠的困境。[1]

重塑促进创新个人所得税优惠制度时，首先应在法律中确立穿透规则，即以所得的性质和合伙协议的约定为依据，确定个人合伙人从合伙组织取得的所得应适用的税目、扣除的额度、弥补亏损的额度、是否适用税收优惠等内容；其次将个人合伙人所得税的征收规则提升至由法律、行政法规明确规定，改变现行的由税务规范性文件创制规则的立法模式，通过民主的立法程序避免合伙所得税制违背量能课税的要求。

（二）规范性文件层面

应改变现行的法律仅作出原则性、概括性规定，而由税务规范性文件创制所得税法基本规则的立法现状，由法律、行政法规构建个人所得税制和促进创新个人所得税优惠制度，并由法律、行政法规明确且具体地规定个人所得税制和促进创新优惠制度中的原则、基本制度和具体适用规则。[2]规范性文件依据法律和行政法规的规定，制定以有效适用法律法规所规定的内容为目的的程序性或执行性的步骤和方法。结合美国、加拿大所得税法中促进创新所得税优惠的立法经验，以科技成果转

---

〔1〕 财政部、国家税务总局《关于个人独资企业和合伙企业投资者征收个人所得税的规定》（财税〔2000〕91号）。

〔2〕 刘剑文：《个税改革的法治成果与优化路径》，载《现代法学》2019年第2期。

化的现金奖励仅按照 50%计入科研人员工资薪金所得的优惠措施为例，可将该项措施规定于《个人所得税法》的税收优惠章节，并可由《个人所得税法实施条例》对措施的适用范围、税负减轻程度等内容，如科技成果的定义、科研人员的范围等技术性、专业性很强的内容予以规定。具体的征收管理程序，如汇算清缴程序步骤、扣缴义务人的范围等内容则可由税务规范性文件依据法律法规的内容作出细化。再如，科研人员科技成果入股的纳税递延优惠措施同样应由法律和行政法规予以规定。同时，规范性文件的内容不得违背法律、行政法规的规定，具体包括不得直接违背个人所得税实体法中的各项规定，也不得通过征收管理程序的设计违背实体法所规定的内容。应尽量克制，避免超出法律、行政法规规定的范围创制促进创新个人所得税优惠措施。

二、增强促进创新个人所得税优惠制度的功能

完善促进创新个人所得税优惠制度，一方面应对个人所得税制中的基本问题展开分析阐释和反思重构，另一方面应紧扣促进创新的社会目的解析已有的促进创新的优惠措施，并将我国创新发展的现实与国际发展趋势和经验相结合，进而创制更具促进创新导向的个人所得税优惠措施。我国作为由科技创新引领的全球性的创新生态中的关键组成部分，支撑我国不断创新发展的原动力是拥有高端前沿科学技术研究开发能力的机构和科研人才、有效实施科技转化的创新企业和研发人员、完备的工业分类门类和超大规模的市场等，而前述因素同时也符合创新要素的范围。创新分为四个基本环节：科研、研发、量产和市场，每一环节的有效推进和过渡均须大量的尖端研究人员和研发技术人员以及创新资金的投入来支撑，因此以个人所得

税优惠直接分担科研人员和创新投资者的创新风险，是税收优惠促进创新的最适选择。

促进创新个人所得税优惠制度以创新人才为着力点，围绕创新环节，从创新的人才投入、资金投入、技术设备投入等方面，分担创新中个人所承担的成本和风险。反思第三章中论述的促进创新个人所得税优惠制度和各项优惠措施，现行规定仅包括税基式优惠措施和纳税递延两大类，并未围绕促进创新在个人所得税制中制定税率式优惠和税额式优惠措施。[1]因此，须围绕促进创新增设个人所得税优惠措施的种类。例如美国《国内收入法典》中规定的研发费用扣除、旨在增进研发活动的税收抵免优惠以及初创费用扣除，均可适用于个人纳税人和穿透组织。我国《个人所得税法》规定，在纳税人研发费用扣除的基础上增设研发支出抵免优惠，也可针对个人取得的与科研或研发成果转让相关的所得增设低税率优惠措施，又或对个人获得的高新专利技术许可使用所得规定税额抵免优惠等。

我国已规定的优惠措施仍存在促进创新不足的问题。[2]典型的例如科技成果转化的现金奖励按照 50% 计入工资薪金所得的税基式优惠措施，该项措施适用范围的限制在于颁奖主体必须为符合条件的机构或高校。"符合条件"将进一步限缩该项优惠措施的适用范围，不符合创新不确定性的特征。因为科技创新的发生和扩散，不以颁奖主体资格为基础，所以该项优惠措施应以科技成果本身的特质以及科技成果的研发活动为主要的判断标准，打破颁奖主体资格的限制。再如，将高新技术企业

---

〔1〕　胡文龙：《当前我国创新激励税收优惠政策存在问题及对策》，载《中国流通经济》2017 年第 9 期。

〔2〕　高凤勤、杨璇、李涛：《促进创新的个人所得税制改革思考》，载《税务研究》2019 年第 3 期。

科技成果转股权纳税递延优惠措施与个人技术成果投资入股纳税递延优惠、非上市公司股权激励纳税递延优惠两项措施相比：第一项优惠措施在企业资格、技术人员资格等方面设置了较高的适用门槛；而第二项个人技术成果投资入股纳税递延则仅围绕技术成果的认定作出限制；第三项递延优惠则可广泛地适用于非上市公司对技术骨干的股权激励，只需公司合法正当的内部决议。三项主体范围存在差别的针对科技创新的个人所得税纳税递延优惠措施，适用范围的广泛程度将影响税收优惠的促进效果。因此制定促进创新个人所得税优惠措施时，应以科学和技术的研究、实验、发展、转化和量产等环节中具备科学研究、技术研发性质的活动和成果为标准，确定优惠措施的适用范围和优惠程度，以促进创新为检视优惠措施的有效性和必要性的标准。

三、实现促进创新个人所得税优惠制度的中性

现行的个人所得税制的立法模式，由于法律中统御促进创新个人所得税优惠制度的建制原则和制定优惠措施的原则的缺位，且由法律、行政法规以及规范性文件共同规定个人所得税法的基本制度，包括基准税收构成要件、个人所得税优惠等，割裂了个人所得税制的完整性和统一性，使其缺乏确定性和权威性，也导致促进创新个人所得税优惠制度背离税收中性原则。税收中性原则之于促进创新个人所得税优惠制度，意味着制定和实施优惠措施时，应尽量克制对个人的经济决策和经济行为、市场的资源配置的扭曲和干预。[1]以最优所得税制为财政经济学理论基础，遵循量能课税原则构建的个人所得税制以及税制

---

〔1〕 ［美］哈维·S. 罗森、特德·盖亚：《财政学》（第八版），郭庆旺、赵志耘译，中国人民大学出版社 2009 年版，第279—281 页。

中包含的基准税收构成要件符合税收中性原则的理念。因此，当优惠措施在法定的基准税收构成要件的基础之上，以促进创新为目的调整基准要件的具体规定内容时，则会违背最初的税收中性状态。[1]从这一角度分析，税收中性原则要求即使优惠措施调整了基准税收构成要件的规定内容，也应最大限度地在纳税主体之间公平地分担个人所得税税负。

以创新中的金融因素为例，天使投资人和合伙制创业投资企业是创新企业资金的主要提供者，但天使投资人和创业投资企业中的个人合伙人个人所得税税负存在较大的差别。[2]首先，虽然天使投资人和创业投资企业中的个人合伙人均可适用投资额抵扣应纳税所得额的个人所得税优惠措施，但由于合伙所得税制中穿透规则的缺位，个人合伙人因投资而从合伙组织中获取的分配，先计入合伙组织的收入总额中，用以计算经营所得，合伙人取得的是依据合伙协议约定的比例计算而得的应纳税所得额，并适用最高为35%的超额累进税率。而天使投资人从被投资企业获得的所得则适用20%的税率。[3]创新投资人相同的经济决策、相同的所得性质，将面临不同的个人所得税适用税率和税负。其次，财税〔2019〕8号通知依据企业对核算方式的选择，进一步差别化了合伙制创业投资企业中的个人合伙人

〔1〕　刘溶沧、马珺：《税收中性：一个理论经济学的分析》，载《涉外税务》1999 年第 1 期。

〔2〕　《财政部、税务总局关于创业投资企业和天使投资个人有关税收政策的通知》（财税〔2018〕55 号）以及《财政部、税务总局、发展改革委、证监会关于创业投资企业个人合伙人所得税政策问题的通知》（财税〔2019〕8 号）中规定的合伙制创投企业个人合伙人所得税的征收方法，对财政部、国家税务总局制定的《关于个人独资企业和合伙企业投资者征收个人所得税的规定》（财税〔2000〕91 号）中规定的普遍适用的合伙组织所得税的征收方法作出部分修改。例如，将个人合伙人从合作组织中取得的分配从"应纳税所得额"修改为"经营所得"。

〔3〕　《财政部、税务总局关于创业投资企业和天使投资个人有关税收政策的通知》（财税〔2018〕55 号）。

的税负程度。[1]依据该通知，同一笔所得因合伙组织层面所选择的核算方式不同，在计算应纳税所得额时则适用不同的税目、税率、亏损弥补规定、扣除规定和税收优惠规定。

第一种情形，若合伙组织选择单一投资基金核算，个人合伙人在合伙组织中对应的经济收益适用股息红利所得或股权转让所得的征收规定，对应的法定税率为20%。具体计算应纳税所得额时，股息红利所得全额计税。股权转让所得的计算更为复杂，第一步，同一基金内不同项目之间的收入分别扣减本项目的股权原值和合理费用，求得本项目的所得。第二步，同一基金之内的全部所得和亏损互抵，计算单一基金的转让所得，但未全部弥补的亏损不得结转下一年度。第三步，适用税收优惠措施，70%的投资额抵减个人合伙人应分得收益，但该抵减不足的，不得结转抵减。而且股息红利所得和股权转让所得均不得扣减基金管理费。第二种情形，若合伙组织选择年度所得整体核算，则个人合伙人从合伙制创投企业中分配取得的经营所得的计算方法，与财税〔2000〕91号规定的合伙组织中个人合伙人所得税的征收方法基本类似，对应最高为35%的超额累进税率。即收入总额扣减成本、费用和损失，且未完全弥补的损失可向以后年度结转。整体核算时，投资额的70%可扣减个人合伙人所分配的经营所得，且未全部扣减的部分可向以后年度结转。对比第一种情形和第二种情形，由于核算方法的不同，合伙制创投企业个人合伙人所得税税负存在差异，原因包括：适用税率不同，单一核算适用20%，整体核算最高能可为35%；成本费用扣除规定不同，单一核算时不可扣除基金管理费，整体核算可以；亏损弥补规定不同，单一核算亏损不得结转弥补，

---

[1]《财政部、税务总局、发展改革委、证监会关于创业投资企业个人合伙人所得税政策问题的通知》（财税〔2019〕8号）。

整体核算可向以后年度结转 5 年；税收优惠的具体规定不同，单一核算未全部扣减的额度不可结转，整体核算可以。

该项优惠措施仅适用于合伙中的创业投资企业，不仅是合伙所得税制中的特别规定，还依据核算方式的不同，区别对待同一笔所得，割裂了合伙所得税制的中性。促进创新个人所得税优惠制度的中性首先要求个人所得税制实现中性，其次要求促进创新个人所得税优惠措施实现中性，而在创新金融领域中，投资者面临着双重的不中性。[1]因此，首先应在法律中确立合伙所得税制的穿透规则，其次制定促进创新个人所得税优惠措施时，在促进创新的语境下，须使相同性质和数额的所得适用相同的个人所得税优惠措施。

四、制定合比例的促进创新个人所得税优惠措施

促进创新个人所得税优惠通过改变或调整基准税收构成要件规定的内容，实现促进创新的社会目的。因此，制度中的具体优惠措施将改变既有的横向公平和纵向公平的格局，违背量能课税原则的基本要求，背离最优所得税制的结构。公平性的欠缺导致促进创新个人所得税优惠措施的正当性受到质疑，在优惠措施正当性的论证中，除应具备充足的促进创新的社会目的并符合税收中性原则的要求外，一项促进创新的个人所得税优惠措施还需符合比例原则的各项要求和限制。比例原则的三个具体标准是：适当性、必要性和狭义比例原则。适当性原则要求一项个人所得税优惠措施的制定和实施必须符合促进创新的目的，优惠措施与促进创新之间存在手段与目的的关联。必要性原则强调一项为促进创新而制定的个人所得税优惠措施是

---

〔1〕 刘小平：《论税收中性的相对性》，载《财经论丛（浙江财经学院学报）》1997 第 3 期。

必要的，与其他具有同样目的的优惠措施或其他财政工具相比效果更显著。狭义的比例原则是指，促进创新个人所得税优惠措施的制定和实施对纳税主体的平等权、既定的个人所得税制、社会公益等方面所造成的侵害与其他同类型的措施相比是最小的。

下文以财税〔2016〕101号中的两项促进创新个人所得税优惠措施为例，从适当性、必要性和狭义比例原则三个角度分析纳税递延个人所得税优惠应如何按照比例原则的要求进行解析和重构。[1]财税〔2016〕101号通知第1条创制了非上市公司对技术骨干等股权激励纳税递延优惠措施，同时第3条创制了个人以科技成果入股纳税递延优惠措施。两项优惠措施均以分担科研或研发人员的个人所得税税负，鼓励、激发科研或研发人员开展科技研究、促成科技成果转化，符合手段可实现目的的适当性要求。[2]非上市公司股权激励的第一步是公司股权转让于技术骨干等，纳税递延针对的是第一步中的股权转让行为，将该次转让递延至股权的受让人再次转让该部分股权时纳税。股权激励常以限制再次转让的期限，实现公司对人力资本和智慧资本的控制和利用。与直接减税、免税或减计一定比例的所得相比，股权激励纳税递延优惠在促进创新的目的之下，不仅有效衡量了纳税人对税款的现金支付能力，也有效确保了个人所得税组织财政收入职能的实现。与其他促进创新的措施相比，股权激励纳税递延具备必要性。个人科技成果入股过程中，涉及多个法律行为，具体包括：科研或研发人员科技成果

---

〔1〕《财政部、国家税务总局关于完善股权激励和技术入股有关所得税政策的通知》（财税〔2016〕101号）。

〔2〕李旭红、方超：《促进创新的个人所得税政策研究》，载《税务研究》2019年第10期。

转让于企业的行为、企业将股权转让于科研或研发人员的股权转让行为、科研或研发人员再次转让股权的行为。个人所得税纳税递延是指，科研或研发人员转让科技成果的转让所得递延至其转让股权时纳税，其同样可有效地衡量纳税主体的支付能力，与其他措施相比，在有效促进创新的同时确保了财政收入，具备必要性。从狭义比例原则分析股权激励纳税递延和科技成果入股纳税递延，两项纳税递延优惠措施对纳税人的平等权利、个人所得税制的公平性的侵害，与减税、免税或按比例减计收入等个人所得税优惠措施相比是最小的。如果在股权激励或科技成果入股中适用其他类型的个人所得税优惠措施，通过直接减轻税负促进创新，会在纳税主体之间造成较大的税负差异，对量能课税原则的背离更明显，对创新的促进效果却有限，因此前述两项纳税递延也符合狭义比例原则的要求。

第五章

促进创新所得税优惠的配套制度建设

促进创新所得税优惠制度要想有效运行，须提升立法位阶，增加确定性、税收中性、合比例性，还须检视所得税征管中的管理成本和遵从成本，在促进创新所得税优惠的条文规定结构完整、逻辑缜密、语义明确的前提下，以保障纳税人权利为出发点构建合理的征收管理程序。在通过保障纳税人权利且高效便捷的征收管理程序确保促进创新所得税优惠制度良好有效运行的同时，还须引入反避税制度和税式支出制度。反避税制度旨在规范纳税人适用所得税优惠行为，防止利用促进创新所得税优惠侵蚀税基。以美国《国内收入法典》中规定的旨在增进研发活动的税收抵免为例，为防止关联关系滥用优惠措施，法律明确规定了受控公司应如何适用税收抵免优惠，值得借鉴。税式支出制度旨在规范所得税优惠的制定和实施，评估促进创新所得税优惠的实效。

第一节　反避税制度与防范滥用促进创新所得税优惠

一、实质课税原则的内涵与意义

（一）实质课税原则的定义

实质课税原则是指，在判断纳税主体依据税法规定所应承担的义务时，当法律形式与经济实质不相符时，应依据该主体经济上的支付能力衡量其义务的轻重多少。[1]以所得税法的实践为例，雇员获取的股息红利与其工资薪金往往易于混淆，其中股息红利适用 20%的比例税率，工资薪金则汇入综合所得后适用七级超额累进税率。若公司给雇员分配股权但无工资薪金的约定，则依据所得税法的规定，即使在法律上雇员拥有公司的股权，但在所得税法中其经济实质应包括工资薪金在内。也即公司依据约定分配给雇员的股息红利中应包括雇员"合理据实"的工资薪金部分。实质课税原则源自量能课税原则，是税法公平性的体现。实质即要求在所得税的征收管理中，并非单纯依据法律形式判断纳税主体的支付能力，必要时应依据经济实质判断。量能课税原则同样以纳税主体经济上的支付能力为准，要求在纳税主体之间公平地分担税负，实现相同或类似情形的纳税主体税负相同或类似，不同情形的纳税主体差别对待，是构建税法时着重考量的建制原则。实践中纳税主体利用法律形式规避税负时，实质课税原则为实现量能课税提供可执行的工具和实践标准，在经济实质上实现税法的平等对待。

（二）实质课税原则在促进创新所得税优惠反避税中的适用

避税是指纳税人利用意思自治和契约自由，以异常形式安排常见的商业活动或交易，例如利用一系列的交易安排规避所得税基准税收构成要件的成立，以规避正常交易形式所承担的税收负担。避税的出现引发税收法定原则和量能课税原则之间的冲突。避税是纳税人依据法律规定，依托意思自治和契约自由，利用税法漏洞而为的行为。从形式上分析，避税行为符合税法和其他部门法律法规的规定，遵循税收法定原则的旨意。但从实质上分析，避税行为产生的效果是相同支付能力的纳税

---

[1] 陈清秀：《税法总论》，元照出版有限公司 2016 年版，第 192—216 页。

人承担有差别的税负，导致横向不公平。横向不公平必然同时影响纵向公平的实现，违背量能课税原则。实质课税原则要求揭开纳税人故意设计的迂回复杂的交易形式，直接依据交易的经济实质和纳税人经济上的支付能力确定其税法上的纳税能力，是税法规定对纳税人旨在避税的交易活动的调整和重新认定。纳税人的避税行为破坏税法的横向公平和纵向公平，使得相同纳税能力的主体承担不同的税负，实质课税旨在恢复税法的公平性。促进创新所得税优惠法律制度通过所得税优惠实现对创新的引导和鼓励，其另一种解读是税法通过对所得税基准税收构成要件作出特殊安排，赋予符合法定条件的纳税人一定的税收上的利益，以实现促进创新的目的。而此类所得税法中的特殊安排则为纳税人规避纳税义务提供条件，因此应通过实质课税原则对促进创新所得税优惠的制定和实施予以限制和规范，在适用税收优惠的同时依据纳税人的真实税负能力征收所得税，实现量能课税原则并可组织适当的所得税收入。从另一角度分析，征税与避税是天然联系在一起的，因此纳税人利用促进创新所得税优惠避税将不可避免。但如果避税成为纳税人适用促进创新所得税优惠的主要目的，促进创新所得税优惠法律制度的价值目标和构建基础则会受到侵蚀。因此，从实现所得税优惠促进创新的社会目的出发，理应将实质课税原则引入促进创新所得税优惠法律制度中。

二、促进创新所得税优惠制度中的反避税规则

(一) 一般反避税条款的适用

一般反避税条款中的"一般"与特别相对应，表明其不针对任何特定的避税类型，而是从反避税规则的目的出发，将纳税人试图利用所得税法中的漏洞规避纳税义务、违背量能课税

原则和阻碍所得税组织适当财政收入职能实现的避税行为均涵盖在内。[1]一般反避税条款的条文内容具有概括性、原则性，在欠缺确定性并有可能背离税收法定原则的同时，却可以有效而灵活地应对商业安排中的各类避税行为，是对特别反避税条款的补充和辅助。[2]例如，德国的税收基本法确立了实质课税原则，对于滥用法律形式规避纳税义务的情形予以否定。[3]法国税收基本法同样对纳税人滥用法律的行为予以否定，并赋予税务机关对交易重新定性的权利。英国法院通过拉姆齐案在司法实践中确立了拉姆齐原则，突破税法法律条文的限制，以对税法的目的的探求和解释，限制纳税人的避税安排。[4]美国在经过漫长的司法实践的检验之后，在《国内收入法典》中确立了经济实质原则，缺乏经济实质的交易安排在税法上将被否定。

　　梳理我国的一般反避税条款，《税收征收管理法》第 35 条就体现了反避税的内容，具体规定为，对无正当理由且计税依据明显偏低的情形，税务机关有权核定征收。但明确确立一般反避税条款的是《企业所得税法》第 47 条，规定以"合理商业目的"为界，检验企业减轻纳税义务的商业安排是否落入一般反避税条款的框架之内。《企业所得税法实施条例》第 120 条则对不符合"合理商业目的"中的目的作出界定，具体列举了三种非合理商业目的：减少税款的目的、免除税款的目的和推迟缴纳税款的目的。与企业所得税法对应的，2018 年修订的《个人所得税法》增加了一般反避税条款的内容，第 8 条规定税务

---

[1]　王宗涛：《一般反避税条款研究》，法律出版社 2016 年版，第 25 页。

[2]　汤洁茵：《〈企业所得税法〉一般反避税条款适用要件的审思与确立——基于国外的经验与借鉴》，载《现代法学》2012 年第 5 期。

[3]　叶姗：《一般反避税条款适用之关键问题分析》，载《法学》2013 年第 9 期。

[4]　许炎：《香港一般反避税规则简述》，载《国际税收》2013 年第 10 期。

机关对无合理商业目的的个人商业安排可作出纳税调整，但对应的行政法规并无规定。

庞大繁杂的税务规范性文件中，2009 年制定的《特别纳税调整实施办法（试行）》（以下简称《实施办法（试行）》）是确立反避税规则的主要文件，其于第十章确立了一般反避税条款和实质课税原则。[1]其中，第 92 条以列举加兜底条款的立法模式列举了避税安排的几类典型情形，具体包括滥用税收优惠、滥用公司组织形式等四类，而兜底条款则以"其他不具有合理商业目的的安排"加以总结概括。[2]第 93 条为如何判断纳税人的商业安排是否为避税安排提出六项客观标准，如安排的形式和实质、财务状况、订立与执行时间、实现方式、税收效果等。税务机关可依据实质重于形式原则检视企业是否存在无合理商业目的的避税安排。滥用税收优惠的避税安排包括在一般反避税条款调整的范围之内。2014 年国家税务总局颁布《一般反避税管理办法（试行）》，其是所得税法体系中仅有的几部行政规章之一，内容结合所得税法和《实施办法（试行）》的立法、实践经验，确立了实质课税原则，并解释了所得税法中规定的税收利益、避税安排等术语。税收利益的定义参考了《企业所得税法实施条例》中对"不具有合理商业目的"的界定。[3]避税安排则指一项安排形式与实质不相符，且主要或单纯为获取税收利益。

综合分析促进创新所得税优惠法律制度中的各项优惠措施，大量的具体优惠措施从适用的主体范围、适用的具体情形等方

---

〔1〕 国家税务总局制定的《特别纳税调整实施办法（试行）》（国税发〔2009〕2 号）第 10 章第 94 条。

〔2〕《特别纳税调整实施办法（试行）》（国税发〔2009〕2 号）。

〔3〕《企业所得税法实施条例》第 120 条规定，企业所得税法第四十七条所称不具有合理商业目的的，是指以减少、免除或者推迟缴纳税款为主要目的的。

面对所得税优惠的适用作出限制性规定。例如，适用于技术转让的所得税优惠措施主要围绕技术的定义和类别作出规范，其中的技术仅包括：专利技术、计算机软件著作权、集成电路布图设计权、植物新品种、生物医药新品种以及其他符合条件的技术，且技术转让合同必须经有关政府部门认定登记。而针对高新技术企业的所得税优惠，对高新技术企业的定义集中规定于科技部、财政部等联合发布的《高新技术企业认定管理办法》中。[1]再如，大量围绕集成电路产业制定的所得税优惠从集成电路企业的定义和企业的具体经营状况两个方面限定所得税优惠的适用，且对前述两个条件作出分类，符合条件的不同类别的集成电路企业被赋予程度不同的税收利益。在促进创新所得税优惠中，紧扣促进创新的宗旨对优惠措施规定详细的适用条件和限制的目的是防止纳税人非以促进创新为目的而故意进行商业安排，单纯为利用促进创新所得税优惠获取税收利益，背离促进创新的初衷。若形式上符合促进创新所得税优惠的具体规定，而不是规范性文件中规定的与创新相关联的研发活动或其他活动，则还可引入一般反避税条款，否定形式上可适用促进创新所得税优惠的特意安排，按照商业活动的实质征收所得税。

（二）特别反避税条款的适用

与一般反避税条款的原则性不同，特别反避税条款旨在规范特定的避税行为，条款内容很明确。[2]特别反避税条款针对类型化的避税行为，是对几类实践中大量出现的典型的避税安排的规范，因此特别反避税条款会在法律条文中明确界定适用

---

〔1〕 科技部、财政部、国家税务总局《高新技术企业认定管理办法》（国科发火〔2016〕32号）。

〔2〕 王宗涛：《一般反避税条款研究》，法律出版社2016年版，第73页。

该类条款的交易的具体情形、避税的判断标准以及法律后果等。特别反避税条款适用时遵循税收法定原则，依据法律条文的文义即可，无须探求所得税法的立法目的或税收优惠的目的。一般反避税条款作为反避税规则的兜底性条款，与特别反避税条款相互配合，实现所得税组织财政收入职能和量能课税原则的落实。特别反避税条款对于规范创新主体的科学研究、技术研发、技术转让等生产经营活动具有重要的所得税法中的意义，尤其是对规范大型跨国企业的转移定价、成本费用分摊、资本弱化、知识产权转让等商业行为的征收管理至关重要。

我国现行的税收法律法规中，《税收征收管理法》第 36 条规定关联企业之间商业活动适用独立交易原则。《税收征收管理法实施细则》税款征收章节，对关联企业和独立企业的概念作出概括性的阐述和界定，并进一步具体规定了预约定价以及几类典型的避税行为如转移定价、利息扣除限制等。

聚焦所得税法，《企业所得税法》第六章对转移定价、成本分摊协议、非合理商业目的利用税收洼地、资本弱化等类型的避税安排作出规定。其规定，关联关系中的转移定价行为依据独立交易原则确定纳税人的所得以及分摊成本费用等扣减项目。沿袭该规定，《企业所得税法实施条例》从企业资本结构、经营管理活动等方面界定关联方，并力求阐释独立交易的界定标准。在所得税法下，重新评价转移定价避税行为的"合理方法"须符合独立交易原则的要求，列举的方法包括：可比非受控价格法、再销售价格法、成本加成法、交易净利润法、利润分割法等。

《企业所得税法》第 41 条明确规定，企业与关联方共同开发无形资产或转让无形资产时，依据独立交易原则分摊成本费用，促进创新所得税优惠的规范性文件对该项规定内容作出细化。《企业所得税法实施条例》第112条规定了关联方之间签订的成本分摊协议，判断其是否被所得税法肯定的标准是独立交易原则和成本收益相配比原则。结合促进创新所得税优惠中的反避税内容，例如《财政部、国家税务总局、科技部关于完善研究开发费用税前加计扣除政策的通知》中，第2条的反避税内容是特别反避税条款在研发费用加计扣除情形中的具体适用，其中包括两项：企业委托外部研发机构发生的研究开发费用按照独立交易原则确定实际数额，以及企业集团内部发生的研究开发费用按照支出收益配比原则合理确定分摊方法。[1]但针对研发费用的反避税规定仅由规范性文件明确，而非法律法规。除适用转移定价特别反避税条款外，纳税人有权依据《企业所得税法》第42条、《企业所得税法实施条例》第113条的规定，就未来年度的关联交易中的定价、计算方法等事项，事先与税务机关就关联交易达成预约定价安排。

依据法律法规和《财政部、国家税务总局关于企业关联方利息支出税前扣除标准有关税收政策问题的通知》的规定，关联企业之间的债权性投资与权益性投资为2:1，而金融企业为5:1，超过比例的债权性投资部分所支出的利息不得扣除。[2]《个人所得税法》第8条包含了两类特别反避税条款，第一类在个人与关联方的交易之间引入独立交易原则作为考量标准，第二类是税务机关对纳税人无合理商业目的、利用低税负地区避税的情形可按照合理方法调整。

《实施办法（试行）》所规范的转让定价、预约定价安排、

----

〔1〕《财政部、国家税务总局、科技部关于完善研究开发费用税前加计扣除政策的通知》（财税〔2015〕119号）。

〔2〕《财政部、国家税务总局关于企业关联方利息支出税前扣除标准有关税收政策问题的通知》（财税〔2008〕121号）。

成本分摊协议、受控外国企业、资本弱化等避税行为，主要适用于企业所得税的纳税人。《实施办法（试行）》解释了各类避税行为的定义，并依据征管法、企业所得税法和两部行政法规的界定，进一步界定了关联关系、关联交易等概念，对税务机关依据法律法规展开反避税的程序、需要的资料和证明文件等作出细化，增强了反避税规则的实用性。

三、促进创新所得税优惠制度中反避税规则的完善

通过前文对我国所得税法体系中反避税规则的梳理反思，可见其中的问题主要包括：反避税规则结构不合理；各部法律法规中规定的各类反避税条款表述混乱，概念界定不统一，反避税规则缺乏统一性；反避税规则整体立法位阶较低，法律法规概括性、原则性太强，具体适用大量依据规范性文件规定，缺乏必要的确定性。

进一步修订所得税法中的反避税规则时，首先，应确立以一般反避税条款为一般法，特别反避税条款为特别法的反避税模式。当避税安排符合特别反避税条款时，优先适用兼具确定性和法定性的特别反避税规则；当避税安排无法适用任何一项特别反避税条款时，则结合所得税法和促进创新所得税优惠的目的，引入一般反避税条款评价、审核或重新界定该商业安排的性质。其次，统一所得税法律法规中反避税术语的界定，例如合理商业目的、避税安排、税收利益等，其中，商业行为中典型的避税安排如转移定价、成本分摊、资本弱化等应在法律中作出统一、详细的规定，避免由规范性文件创制特别反避税条款。最后，反避税规则的各项内容应由法律、行政法规予以创设和规定。其中，一般反避税条款应首先在《税收征收管理法》中以单独条款明确规定，并在《企业所得税法》和《个人

所得税法》中分别予以规定。[1]在所得税的程序法和实体法上均对不具有合理商业目的的交易行为、商业安排等作出否定评价，并规定税务机关有权按照实质课税原则重新合理评价避税行为。针对转让定价、成本费用分摊、资本弱化、利用税收洼地等典型避税行为的特别反避税条款应分别在《企业所得税法》和《个人所得税法》中予以规定，并由实施条例细化，增强法律的执行性。《个人所得税法》可参考《企业所得税法》的立法模式，设立专章规定反避税规则。

第二节　税式支出制度与加强促进创新所得税优惠管理

一、税式支出的概念与功能

在多数研究的表述中，税式支出与税收优惠这两个概念是同义替换，但本书侧重分析，税式支出与税收优惠这两个概念是分别从预算法和税法两个角度出发，对财政税收法领域中同一类财政税收法律关系的不同侧面的阐释、界定和规范。税收优惠强调基于特定的社会目的，从税法的角度对纳税人的引导、鼓励和促进；税式支出则从税收收入减少的角度，强调对税收优惠的量化、评估和规范。

（一）概念

1967 年，美国哈佛大学教授斯坦利·萨里首次提出税式支出的概念，他认为税式支出是基于特定的社会、经济目标而偏离标准税制所产生的支出。税式支出于 1974 年列入美国联邦预算程序中，预算的范围包括不予计列、豁免、扣除、优惠税率和纳税递延等。而 20 世纪 80 年代初，美国学者围绕税式支出使

---

〔1〕 王宗涛：《一般反避税条款研究》，法律出版社 2016 年版，第 282 页。

特定纳税人受益的特点界定其范畴。[1]国际货币基金组织将税式支出界定为与预算支出同等效果的减免税措施。[2]经济合作与发展组织定义税式支出为纳税人因牵涉某些群体或某些活动而少缴纳的税款。[3]

反思我国税式支出制度的借鉴和引入历程，2013 年《中共中央关于全面深化改革若干重大问题的决定》提出"按照统一税制、公平税负、促进公平竞争的原则"管理并规范税收优惠政策，同时要求"清理规范税收优惠政策"。2014 年《国务院关于清理规范税收等优惠政策的通知》指明要全面清理税收优惠等。但各类文件中均未明确指出规范或清理税收优惠的标准和路径。而我国的《预算法》中未规定税式支出，但在各类规范性文件中，税式支出的改革试点、加强管理、提高透明度和测算工作等，则早在 2007 年就已展开并逐步推进。2019 年全国人民代表大会财政经济委员会在《关于 2018 年中央和地方预算执行情况与 2019 年中央和地方预算草案的报告》中建议，"为提高税收优惠的规范性和透明度"，建立税式支出制度并在预算草案中列明。

税式支出是依据税收法定原则和财政法定主义，从财政支出的角度阐释、界定背离基准税收构成要件的税收优惠，是将为实现特定社会目标而制定的税收优惠视为一类财政支出，对因之减少的财政收入所作的预算管理。[4]例如，以促进创新为目标制定的加计扣除、优惠税率、税收抵免、纳税递延等所得

---

〔1〕 叶姗:《税收优惠政策制定权的预算规制》，载《广东社会科学》2020 年第 1 期。

〔2〕 IMF, *Manual on Fiscal Transparency* , 2007.

〔3〕 OECD, *Tax Expenditures in OECD Countries*, 2010.

〔4〕 白重恩、毛捷:《公共财政视角下的税式支出管理与预算体制改革》，载《中国财政》2011 年第 2 期。

税优惠措施均涵盖在税式支出的范围之内。[1]因此，从税式支出的角度，可对促进创新所得税优惠法律制度中各项措施进行统计、分析、估算和报告，并为比例原则从适当性、必要性和狭义比例原则检视促进创新所得税优惠提供分析工具。[2]税式支出估算通过一定的估算和统计方法对具体优惠措施导致的税收收入的减少进行评估。税式支出估算可推算一项税收优惠措施的税式支出成本，并可依据税式支出估算结果对优惠措施的实施效果作出评价。[3]

（二）功能

在所得税优惠促进创新的语境下，建立税式支出制度，可通过税式支出规范促进创新所得税优惠措施，将因之减少的税收收入纳入政府预算。促进创新所得税优惠的目的是通过让渡部分财政收入，减轻纳税人税负，实现促进创新。但所得税法的根本职能是组织财政收入、实现分配正义，如何平衡促进创新与组织财政收入、实现分配正义之间的关系，税式支出不失为有效路径。税式支出通过预算控制功能实现对促进创新所得税优惠的规范。

税式支出的控制功能将促进创新所得税优惠的支出水平、优惠措施的分布结构以及实施效果、优惠措施的立法层级等相关内容，均纳入预算和法律约束的范围之内。通过估算促进创新所得税优惠各类措施的预算支出，形成税式支出报告，并结合促进创新所得税优惠的法律、法规和规范性文件，一并定期

---

〔1〕 汪德华、任永美、周文：《税式支出核算方法的国际经验与启示》，载《国际税收》2014 年第 11 期。

〔2〕 李旭鸿：《构建我国税式支出制度的必要性与可行性研究》，载《中国财政》2011 年第 15 期。

〔3〕 马念谊：《对我国税式支出估算制度的探索》，载《税务研究》2013 年第 4 期。

公布，可全面反映该类税式支出的总体规模、支出的分布状况，以及是否实现促进创新的社会目的。因此，税式支出的预算控制功能可有效规范促进创新所得税优惠法律制度中存在的立法层级不高、优惠措施体系混乱、优惠措施评价机制缺位等突出问题，增加促进创新所得税优惠法律制度的透明度和公开性。

在促进创新所得税优惠法律制度中引入税式支出，利用税式支出的控制功能，梳理各类促进创新所得税优惠措施，并收集相关数据，可提高所得税优惠评估的准确性和可靠度。还可对所得税优惠措施促进创新的效果在所得税优惠措施之间，以及所得税优惠与其他财政激励措施之间展开横向和纵向的对比，建立促进创新所得税优惠措施的评估和退出机制。[1]

二、促进创新所得税优惠面临的预算和评价问题

在促进创新所得税优惠法律制度中引入税式支出，主要是为了解决制度中呈现出的违背财政法定主义、所得税建制原则、税收中性原则和比例原则的各类现象，解决所得税优惠效率低下、浪费资源、影响财政收入等问题。[2]梳理促进创新所得税优惠法律制度中的问题，可大体分为三类。

首先，优惠措施总量控制不足。正如前面章节的梳理归纳，现行的促进创新所得税优惠措施数量众多、内容庞杂，部分优惠措施创新促进的效果不明显，而且大部分的优惠措施由规范性文件规定或创制，削弱了促进创新所得税优惠法律制度的确定性和权威性，并损害其公平性。而税式支出制度的缺失，使

---

〔1〕 白重恩、毛捷：《公共财政视角下的税式支出管理与预算体制改革》，载《中国财政》2011 年第 2 期。

〔2〕 王淑杰：《美国税式支出预算管理的启示》，载《税务研究》2017 年第 10 期。

所得税优惠游离于政府预算之外，无法估算因促进创新所得税优惠措施造成的财税支出的规模，也无法清晰呈现各项措施的成本和实施效果，违背《预算法》中规定的政府的所有收入和支出均须纳入预算的基本原则，从而产生预算不全面等一系列问题。[1]

　　其次，优惠措施审查不足。促进创新所得税优惠法律制度中的各项优惠措施均由法律、行政法规作出概括性的规定后，再由国务院财政税务主管部门因时制宜、因地制宜制定具体规则，甚至创制新的优惠措施。各项所得税优惠措施针对不同的特定情形而制定，缺乏整体性、结构化的审查视角，彼此之间缺乏协调，有重叠、冲突的现象，促进创新的效率存疑；部分针对单一产业的促进创新所得税优惠措施可能会损害所得税法的公平性。前述问题将影响我国建立统一、公平的市场竞争秩序。[2]而国务院税务主管部门制定的规章则强调对税收优惠合法性的审查，未涉及优惠措施审查的其他侧面。[3]

　　最后，优惠措施的评估和退出机制缺失。所得税优惠措施在实现促进创新社会目的的同时，降低了国家财政收入，影响国家提供公共产品和服务的能力，因此定量估算促进创新所得税优惠造成的财政损失，既可评价具体优惠措施的绩效，又可推知对财政预算的整体影响。虽然《国务院关于清理规范税收等优惠政策的通知》提出建立税收优惠的评估和退出机制，但

---

　　[1]　李旭鸿：《构建我国税式支出制度的必要性与可行性研究》，载《中国财政》2011 年第 15 期。

　　[2]　《国务院关于在市场体系建设中建立公平竞争审查制度的意见》（国发〔2016〕34 号）。

　　[3]　《税务规范性文件制定管理办法》国家税务总局令第 50 号，第 4 条、第 5 条和第 5 章。

现行的所得税法律法规并未规定税式支出。[1]法律法规对税式支出的未规定状态，使得统计并测算各项优惠措施的财政成本无法可依，无法切实地对所得税优惠进行绩效评估，无法实现促进创新所得税优惠措施的合理化、科学化、民主化管理。[2]

而促进创新所得税优惠法律制度中优惠措施总量控制不足、审查不到位、评估和退出机制缺位三类问题，通过税式支出制度的建立，均可提供有效的切入分析视角。

三、促进创新所得税优惠制度中税式支出的建立与完善

(一) 建立税式支出制度

税式支出制度的建立为促进创新所得税优惠法律制度提供了一个有效的检视、评价视角，并为立法者、执法者具体评估每一项促进创新所得税优惠措施提供方法和途径。税式支出的建立，可量化各类促进创新所得税优惠措施导致的所得税收入的减少，在确定收入减少数额的同时也可预估、评价促进创新所得税优惠是否可实现其促进创新的社会目的，也为评估所得税优惠在实现促进创新目的的同时是否符合税收中性原则和比例原则提供分析角度。

税式支出是以税收优惠的方式间接支出的财政收入，因此税式支出的完善、编制税式支出预算须遵循税收法定和预算法定的原则。在促进创新所得税优惠法律制度下，税式支出预算须在每一预算年度内按照统一口径编制并经立法机关的审查和批准，定期向社会公布。[3]在缺乏法律法规明确规定的情形下，

---

〔1〕《国务院关于清理规范税收等优惠政策的通知》（国发〔2014〕62号）。

〔2〕蒋悟真：《税收优惠分权的法治化：标准、困境与出路》，载《广东社会科学》2020年第1期。

〔3〕黄璟莉：《逐步将税式支出纳入预算管理体系》，载《中国财政》2013年第3期。

编制税式支出预算仍须确定、完善如下条件。

第一，明确对促进创新所得税优惠编制税式支出预算的编制主体和执行主体。促进创新所得税优惠法律制度的多数优惠措施由法律、行政法规和财政部、税务总局制定的规范性文件规定，因此可由财政部或税务总局作为此类法律文件中规定的所得税优惠的税式支出预算的编制主体和执行主体。

第二，建立高效的涉税信息、数据收集和统计机制。对促进创新所得税优惠编制税式支出预算，需要全面、准确、及时的信息和数据支撑，应加强促进创新所得税优惠相关数据的采集，充分利用纳税申报表和金税系统中的相关信息和数据，鼓励和引导第三方协助提供信息。具体需要收集和统计的信息、数据包括：促进创新所得税优惠的法律依据、优惠措施类型及内容、计算方法说明和公式、数据材料等。[1]

第三，选择科学、合理、全面的估算方法。全面估算因促进创新所得税优惠导致的收入减少，可选用收入放弃法。[2]收入放弃法是指假设优惠措施未对纳税人行为产生影响，直接计算因税收优惠背离基准税收构成要件而导致的财政收入的减计。具体分为三种算法：总量模型、分布模型和微观模拟。总量模型计算方法简单快速，但无法计算围绕特定纳税人或一类纳税对象而规定的税收优惠所产生的收入减计。分布模型计算方法复杂且须精确的数据支撑，但可计算针对特定纳税主体或一类纳税对象而规定的税式支出。在促进创新所得税优惠法律制度中引入税式支出时，可选择总量模型和分布模型相互配合，编制

---

〔1〕　李旭鸿：《构建我国税式支出制度的必要性与可行性研究》，载《中国财政》2011 年第 15 期。

〔2〕　叶姗：《税收优惠政策制定权的预算规制》，载《广东社会科学》2020 年第 1 期。

税式支出预算。[1]

（二）引入促进创新所得税优惠的评估与退出机制

针对促进创新所得税优惠编制税式支出预算，能够为分析所得税优惠措施提供预算分析的方法，可在促进创新的同时定量分析所得税优惠措施让渡的税收收入的总体规模、结构和分布，进而分析促进创新所得税优惠法律制度运行的整体效果和各具体优惠措施的实际效益。因而应在完善税式支出制度的基础之上，进一步建立、完善促进创新所得税优惠的评估与退出机制。

建立促进创新所得税优惠评估与退出机制的原因有二：第一，所得税优惠因背离量能课税原则和最优所得税制而欠缺正当性，是由促进创新、提升社会整体福利补足的，应当定期评估具体优惠措施的实施效果，若某项所得税优惠无法有效地达成促进创新的社会目的，则应对其实行优胜劣汰，及时修改或废止已有规定，促进税收公平。第二，从支出的角度分析促进创新所得税优惠，国家通过所得税优惠以财政隐性支出的方式补贴纳税人，实现促进创新。税式支出则牵涉财政收入与财政支出之间的平衡关系。财政收入是政府提供公共产品和服务的基础，因此税式支出的规模须在一定范围内，使政府职能可有效履行。应定期编制税式支出预算，评估促进创新所得税优惠实施的必要性，预防无效或低效税收优惠造成的财政资源的浪费。[2]

在税式支出的框架内建立促进创新所得税优惠的评估与退出机制，评估的主要内容包括：税收优惠的执行状况、优惠措

---

〔1〕 马念谊：《对我国税式支出估算制度的探索》，载《税务研究》2013 年第 4 期。

〔2〕 李俊明：《合理约束税式支出的探索》，载《税务研究》2015 年第 1 期。

施是否促进创新、促进创新税式支出的总体规模、优惠措施的分布和结构等。评估方式可参考《山东省税式支出管理办法》的规定，采用日常评价、专项评价和综合评价相结合的方式。[1]日常评价侧重定期对优惠措施的信息和数据进行分析。专项评价着重分析所得税优惠与促进创新的社会目的之间的执行落实状况。综合评价则对促进创新所得税优惠从总量规模、分布和结构等方面作出整体的分析评价。同时，应遵循财政民主主义，保障知情权的实现，在对促进创新所得税优惠作出评估报告或退出决定的过程中，应公布优惠措施的法律依据、税式支出预算、评价报告等内容，并组织听证会、专家座谈会等。[2]

综合前文的分析，在法律法规还未明确建立税式支出制度的情形下，结合创新驱动发展的大形势，为提高所得税优惠的规范性和透明度以及中性和合比例性，可先以促进创新所得税优惠法律制度为切入点，建立并执行促进创新所得税优惠的税式支出制度。由于促进创新所得税优惠是由法律、行政法规和部门规范性文件规定的，可由财政部或税务总局作为编制主体和执行主体，全面准确收集与促进创新所得税优惠实施状况相关联的信息和数据，定期对优惠措施作出日常评价、专项评价和总量评价，进而编制税式支出预算并纳入政府预算文件中，提交全国人民代表大会审查。税式支出预算中应反映促进创新所得税优惠的总体的成本规模、优惠措施的分布状况和结构、优惠措施的实施效果等。全国人民代表大会可依据税式支出预算，决定修改或取消某项促进创新所得税优惠措施。也有学者提出，由于纳入政府预算存在困难，可先行推行税式支出报告

---

〔1〕《山东省税式支出管理办法》（鲁财税〔2015〕25号），第21条。
〔2〕蒋悟真：《税收优惠分权的法治化：标准、困境与出路》，载《广东社会科学》2020年第1期。

制度，提交全国人民代表大会专门委员会审查促进创新所得税优惠的成本与收益，进而决定修改或废止，提高促进创新所得税优惠的精准性，防止所得税优惠的制定权的随意扩张。[1]

---

[1] 付大学：《激励科技创新税式支出制度的缺陷及立法完善——以组织理论为切入点》，载《法商研究》2019 年第 5 期。

结　论

　　所得税法律制度的构建可见一国权力机关对国民的基本态度，所得税制事关政府配置、分配、稳定职能的实现，也关系着法律的公平与正义在税收领域的实现。所得税法律制度可从不同侧面切入，本书选择以国家创新驱动发展战略语境为研究目标取向，因为所得税优惠法律制度的构建可见该国当下的科技、经济、社会的基本面貌，同样可见该国未来一段时间的发展趋势和重点。全书从四个层面论证促进创新所得税优惠法律制度的改革设计。

　　第一，深入分析创新的社会价值和机制机理。从创新的视角出发，深入阐述企业、科研人员、大学、金融、产业等科技创新的主要因素对经济、军事等国家核心竞争力和社会整体福利的关键、深刻且重要的影响。而创新的不确定性和高风险性等特征，则为国家制定所得税优惠引导、鼓励和促进创新提供必要性和正当性。

　　第二，充分论证促进创新所得税优惠法律制度构建的理论逻辑。国家征收所得税的基本目的是为提供公共服务而筹集财政收入，进而调节收入分配，促进经济稳定发展，这需要遵循最优所得税制的基本原理，特别是纳税人、所得、扣除、税率的界定和设计，应当符合社会福利最大化、超额负担最小化、税负转嫁最小、横向和纵向公平、适当的遵从成本和管理成本等的要求和限制。试想一个违背横向公平或纵向公平的所得税制，将无法实现纳税人的均等牺牲，还会扩大经济资源的无效浪费，必然不当干预经济资源的自由配置和流动。量能课税原则与最优所得税制一脉相承，为所得税立法和所得税基准税收构成要件的制定提供实质正义的检视标准和要求。税收法定原则则为所得税法和所得税基准税收构成要件提供形式正义，而稽征经济原则为所得税的征收管理提供程序正义，三大建制基础相互衔接配合，为国家征收所得税提供充分的正当化理由。

第三，科学设计促进创新所得税优惠的政策和制度。基于量能课税原则而规定的所得税基准税收构成要件，为促进创新所得税优惠措施提供了参照标准和分析基础。以所得税基准税收构成要件为参照，违背基准要件则意味着促进创新所得税优惠措施欠缺正当性，其正当性则须通过对具体优惠措施是否符合促进创新原则、税收中性原则和比例原则的分析来补足，并须符合税收法定原则的限制。我国促进创新所得税优惠的现行制度，存在立法位阶不高、促进创新不足、有违税收中性和比例原则等问题。因此，构建我国促进创新所得税优惠法律制度时，应将税收法定原则贯彻始终，提升促进创新所得税优惠的立法位阶；围绕创新的特征结合我国创新实践，加强优惠程度，增设优惠措施种类，进一步加大研发费用的加计扣除等优惠措施的优惠力度，增设与创新风险或研发投资有关的准备金扣除优惠等税基式优惠措施，降低优惠税率的比例和适用条件，增加税率式优惠的公平性和普适性，增设研发费用税收抵免等新型税额式优惠。在有效促进创新的语境下，所得税优惠应当符合税收中性原则和比例原则的检视，减少对经济的过度干预并审视优惠措施的适当性、必要性和合比例性。

第四，健全完善促进创新所得税优惠配套制度。为保障促进创新所得税优惠法律制度良性运行并实现既定目标，防止纳税人滥用促进创新所得税优惠，导致优惠政策空转和税基侵蚀，解决所得税优惠面临的预算和评估问题，需要引入反避税制度和税式支出制度，进一步规范纳税人和征税机关的相关行为，为促进创新所得税优惠制度的良性运行提供综合配套制度环境。

本书虽以最优所得税制和所得税法建制原则为理论基石，以促进创新原则、税收中性原则和比例原则为价值追求，从规范分析和实证分析的角度，构建了促进创新所得税优惠法律制度的理论与制度框架，但促进创新所得税优惠是高度复杂并不断更新的全球性、系统性问题，例如，如何及时应对全球科技创新发展的最新趋势以及不断发展变化的世界经济格局等因素，仍有待本书在未来持续和拓展研究。

参考文献

一、著作类

（一）中文著作

1. 陈清秀：《税法总论》，元照出版有限公司 2016 年版。

2. 陈清秀：《税法各论》，法律出版社 2016 年版。

3. 陈少英等：《财产税法论》，法律出版社 2019 年版。

4. 陈启修：《财政学总论》，商务印书馆 2015 年版。

5. 蔡晓月：《创新与经济学——新兴战略产业自主创新研究》，复旦大学出版社 2019 年版。

6. 丁一：《纳税人权利研究》，中国社会科学出版社 2013 年版。

7. 邓子基主编：《财政学》（第四版），中国人民大学出版社 2018 年版。

8. 葛克昌：《纳税者权利保护法析论》，元照出版有限公司 2018 年版。

9. 葛克昌：《所得税与宪法》，翰芦图书出版有限公司 2009 年版。

10. 何廉、李锐：《财政学》，商务印书馆 2011 年版。

11. 侯卓：《税法的分配功能研究》，法律出版社 2018 年版。

12. 贺燕：《实质课税原则的法理分析与立法研究——实质正义与税权横向配置》，中国政法大学出版社 2015 年版。

13. 黄茂荣：《税法总论》（第 3 版），植根法学丛书编辑室编辑 2012 年版。

14. 黄海艳：《创新行为、绩效的前因及边界条件研究》，经济管理出版社 2019 年版。

15. 郝琳琳：《信托所得课税法律问题研究》，法律出版社 2013 年版。

16. 贾康等：《财政学通论》，东方出版中心 2019 年版。

17. 姜昕：《比例原则研究——一个宪政的视角》，法律出版社 2008 年版。

18. 刘剑文:《所得税法导论》,武汉大学出版社 1995 年版。

19. 刘剑文:《强国之道——财税法治的破与立》,社会科学文献出版社 2013 年版。

20. 刘剑文主编:《财税法学前沿问题研究:依法治国与财税法定原则》,法律出版社 2016 年版。

21. 刘剑文主编:《改革开放 40 年与中国财税法发展》,法律出版社 2018 年版。

22. 刘剑文、熊伟:《财政税收法》(第七版),法律出版社 2017 年版。

23. 刘怡编著:《财政学》(第三版),北京大学出版社 2016 年版。

24. 林春培、张振刚:《创新网络、吸收能力与企业技术创新》,经济科学出版社 2018 年版。

25. 娄贺统:《企业技术创新的税收激励效应研究》,立信会计出版社 2010 年版。

26. 米健:《比较法学导论》,商务印书馆 2018 年版。

27. 眭纪刚:《创新发展经济学》,科学出版社 2019 年版。

28. 施正文:《税收债法论》,中国政法大学出版社 2008 年。

29. 施正文:《税收程序法论——监控征税权运行的法理与立法研究》,北京大学出版社 2003 年版。

30. 施正文:《税法要论》,中国税务出版社 2007 年版。

31. 施正文主编:《中国税法评论》(第 3 卷),中国税务出版社 2016 年版。

32. 汤洁茵:《金融创新的税法规制》,法律出版社 2010 年版。

33. 王宗涛:《一般反避税条款研究》,法律出版社 2016 年版。

34. 王婷婷:《课税禁区法律问题研究》,法律出版社 2017 年版。

35. 翁武耀:《欧盟增值税反避税法律问题研究》,中国政法大学出版社 2015 版。

36. 席晓娟:《私募股权融资税法规制研究》,法律出版社 2018 年版。

37. 徐孟洲、徐阳光:《税法》(第七版),中国人民大学出版社 2019 年版。

38. 徐则荣:《创新理论大师熊彼特经济思想研究》,首都经济贸易大学出版社 2006 年版。

39. 熊伟:《法治、财税与国家治理》,法律出版社 2015 年版。

40. 薛薇等：《科技创新税收政策国内外实践研究》，经济管理出版社 2013 年版。

41. 熊伟主编：《税法解释与判例评注》（第十一卷），法律出版社 2019 年版。

42. 叶姗：《税收利益的分配法则》，法律出版社 2018 年版。

43. 叶金育：《税法整体化研究———一个法际整合的视角》，北京大学出版社 2016 年版。

44. 朱大旗编著：《税法》，中国人民大学出版社 2004 年版。

45. 张守文：《财税法疏议》（第二版），北京大学出版社 2016 年版。

46. 张守文：《财税法学》（第六版），中国人民大学出版社 2018 年版。

47. 张守文：《税法原理》（第九版），北京大学出版社 2019 年版。

48. 张守文：《分配危机与经济法规制》，北京大学出版社 2015 年版。

49. 张永明：《国家租税权之界限》，翰芦图书出版有限公司 2010 年版。

50. 章剑生：《现代行政法总论》（第 2 版），法律出版社 2019 版。

51. 翟继光：《财税法基础理论研究》，中国政法大学出版社 2017 年版。

（二）译著

1. ［日］中里实等编：《日本税法概论》，西村朝日律师事务所西村高等法务研究所监译，法律出版社 2014 年版。

2. ［美］丹尼尔·沙维尔：《解密美国公司税法》，许多奇译，北京大学出版社 2011 年版。

3. ［美］休·奥尔特等：《比较所得税法——结构性分析》（第三版），丁一、崔威译，北京大学出版社 2013 年版。

4. ［德］伯恩·魏德士：《法理学》，丁晓春、吴越译，法律出版社 2013 年版。

5. ［日］金子宏：《日本税法》，战宪斌等译，法律出版社 2004 年版。

6. ［德］迪特尔·比尔克：《德国税法教科书》（第十三版），徐妍译，北京大学出版社 2018 年版。

7. ［美］哈维·S. 罗森、特德·盖亚：《财政学》（第八版），郭庆旺、赵志耘译，中国人民大学出版社 2009 年版。

8. 荷兰国际财税文献局（IBFD）：《IBFD 国际税收辞汇》（第 7 版），《IBFD

国际税收辞汇》翻译组译，中国税务出版社 2016 年版。

9. ［美］理查德·A. 马斯格雷夫、佩吉·B. 马斯格雷夫:《财政理论与实践》（第五版），邓子基、邓力平译校，中国财政经济出版社 2003 年版。

10. ［美］理查德·A. 马斯格雷夫、［英］艾伦·T. 皮考克主编:《财政理论史上的经典文献》，刘守刚、王晓丹译，上海财经大学出版社 2015 年版。

11. ［挪］詹·法格博格、［美］戴维·莫利、［美］理查德·纳尔逊主编:《牛津创新手册》，柳卸林等译，知识产权出版社 2009 年版。

12. ［美］E. 博登海默:《法理学:法律哲学与法律方法》，邓正来译，中国政法大学出版社 2017 年版。

13. V. 图若尼主编:《税法的起草与设计》，国际货币基金组织、国家税务总局政策法规司译，中国税务出版社 2004 年版。

（三） 外文著作

1. Robert Barros, "The Left and Democracy: Recent Debates in Latin America", *Telos*, Vol. 68, 1986.

2. Chaturvedi , Pithisaria, *Income Tax Law*, Lexis Nexis Butterworths Wadhwa, 2015.

3. Martin B. Dickinson, *Federal Income Tax 2017–2018: Code and Regulations*, *Selected Sections*, Wolters Kluwer, 2017.

4. Edward F. Denison, *Trends in American Economic Growth*, *1929–1982*, Brookings Institution Press, 1985.

5. Chris Freeman, *The Economics of Industrial Innovation*, Routledge, 1997.

6. George K. Yin, Karen C. Burke, *Partnership Taxation*, Aspen Publishers, 2009.

7. Howard E. Abrams, Richard L. Doernberg, *Federal Corporate Taxation*, 6th ed. , Foundation Press, 2006.

8. Horst Hanusch, Andreas Pyka, "Principles of Neo-Schumpeterian Economics", *Cambridge Journal of Ecomomics*, Vol. 31, 2 (2007).

9. IMF/OECD, "Report for the G20 Finance Ministers", *Tax Certainty*, 2017.

10. IMF, *Manual on Fiscal Transparency*, 2007.

11. Joseph A. Schumpeter, *The Theory of Economic Development: An Inquiry into Profits, Capital, Credit, Interest, and the Business Cycle*, Transaction Publishers, 2012.

12. Vern Krishna et al., *The fundamentals of Canadian Income Tax*, Carswell, 2014.

13. Edwin Mansfield, *Industrial Research and Technological Innovation: An Econometric Analysis*, Norton, 1968.

14. Edward J. McCaffery, *The Oxford Introductions to U.S. Law: Income Tax Law*, Oxford University Press, 2012.

15. OECD, *Tax Expenditures in OECD Countries*, 2010.

16. Samuel A. Donaldson, Donald B. Tobin, *Federal Income Tax: A Contemporary Approach*, West Academic Publishing, 2012.

17. Edwin R. A. Seligman, *Income Tax Law: a Study of the History, Theory, and Practice of Income Taxation at Home and Abroad*, Lawbook Exchange Ltd, 2011.

18. Stephen Schwarz, Daniel J. Lathrope, *Fundamental of Business Enterprise Taxation*, 5th ed., Foundation Press, 2012.

19. Xavier Cirena, William F. Maloney, *The Innovation Paradox*, World Bank Group, 2017.

二、论文期刊类

(一) 中文期刊

1. 白重恩、毛捷:《公共财政视角下的税式支出管理与预算体制改革》,载《中国财政》2011 年第 2 期。

2. 北京市地方税务局等:《完善中关村科技创新税收政策的思考》,载《税务研究》2017 年第 9 期。

3. 包健:《促进科技创新的税收激励政策分析》,载《税务研究》2017 年第 12 期。

4. 陈林峰:《我国现行激励企业技术创新税收政策评析》,载《税务研究》2017 年第 3 期。

5. 陈海山、李保民:《在中观财政中实行税式支出的理论思考》,载《中国经济问题》1994 年第 5 期。

6. 陈美容、曾繁英：《高新技术企业税收优惠政策及其效应分析——以信息技术业为例》，载《财会月刊》2013 年第 20 期。

7. 陈金池：《正确认识税收中性原则》，载《现代经济探讨》2006 年第 5 期。

8. 陈远燕、张鑫媛、薛峰：《知识产权税收激励的国际借鉴与启示——基于符合 BEPS 行动计划的新专利盒制度》，载《国际税收》2018 年第 10 期。

9. 曹阳、孟媛、席晓宇：《所得税优惠政策对战略性新兴产业的创新作用——以生物、医药产业的数据为样本》，载《财会月刊》2017 年第 3 期。

10. 曹阳、孟媛、席晓宇：《R&D 税收优惠对战略性新兴产业的创新影响——基于生物医药产业的数据》，载《财会月刊》2016 年第 33 期。

11. 崔威：《新〈合伙企业法〉及〈企业所得税法〉对合伙企业所得税制的挑战》，载《法学评论》2009 年第 2 期。

12. 程曦、蔡秀云：《税收政策对企业技术创新的激励效应——基于异质性企业的实证分析》，载《中南财经政法大学学报》2017 年第 6 期。

13. 程瑶、闫慧慧：《税收优惠对企业研发投入的政策效应研究》，载《数量经济技术经济研究》2018 年第 2 期。

14. 重庆市税务学会课题组等：《高新技术产业税收优惠政策效应分析——以重庆为例》，载《税务研究》2017 年第 4 期。

15. 邓子基、邓力平：《税收中性、税收调控与产业政策》，载《财政研究》1995 年第 9 期。

16. 戴晨、刘怡：《税收优惠与财政补贴对企业 R&D 影响的比较分析》，载《经济科学》2008 年第 3 期。

17. 戴昕、张永健：《比例原则还是成本收益分析：法学方法的批判性重构》，载《中外法学》2018 年第 6 期。

18. 方重、梅玉华：《税收优惠促进就业的效应探析》，载《税务研究》2008 年第 2 期。

19. 付大学：《激励科技创新税式支出制度的缺陷及立法完善——以组织理论为切入点》，载《法商研究》2019 年第 5 期。

20. 范进学：《论宪法比例原则》，载《比较法研究》2018 年第 5 期。

21. 高凤勤、杨璇、李涛：《促进创新的个人所得税制改革思考》，载《税务研究》2019 年第 3 期。

22. 郭佩霞：《促进创新型中小企业发展的财税政策取向》，载《税务研究》2011 年第 6 期。

23. 胡文龙：《当前我国创新激励税收优惠政策存在问题及对策》，载《中国流通经济》2017 年第 9 期。

24. 胡勇辉、罗淑琴、黄黎明：《促进创新的企业所得税政策选择：国际经验与启示》，载《税务研究》2016 年第 12 期。

25. 胡坚、姚露：《国际资本流动的理想税收中性原则》，载《税务与经济（长春税务学院学报）》1996 年第 4 期。

26. 侯卓：《税收法定的学理阐释及其进阶路径》，载《学习与实践》2019 年第 7 期。

27. 黄永明、何伟：《技术创新的税收激励：理论与实践》，载《财政研究》2006 年第 10 期。

28. 黄洁莉、汤佩、蒋占华：《税收优惠政策下农业企业研发投入、风险与收益——基于我国农业上市公司的实证检验》，载《农业技术经济》2014 年第 2 期。

29. 黄璟莉：《逐步将税式支出纳入预算管理体系》，载《中国财政》2013 年第 3 期。

30. 郝琳琳：《信托所得课税困境及其应对》，载《法学论坛》2011 年第 5 期。

31. 郝琳琳：《证券投资基金所得税制度的缺失及优化——以信托税收制度为研究视角》，载《商业时代》2011 年第 23 期。

32. 郝琳琳：《完善我国科技税收法律制度的几点思考》，载《中国科技产业》2004 年第 7 期。

33. 郝琳琳：《税法基本原则不因电子商务条件而改变》，载《税务研究》2005 年第 1 期。

34. 郝琳琳：《支持企业自主创新的税收法律制度现状及完善》，载《商场现代化》2009 年第 2 期。

35. 姜昕:《比例原则的理论基础探析——以宪政哲学与公法精神为视角》,载《河北法学》2008 年第 7 期。

36. 姜昕:《论比例原则的正当性基础》,载《法学杂志》2008 年第 4 期。

37. 蒋震:《对清理规范税收优惠的一些思考》,载《中国财政》2015 年第 15 期。

38. 蒋文超、周丽颖:《税法普适性、税收中性与税制改革——以杭州惠丰公司吸收合并事项为例》,载《财会通讯》2016 年第 10 期。

39. 蒋悟真:《税收优惠分权的法治化:标准、困境与出路》,载《广东社会科学》2020 年第 1 期。

40. 匡小平、肖建华:《我国自主创新能力培育的税收优惠政策整合——基于高新技术企业税收优惠的分析》,载《财贸经济》2007 年 S1 期。

41. 刘颖、刘明:《关于促进技术进步的税式支出研究》,载《东北财经大学学报》2012 年第 1 期。

42. 刘映春:《税收中性原则与我国的税制改革》,载《法学杂志》2001 年第 5 期。

43. 刘心一:《如何理解税收中性原则》,载《税务研究》1995 年第 3 期。

44. 刘权、应亮亮:《比例原则适用的跨学科审视与反思》,载《财经法学》2017 年第 5 期。

45. 刘权:《行政判决中比例原则的适用》,载《中国法学》2019 年第 3 期。

46. 刘剑文:《将税收法定原则落到实处》,载《人民日报》2016 年 7 月 19 日,第 7 版。

47. 刘剑文、耿颖:《税收法定原则的核心价值与定位探究》,载《郑州大学学报(哲学社会科学版)》2016 年第 1 期。

48. 刘剑文:《落实税收法定原则的现实路径》,载《政法论坛》2015 年第 3 期。

49. 刘剑文:《个税改革的法治成果与优化路径》,载《现代法学》2019 年第 2 期。

50. 刘剑文、胡翔:《〈个人所得税法〉修改的变迁评介与当代进路》,载《法学》2018 年第 9 期。

51. 刘剑文：《对落实税收法定原则的两点建议》，载《经济研究参考》
2017 年第 60 期。

52. 刘小平：《论税收中性的相对性》，载《财经论丛（浙江财经学院学
报）》1997 第 3 期。

53. 刘溶沧、马珺：《税收中性：一个理论经济学的分析》，载《涉外税务》
1999 年第 1 期。

54. 林培富：《税收中性原则与税收杠杆作用的比较与分析》，载《财经研
究》1992 年第 7 期。

55. 李宗卉、鲁明泓：《中国外商投资企业税收优惠政策的有效性分析》，
载《世界经济》2004 年第 10 期。

56. 李万福、林斌、杜静：《中国税收优惠政策的激励效应研究》，载《管
理世界》2013 年第 6 期。

57. 李大明、李波：《完善税收政策 促进产业升级》，载《涉外税务》2013
年第 1 期。

58. 李宗卉：《我国外商投资企业税收优惠政策的局限与完善》，载《国际
商务·对外经济贸易大学学报》2004 年第 4 期。

59. 李丽青：《我国现行 R&D 税收优惠政策的有效性研究》，载《中国软科
学》2007 年第 7 期。

60. 李浩任：《川南经济区产业一体化发展的财税政策研究》，载《财政科
学》2017 第 10 期。

61. 李欣：《税收中性原则与政府宏观调控》，载《财经理论与实践》1997
年第 3 期。

62. 李子姮、姚洁：《税收支持科技创新：理论依据和政策完善》，载《税
务研究》2018 年第 9 期。

63. 李娇楠：《创新驱动高质量发展的内在根据探析》，载《领导科学》
2020 年第 2 期。

64. 李刚：《论税收调控法与税法基本原则的关系》，载《厦门大学学报
（哲学社会科学版）》2008 年第 3 期。

65. 李旭红、方超：《促进创新的个人所得税政策研究》，载《税务研究》
2019 年第 10 期。

66. 李旭鸿：《构建我国税式支出制度的必要性与可行性研究》，载《中国财政》2011 年第 15 期。

67. 李俊明：《合理约束税式支出的探索》，载《税务研究》2015 年第 1 期。

68. 雷家骕：《创新引领发展：稳增长、提质量应有的逻辑》，载《内蒙古社会科学》2020 年第 1 期。

69. 马莹、王永琦：《普惠性小微企业税收优惠政策的系统构建》，载《税务研究》2019 年第 5 期。

70. 马念谊：《对我国税式支出估算制度的探索》，载《税务研究》2013 年第 4 期。

71. 欧阳天健：《论上海自贸区税收优惠法律制度的完善》，载《北京理工大学学报（社会科学版）》2016 年第 6 期。

72. 潘孝珍：《高新技术企业所得税名义税率优惠的科技创新激励效应》，载《中南财经政法大学学报》2017 年第 6 期。

73. 曲婉、冯海红、侯沁江：《创新政策评估方法及应用研究：以高新技术企业税收优惠政策为例》，载《科研管理》2017 年第 1 期。

74. 任超：《我国合伙企业所得税制的完善》，载《法学》2008 年第 9 期。

75. 史昱：《国际税收规则对中国科技创新税收激励政策的影响研究》，载《中国科技论坛》2017 年第 3 期。

76. 孙磊：《税收优惠政策微观分析指标体系及方法研究——以高新技术企业为例》，载《税务与经济》2011 年第 6 期。

77. 孙俊芳、傅彤、高晓宇：《税收优惠政策与高新技术企业研发投入——以沪粤浙苏为例》，载《新视野》2018 年第 6 期。

78. 沈肇章、魏朗：《影响高新技术企业税收优惠政策实施效果的因素分析——以东莞市为例》，载《财贸经济》2009 年第 5 期。

79. 施正文、翁武耀：《对于新企业所得税法中"不征税收入"问题的探讨》，载《税务研究》2007 年第 9 期。

80. 施正文：《分配正义与个人所得税法改革》，载《中国法学》2011 年第 5 期。

81. 施正文：《论税法的比例原则》，载《涉外税务》2004 年第 2 期。

82. 田效先：《企业所得税发展的国际趋势及对我国的启示》，载《税务研究》2016 年第 8 期。

83. 汤贡亮、张晓霞：《税收中性与税收调控若干问题研究》，载《税务研究》1997 年第 4 期。

84. 汤洁茵：《〈企业所得税法〉一般反避税条款适用要件的审思与确立——基于国外的经验与借鉴》，载《现代法学》2012 年第 5 期。

85. 汤洁茵：《税法续造与税收法定主义的实现机制》，载《法学研究》2016 年第 5 期。

86. 王玺、张嘉怡：《促进企业研发创新的税收政策探析》，载《税务研究》2015 年第 1 期。

87. 王玺、张嘉怡：《税收优惠对企业创新的经济效果评价》，载《财政研究》2015 年第 1 期。

88. 王玺、蔡伟贤、唐文倩：《构建我国新能源产业税收政策体系研究》，载《税务研究》2011 年第 5 期。

89. 王玺、王蔚：《基于生命周期理论的小微企业税收政策研究》，载《税务研究》2012 年第 12 期。

90. 王海斌、张亚楠：《新经济环境下中小微企业财政税收政策的创新》，载《企业改革与管理》2017 年第 23 期。

91. 王玺、姜朋：《鼓励自主创新的税收优惠政策探析》，载《税务研究》2010 年第 8 期。

92. 王一舒、杨晶、王卫星：《高新技术企业税收优惠政策实施效应及影响因素研究》，载《兰州大学学报（社会科学版）》2013 年第 6 期。

93. 王雅楠、杨晓雯、孙琳：《所得税优惠对企业创新的激励效应》，载《税务与经济》2019 年第 1 期。

94. 王成明：《西方税收中性原则的政治学意蕴》，载《税务研究》1998 年第 3 期。

95. 王春雷、夏文丽、李晶：《关于税收中性的若干理论问题探讨》，载《财经问题研究》1996 年第 8 期。

96. 王淑杰：《美国税式支出预算管理的启示》，载《税务研究》2017 年第 10 期。

97. 吴俊培、李森焱：《调整产业结构的税收政策研究》，载《财政监督》2012 年第 19 期。

98. 吴联生：《国有股权、税收优惠与公司税负》，载《经济研究》2009 年第 10 期。

99. 吴松彬、黄惠丹、张凯：《R&D 税收激励有效性与影响因素——基于 15%税率式优惠和研发加计扣除政策的实证比较分析》，载《科技进步与对策》2019 年第 11 期。

100. 吴小强、王海勇：《新常态下促进就业的所得税政策目标取向》，载《税务研究》2017 年第 10 期。

101. 汪德华、任永美、周文：《税式支出核算方法的国际经验与启示》，载《国际税收》2014 年第 11 期。

102. 闻媛：《税收差别政策与外商直接投资——税收优惠政策调整对 FDI 影响分析》，载《经济理论与经济管理》2005 年第 11 期。

103. 魏志梅：《合伙企业所得税制研究》，载《税务研究》2014 年第 4 期。

104. 许炎：《香港一般反避税规则简述》，载《国际税收》2013 年第 10 期。

105. 夏霖：《外资税收优惠政策的有效性及再调整》，载《税务研究》2003 年第 12 期。

106. 徐孟洲：《论税法的原则及其功能》，载《中国人民大学学报》2000 年第 5 期。

107. 夏飞、胡洪曙：《入世后我国高新技术产业税收优惠的研究》，载《财政研究》2002 年第 5 期。

108. 熊伟：《法治视野下清理规范税收优惠政策研究》，载《中国法学》2014 年第 6 期。

109. 熊伟：《法治财税：从理想图景到现实诉求》，载《清华法学》2014 年第 5 期。

110. 薛荣芳：《企业所得税对 R&D 投资影响分析及美、日等国税收优惠比较》，载《税务研究》2007 年第 9 期。

111. 薛薇：《发达国家支持企业创新税收政策的特点及启示》，载《经济纵横》2015 年第 5 期。

112. 薛薇、魏世杰：《刍议由国家自主创新示范区推广的创新税收政策》，载《税务研究》2018 年第 9 期。

113. 薛薇、李峰、彭春燕：《我国支持风险投资的税收政策研究》，载《税务研究》2016 年第 7 期。

114. 尹苗苗、蔡莉：《创业能力研究现状探析与未来展望》，载《外国经济与管理》2012 第 12 期。

115. 叶姗：《税收优惠政策制定权的法律保留》，载《税务研究》2014 年第 3 期。

116. 叶姗：《合伙企业课征所得税规则之创制》，载《华东政法大学学报》2019 年第 1 期。

117. 叶姗：《一般反避税条款适用之关键问题分析》，载《法学》2013 年第 9 期。

118. 叶姗：《税收优惠政策制定权的预算规制》，载《广东社会科学》2020 年第 1 期。

119. 叶姗：《论"税"概念的渊源及其于法学语境下的建构》，载《法学家》2008 年第 2 期。

120. 叶金育、顾德瑞：《税收优惠的规范审查与实施评估——以比例原则为分析工具》，载《现代法学》2013 年第 6 期。

121. 叶金育：《税收构成要件理论的反思与再造》，载《法学研究》2018 年第 6 期。

122. 叶金育：《税收规范性文件复议审查：理念、功能与制度调适》，载《兰州学刊》2016 年第 7 期。

123. 严辉武、张德秋、曾庆安：《税收中性原则与税制改革》，载《湘潭大学学报（社会科学版）》1993 年第 4 期。

124. 易志坤：《国外税式支出实施经验及启示》，载《税务研究》2003 年第 3 期。

125. 袁宏伟：《企业税收负担与投资结构的关系研究——基于我国上市公司有效税率的测度》，载《中央财经大学学报》2010 年第 10 期。

126. 左大培：《外资企业税收优惠的非效率性》，载《经济研究》2000 年第 5 期。

127. 朱云欢、张明喜：《我国财政补贴对企业研发影响的经验分析》，载《经济经纬》2010 年第 5 期。

128. 朱平芳、徐伟民：《政府的科技激励政策对大中型工业企业 R&D 投入及其专利产出的影响——上海市的实证研究》，载《经济研究》2003 年第 6 期。

129. 朱大旗：《论税收法定原则的精神实质及其落实》，载《国际税收》2014 年第 5 期。

130. 朱大旗：《论税法的基本原则》，载《湖南财经高等专科学校学报》1999 年第 4 期。

131. 朱承亮：《颠覆性技术创新与产业发展的互动机理——基于供给侧和需求侧的双重视角》，载《内蒙古社会科学》2020 年第 1 期。

132. 朱为群、李佳坤：《激励科技创新的"专利盒"优惠税制的发展特征及启示》，载《税务研究》2019 年第 11 期。

133. 张萌萌等：《高技术企业公司创业影响因素探析及模型构建》，载《科研管理》2016 年第 7 期。

134. 张勇、王美今：《中国企业年金税收优惠政策的成本研究——我国企业年金税收支出的精算统计分析》，载《统计研究》2004 年第 8 期。

135. 张荣芳、刘燕冰：《浅议我国技术创新企业税收优惠（补贴）措施》，载《福州大学学报（哲学社会科学版）》2013 年第 3 期。

136. 张天犁：《新时期税制改革面临的形势要求》，载《税务研究》2010 年第 10 期。

137. 张旭：《税收法定原则的宪法植入方式》，载《税务与经济》2020 年第 1 期。

138. 周海涛、李锋森：《商业银行贷款损失最佳税前扣除比例计算——基于税收中性原则的分析》，载《财会月刊》2010 年第 30 期。

139. 曾哲、雷雨薇：《比例原则的法律适用评析与重塑》，载《湖南社会科学》2018 年第 2 期。

（二）外文期刊

1. Eric Bond, Larry Samuelson, "Tax Holidays as Signals", *The American Economic Review*, Vol. 76, 4 (1986).

2. Nicholas Bloom, Rachel Griffith, John Van Reenen, "Do R&D Tax Credits Work? Evidence from a Panel of Countries 1979-1997", *Journal of Public Economics*, Vol. 85, 1 (2002).

3. Jeffrey Bernstein, "The Effect of Direct and Indirect Tax Incentives on Canadian Industrial R&D Expenditures", *Canadian Pulic Policy*, Vol. 12, 3 (1986).

4. Philip G. Berger, "Explicit and Implicit Tax Effects of the R&D Tax Credit", *Journal of Accounting Research*, Vol. 31, 2 (1993).

5. Andrew Dilnot, Paul Johnson, "Tax Expenditures: The Case of Occupational Pensions, Fiscal Studies", Vol. 14, 1 (1993).

6. Chek Derashid , Hao Zhang, "Effective Tax Rates and the 'Industrial Policy' Hypothesis: Evidence from Malaysia", *Journal of International Accounting Auditing and Taxation*, Vol. 12, 1 (2003).

7. Michael P. Devereux, Rachel Griffith , "Taxes and the Location of Production: Evidence from a Panel of US Multinationals", *Journal of Public Economics*, Vol. 68, 3 (1998).

8. Dominique Guellec, Bruno Van Pottelsberghe De La Potterie, "The Impact of Public R&D Expenditure on Business R&D", *Economics of Innovation and New Technology*, Vol. 12, 3 (2003).

9. Bronwyn H. Hall , "R&D Tax Policy During the 1980s: Success or Failure?", *Tax Policy and the Economy*, Vol. 7, (1993).

10. James R. Hines, "Altered States: Taxes and the Location of Foreign Direct Investment in America", *American Economic Review*, Vol. 86, 5 (1996).

11. Tianlun Jian , Jeffrey Sachs , Andrew M. Warner, "Trends in Regional Inequality in China", *China Economic Review*, Vol. 7, 1 (1996).

12. Stephen J. Kline, Nathan Rosenberg, "An Overview of Innovation", in Ralph Landau R. , Nathan Rosenberg ed. , *The Positive Sum Strategy: Harnessing Technology for Economic Growth*, National Academy Press, 1986.

13. David M. Knox , "The Taxation Support of Occupational Pensions: A Long-term View", *Fiscal Studies*, Vol. 11, 4 (1990).

14. T. P. Mamuneas, M. Ishaq Nadiri, "Public R&D Policies and Cost Behavior of the US Manufacturing Industries", *Journal of Public Economics*, Vol. 63, 1 (1996).

15. Jack M. Mintz, "An Empirical Estimate of Corporate Tax Refundability and Effective Tax Rates", *Quarterly Journal of Economics*, Vol. 103, 1 (1988).

16. Robert M. Solow, "A Contribution to the Theory of Economic Growth", *The Quarterly Journal of Economics*, Vol. 70, 1 (1956).

17. Robert J. Rolfe et al., "Determinants of FDI Incentive Preferences of MNEs", *Journal of International Business Studies*, Vol. 24, 2 (1993).

18. Myron S. Scholes, Mark A. Wolfson, "The Effects of Changes in Tax Laws on Corporate Reorganization Activity", *The Journal of Business*, Vol. 63, 1 (1990).

19. Tadahisa Koga, "Firm Size and R&D Tax Incentives", *Technovation*, Vol. 23, 7 (2003).

20. Liansheng Wu et al., "State Ownership, Tax Status and Size Effect of Effective Tax Rate in China", *Accouting and Business Research*, Vol. 63, 1 (1990).

三、论文集

1. 郭维真：《财政支出结构的法制约束》，载刘剑文主编：《财税法学前沿问题研究 1：经济发展 社会公平与财税法治》，法律出版社 2012 年版。

2. 刘剑文：《掠夺之手抑或扶持之手——论私人财产课税法治化》，载刘剑文主编：《财税法学前沿问题研究 2：地方财税法制的改革与发展》，法律出版社 2014 年版。

3. 谭波：《财税法定原则的宪法表达及其启示——以法国式与英国式的财税入宪模式为例》，载刘剑文主编：《财税法学前沿问题研究 6：依法治国与财税法定原则》，法律出版社 2016 年版。

4. 王霞：《我国税收优惠政策的实效评估及清理思路——以区域性税收优惠为例》，载刘剑文主编：《财税法学前沿问题研究 5：法治财税与国家治理现代化》，法律出版社 2016 年版。

5. 于海峰、赵丽萍：《激励创新视阈下税收优惠政策的"二元分化"现状、成因及对策——基于 F 市调研》，载《中国财政学会 2017 年年会暨第 21 次全国财政理论研讨会论文集》。

6. 张智勇：《论我国对税式支出的预算法律规制》，载刘剑文主编：《财税法学前沿问题研究.3：法治视野下的预算法修改》，法律出版社 2014 年版。

四、学位论文类

1. 刘廷廷：《我国所得税优惠政策对高新技术企业创新的激励效应研究》，上海海关学院 2017 年硕士学位论文。

2. 柳光强：《财税激励政策优化研究——基于战略性新兴产业上市公司经济效应的分析》，武汉大学 2014 年博士学位论文。

3. 孙诗美：《固定资产加速折旧企业所得税政策评估——基于济南市 255 家企业的问卷调查与实证检验》，山东大学 2017 年硕士学位论文。

4. 许炎：《论赋税与宪政的关系》，中国政法大学 2007 年博士学位论文。

5. 张嘉怡：《促进企业研发创新的税收优惠政策研究——基于高新技术企业的经验证据》，中央财经大学 2016 年博士学位论文。

6. 翟冠男：《激励企业自主创新的税收政策研究》，首都经济贸易大学 2016 年硕士学位论文。

五、网址及其他

1. 《国家创新驱动发展战略纲要》，载 http://www.gov.cn/zhengce/2016-05/19/content_5074812.htm，最后访问日期：2025 年 2 月 19 日。

2. 《政府工作报告——2018 年 3 月 5 日在第十三届全国人民代表大会第一次会议上》，载 http://www.gov.cn/premier/2018-03/05/content_5271083.htm，最后访问日期：2025 年 2 月 19 日。

3. 《国家中长期科学和技术发展规划纲要 2006—2020 年》，载 http://www.gov.cn/gongbao/content/2006/content_240244.htm，最后访问日期：2025 年 2 月 19 日。

4. 《中共中央国务院关于深化体制机制改革加快实施创新驱动发展战略的若干意见》，载 http://www.gov.cn/xinwen/2015-03/23/content_28376

29. htm，最后访问日期：2025 年 2 月 19 日。

5. 《中共中央关于全面深化改革若干重大问题的决定》，载 http://cpc. people. com. cn/n/2013/1115/c64094 – 23559163. html，最后访问日期：2025 年 2 月 19 日。

6. 《习近平：决胜全面建成小康社会 夺取新时代中国特色社会主义的伟大胜利——在中国共产党第十九次全国代表大会上的报告》，载 http:// www. xinhuanet. com/politics/19cpcnc/2017–10/27/c_1121867529. htm，最后访问日期：2025 年 2 月 19 日。

7. OECD："Tax Incentives for Research and Development：Trends and Issues"，available at http://www. metutech. metu. edu. tr/download/tax% 20incentives%20for%20R&D. pdf，last visited on 2025–2–19.

8. OECD："Corporate Tax Incentives for Foreign Direct Investment"，available at http://www. oecdbookshop. org/oecd/display. asp？K = 5LMQCR2KLH0Q&DS = No. –04–Corporate–Tax–Incentives–for–Foreign–Direct–Investment，last visited on 2025–2–19.

9. A. Milanez，"Legal tax liability, legal remittance responsibility and tax incidence：Three dimensions of business taxation, OECD Taxation Working Papers OECD Publishing"，available at http://dx. doi. org/10. 1787/e7ced3ea–en，last visited on 2025–2–19.

六、法律、法规和规范性文件

1. 《中华人民共和国税收征收管理法》。

2. 《中华人民共和国企业所得税法》。

3. 《中华人民共和国企业所得税法实施条例》。

4. 《中华人民共和国个人所得税法》。

5. 《中华人民共和国个人所得税法实施条例》。

6. 《中华人民共和国中小企业促进法》。

7. 《财政部、税务总局关于延长高新技术企业和科技型中小企业亏损结转年限的通知》（财税〔2018〕76 号）。

8. 《财政部、国家税务总局、科技部关于完善研究开发费用税前加计扣除政策的通知》（财税〔2015〕119号）。

9. 《财政部、税务总局、科技部关于企业委托境外研究开发费用税前加计扣除有关政策问题的通知》（财税〔2018〕64号）。

10. 《财政部、税务总局、科技部关于提高研究开发费用税前加计扣除比例的通知》（财税〔2018〕99号）。

11. 《国家税务总局关于企业研究开发费用税前加计扣除政策有关问题的公告》（国家税务总局公告2015年第97号）。

12. 《国家税务总局关于研发费用税前加计扣除归集范围有关问题的公告》（国家税务总局公告2017年第40号）。

13. 《财政部、国家税务总局关于进一步完善固定资产加速折旧企业所得税政策的通知》（财税〔2015〕106号）。

14. 《财政部、税务总局关于设备器具扣除有关企业所得税政策的通知》（财税〔2018〕54号）。

15. 《财政部、税务总局关于扩大固定资产加速折旧优惠政策适用范围的公告》（财政部、税务总局公告2019年第66号）。

16. 《财政部、国家税务总局关于进一步鼓励软件产业和集成电路产业发展企业所得税政策的通知》（财税〔2012〕27号）。

17. 《国家税务总局关于实施创业投资企业所得税优惠问题的通知》（国税发〔2009〕87号）。

18. 《财政部、税务总局关于创业投资企业和天使投资个人有关税收政策的通知》（财税〔2018〕55号）。

19. 《财政部、国家税务总局关于将国家自主创新示范区有关税收试点政策推广到全国范围实施的通知》（财税〔2015〕116号）。

20. 《国家税务总局关于有限合伙制创业投资企业法人合伙人企业所得税有关问题的公告》（国家税务总局公告2015年第81号）。

21. 《财政部、国家税务总局、国家发展改革委关于公布资源综合利用企业所得税优惠目录（2008年版）的通知》（财税〔2008〕117号）。

22. 《财政部、税务总局关于实施小微企业普惠性税收减免政策的通知》（财税〔2019〕13号）。

23. 《国家税务总局关于企业所得税执行中若干税务处理问题的通知》（国

税函〔2009〕202 号）。

24. 《财政部、税务总局、商务部、科技部、国家发展改革委关于将技术先进型服务企业所得税政策推广至全国实施的通知》（财税〔2017〕79 号）。

25. 《科技型中小企业评价办法》（国科发政〔2017〕115 号）。

26. 《财政部、税务总局关于集成电路设计和软件产业企业所得税政策的公告》（财政部、税务总局公告 2019 年第 68 号）。

27. 《财政部、税务总局、商务部、科技部、国家发展改革委关于将服务贸易创新发展试点地区技术先进型服务企业所得税政策推广至全国实施的通知》（财税〔2018〕44 号）。

28. 《财政部、国家税务总局、发展改革委、工业和信息化部关于进一步鼓励集成电路产业发展企业所得税政策的通知》（财税〔2015〕6 号）。

29. 《财政部、国家税务总局、发展改革委、工业和信息化部关于软件和集成电路产业企业所得税优惠政策有关问题的通知》（财税〔2016〕49 号）。

30. 《财政部、税务总局、国家发展改革委、工业和信息化部关于集成电路生产企业有关企业所得税政策问题的通知》（财税〔2018〕27 号）。

31. 《财政部、税务总局、国家发展改革委、工业和信息化部、环境保护部关于印发节能节水和环境保护专用设备企业所得税优惠目录（2017 年版）的通知》（财税〔2017〕71 号）。

32. 《财政部、税务总局、应急管理部关于印发安全生产专用设备企业所得税优惠目录（2018 年版）的通知》（财税〔2018〕84 号）。

33. 《财政部、国家税务总局关于居民企业技术转让有关企业所得税政策问题的通知》（财税〔2010〕111 号）。

34. 《国家税务总局关于技术转让所得减免企业所得税有关问题的公告》（国家税务总局公告 2013 年第 62 号）。

35. 《国家税务总局关于许可使用权技术转让所得企业所得税有关问题的公告》（国家税务总局公告 2015 年第 82 号）。

36. 《财政部、国家税务总局关于完善股权激励和技术入股有关所得税政策的通知》（财税〔2016〕101号）。

37. 《财政部、税务总局、科技部关于科技人员取得职务科技成果转化现金奖励有关个人所得税政策的通知》（财税〔2018〕58号）。

38. 《财政部、税务总局、发展改革委、证监会关于创业投资企业个人合伙人所得税政策问题的通知》（财税〔2019〕8号）。

39. 《关于科研事业单位机构设置审批事项的通知》（中编办发〔1997〕14号）。

40. 《关于以高新技术成果出资入股若干问题的规定》（国科发政字〔1997〕326号）。

41. 《〈关于以高新技术成果出资入股若干问题的规定〉实施办法》（国科发政字〔1998〕171号）。

42. 《财政部、国家税务总局关于个人非货币性资产投资有关个人所得税政策的通知》（财税〔2015〕41号）。

43. 《财政部、国家税务总局关于完善固定资产加速折旧企业所得税政策的通知》（财税〔2014〕75号）。

44. 《财政部、税务总局关于个人取得有关收入适用个人所得税应税所得项目的公告》（财政部、税务总局公告2019第74号）。

45. 《国务院关于个人独资企业和合伙企业征收所得税问题的通知》（国发〔2000〕16号）。

46. 《财政部、国家税务总局关于个人独资企业和合伙企业投资者征收个人所得税的规定》（财税〔2000〕91号）。

47. 《国家税务总局关于〈关于个人独资企业和合伙企业投资者征收个人所得税的规定〉执行口径的通知》（国税函〔2001〕84号）。

48. 《财政部、国家税务总局关于合伙企业合伙人所得税问题的通知》（财税〔2008〕159号）。

49. 《特别纳税调整实施办法（试行）》（国税法〔2009〕2号）。

50. 《科技部、财政部、国家税务总局高新技术企业认定管理办法》（国科发火〔2016〕32号）。

51. 《财政部、国家税务总局关于企业关联方利息支出税前扣除标准有关税收政策问题的通知》（财税〔2008〕121号）。

52. 《国务院关于在市场体系建设中建立公平竞争审查制度的意见》（国发〔2016〕34 号）。

53. 《税务规范性文件制定管理办法》（国家税务总局令第 50 号）。

54. 《国务院关于清理规范税收等优惠政策的通知》（国发〔2014〕62 号）。

55. 《山东省税式支出管理办法》（鲁财税〔2015〕25 号）。

56. 《财政部、国家税务总局关于促进科技成果转化有关税收政策的通知》（财税字〔1999〕45 号）。

57. 《财政部、国家税务总局关于非货币性资产投资企业所得税政策问题的通知》（财税〔2014〕116 号）。

58. 《财政部、税务总局关于企业职工教育经费税前扣除政策的通知》（财税〔2018〕51 号）。